宋敘五教授（1934-2016）

宋敘五教授求學時期

宋敘五教授青年時期

宋敘五教授往謁孔子墓

宋敘五教授參加研討會

宋敘五教授於業師張丕介先生紀念碑前留影

史學研究叢書・歷史文化叢刊

經濟史家宋敘五教授
紀念論文集

楊永漢、張偉保、趙善軒　主編

目次

上編　宋敘五教授專刊：洪亮吉思想研究

下編　紀念論文

附表目錄

附圖目錄

序

　　初次接觸宋敘五教授的著作是在大專時期，他的《西漢貨幣史初稿》（2002年由中文大學再版，易名《西漢貨幣史》）已經是經濟史名著。書中詳細分析自秦亡到漢興一段時間貨幣的流革，是研究貨幣史必然參考的著作。其後，我入讀新亞研究所，師從全漢昇院士，得知宋教授亦曾跟隨全師學習，增添了同門的情誼。

　　二〇〇〇年，我任教樹仁大學中文系，與宋教授雖是同校，惜不同系別，少了請益的空間。期間，宋教授發表不少有突破性的論文，如《幕僚論政：清朝名士包世臣的經世思想》、《從司馬遷到班固：論中國經濟思想的轉向》等。前文論包世臣的經世思想，疏理清代鹽業、漕運、河工、貨幣等問題，勾劃出清代經濟發展輪廓；後文將司馬遷及班固兩人相距約一百五十年的經濟思想及文人思維的改變，條理分明的作出比較及述明其變化的因素。指出司馬遷是從人性欲望「富貴」立論，以此推動經濟及解釋商業發展蓬勃的原因；而班固時，社會普遍重視儒家思想，學術、輿論、官場，都是儒家的道德思維。故漢初雖有資本主義的發展趨勢，最後仍不免停頓。

　　二〇一三年，我參與恩師全漢昇院士百歲誕辰紀念論文集的編輯工作，接到宋教授鴻文《讀全師〈中古自然經濟〉敬作補充》，如獲至寶。在解釋自然經濟的出現方面，全師認為主要是戰爭的因素及銅的缺乏，宋教授在全師的論點上，提出另外兩個影響因素：貨幣思想的倒退及社會結構的變壞。這樣的分析，令到解釋自然經濟的出現，更臻完備。我想全漢昇師，亦感到欣慰，有如此高棣。

　　宋教授於二〇一六年逝世，其門人趙善軒教授為紀念宋教授對史壇的貢獻，出版紀念論文集。論文內容必須以討論經濟史為原則，故採納較為嚴格，除評審外，主編亦覆看內容，以符合論文集的要求。論文集分上、下兩編，上編為紀念宋教授的學術成就，特選取其一九七九年獲香港大學碩士的畢業論文《洪亮吉思想研究》刊登，讓讀者能窺探宋教授的治學精神。宋教授將被後人忽視的洪亮吉哲學、人口、政治思想詳加分析，為懷才不遇，仕途歪蹇的洪亮吉留下他立言的志記。最重要的是宋教授的論文多參考西方的經濟理論、人口理論等等，才下筆成文，理據較全面，行文不偏頗。

　　下編是國內外著名學者的論文，每篇均各擅勝場，皆是難得的傑作。論文內容包括農業經濟、貨幣思想、軍餉稅制、經濟發展、地方建設、企業及銀行發展等。編輯紀念論文集，歷時超過一年，除感謝學者投稿外，編輯委員謹此多謝協助評審各位專家學者們。另外，十分感激，萬卷樓諸位編輯，往來多次的對稿排版，只希望能令紀念論文集更完美。本人與張偉保兄在此一一致謝。

楊永漢

二〇一八年初秋香港孔聖堂

宋敘五教授傳略

　　宋敘五（1934-2016），香港著名經濟史學家，一九三四年生於中國大陸，一九四九年逃難南來。初到港時，為生計故，當印刷工人，自此與出版業結下不解之緣，此後五十年，宋家父子均從事出版印刷投資。後入國學大師錢穆先生主持的新亞書院歷史系。惟有感現代經濟學是研究經濟史的不二門徑，遂轉入經濟系隨張丕介先生學習。一九六一年，畢業於新亞書院經濟系。一九六六年，獲香港中文大學社會科學學士學位。畢業後，留校任教十餘年。

　　一九七一年，得全漢昇、勞榦兩位中研院院士學者聯名推薦，獲哈佛燕京學社資助，出版傳世之作《西漢貨幣史初稿》（2002年中文大學再版，易名為《西漢貨幣史》），享譽學界，為治秦漢史者必讀之書。及後，發表《先秦重農思想之研究》一文（載《中國文化研究所學報》，1974年），以法國重農學派（Physiocracy）對比先秦重農思想，建立中西經濟思想比較研究之典範。一九七九年，取得香港大學哲學碩士，論文題目為《洪亮吉思想研究》，比較生於清代的洪氏與西方的馬爾薩斯（Malthus）人口學說之異同。一九八三年，獲樹仁學院校長鍾期榮博士親聘為經濟系教授，講授中國經濟史、西洋經濟史、比較經濟制度，一九八八年憑《包世臣的經世思想》獲香港大學哲學博士，後由商務印書館於二〇〇六年以《幕僚論政：清朝名士包世臣的經世思想》名義出版。二〇〇六年，宋先生於樹仁大學榮休，轉任新亞研究所講述西漢經濟史專題。

　　宋先生為中國經濟思想史學會會員，二〇〇二參與山西財經大學

之年會，發表《從司馬遷到班固：論中國經濟思想的轉向》一文，探討農本思想對中國經濟史之影響，引起極大回響。其與趙善軒合著的《清朝乾嘉之後國勢衰頹之經濟原因》一書（香港：樹仁學院出版，2004年），對乾嘉中衰提出了獨到見解，獲中國人民大學清史研究所列為清史名著。

　　宋先生一生著述不倦，二〇一〇年起，著成《西漢經濟史專題》三種，分別為《西漢的農業與土地兼併問題》、《西漢的商人與商業》、《西漢經濟史散篇八論》、又增訂《西漢貨幣史》（第三版），並編著《張丕介先生紀念集》。臨終前一年出版《宋敘五雜文集》，收錄多篇有關經濟學、中西經濟思想史研究的論文。（以上書籍均由新亞研究所出版）宋先生專注經濟史教學及研究逾五十年，對經濟史及經濟思想史研究貢獻良多。

上編　宋敘五教授專刊：
　　　洪亮吉思想研究

緒言

　　清朝乾、嘉時代的學者洪亮吉（1746-1809），與他同時代的學者們比較，似乎有他不平凡的地方：他不單止留給後代一些典雅的詩、文，及一些考據性的著作；而且，與眾不同的是：他留下一部表達他的思想的著作——《意言》。

　　但是，說來非常可惜而且奇怪，他的思想，不但在當時沒有得到反應；而且在後世，也很少有人討論。

　　民國以來，張蔭麟有《洪亮吉及其人口論》（《東方雜誌》第二十三卷第二號）；陳柱有〈洪北江亮吉之哲學〉（《東方雜誌》二十四卷第九期）；及吳希庸有《清代洪亮吉的人口思想》（《正風雜誌》第二卷第六期）等文，但都是簡略介紹，缺乏深入討論。其他尚有一些哲學、史學及人口問題的著作中，偶然提到洪亮吉及其思想，但更嫌粗略，未足以說明洪氏及其思想。

　　本文主要目的，在於探討洪氏的思想；而所用的方法，是先求了解洪氏的生平。在沒有了解洪氏生平之前，我們總是奇怪：為什麼洪氏會有這樣的思想？而在明白了他的生平之後，我們不但能夠知道，洪氏為什麼有這樣的思想的原因；而且，也會更加明白洪氏思想的真實意義。

　　除緒言及結論外，本文共分四章：第一章介紹洪氏的生平；第二、三、四章分別就哲學、人口、政治等方面深入分析。第一章介紹洪氏的家世、童年、母教、宦遊及志向。第二章以下是討論洪氏的思想，共分為三章，依照次序是：第二章，哲學思想；第三章，人口思

想；及第四章，政治思想。

　　洪氏的主要思想，是想提出人口問題，及解決人口問題的方法；又更進一步地，他要親身參與解決人口問題的努力。他的哲學思想，可以說是人口思想的基礎。他反對宗教、反對命運及鬼神之說、反對人為萬物之首的觀念，是希望人類擺脫怪力亂神的威脅；消除依賴天地、鬼、神的思想。他希望人類產生自信，敢於正視人類社會的大問題，用人類自己的智慧與努力，去解決這些問題。

　　人口問題，是人類社會的大問題；是社會治、亂、興、衰的關鍵。在以前中國傳統思想，往往將社會的治、亂、興、衰，委諸天命；對於天災、人禍等消減過剩人口，亦認為是天命，非人力所能挽回。因為他們沒有自信，不敢去正視這些問題，而且又有許多人，真的相信天命。所以洪氏要用他的哲學思想，掃除一切的迷信；而後才能提出他的人口思想。

　　洪氏的政治思想，是人口思想的延續，是人口問題的解決方策；有了他的政治思想，人口問題才有解決的希望。洪氏認為：政治的不良，是人口問題的造因；政治的改善，是人口問題解決的唯一途徑。解決人口問題的責任，在君、相，在官吏，也在於整個社會的知識分子。從這一點看出：洪氏的思想，是秉承中國傳統思想中，匹夫以天下國家為己任，及「先天下之憂而憂」的思想。洪氏以中國傳統知識分子的責任感，提出他的思想；而且想為實現他的思想，獻出自己的生命。

第一章
生平

第一節　家世

洪亮吉[1]，字君直，一字稚存[2]，號北江；[3]晚號更生居士。[4]清代江蘇常州府陽湖縣人。[5]生於清乾隆十一年（1746），卒於嘉慶十四年（1809）。

---

1 洪亮吉出生之後，到他父親去世前的那一段時間，因為他父親在外面為人作幕客的時候居多，竟然沒有來得及替他取個名字；於是由他母親代取乳名，叫作洪蓮。到了二十七歲，（乾隆37年，1772）改名禮吉；又到了三十六歲時，（乾隆46年，1781）應禮部試，為了避嫌，改為亮吉。也就是說，洪氏雖然以亮吉這個名字顯名於當時且垂名於後世，但「亮吉」這個名字卻是他活了大半輩子之後才開始用的。（詳見《洪北江詩文集》，以下簡稱《詩文集》，上冊附呂培撰《洪北江先生年譜》以下簡稱《年譜》，臺北市：世界書局，1964年，上冊，頁1-24。）

2 洪氏因幼年喪父，故以稚存為字。《詩文集》下冊，頁六三八載蔣仕銓贈洪亮吉詩，有：「三冬足用信天稟，六歲早孤稱稚存」之句，可資證明。

3 張蔭麟曾在《東方雜誌》第二十三卷第二號（1926年1月）發表〈洪亮吉及其人口論〉一文謂：「稚存，江蘇陽湖北江人。」其後，吳希庸又在《正風雜誌》第二卷第六期（1936年5月）刊出〈清代洪亮吉的人口思想〉一文，亦謂：「洪亮吉字稚存，江蘇陽湖北江人。」可見上述二先生都把「北江」誤認作地名；其實不然。查洪氏自號北江，是因為他在地理學上的一個重要發現。《詩文集》上冊，頁三七五：《送邵祕校晉涵入都補官》謂：「……君署南江我北江」。原註謂：「君據漢書地理志，許君說文，定分江水從餘姚入海，因自號南江。余亦據地理志，毗陵北江在北東入海，因顏其草堂曰：『西崑北江』云。」可以證明。

4 洪氏在嘉慶四年（1799），因上書得罪，發配伊犁。原以為此生不能回家，但在百日之後遇赦，得歸故里，此後即自號「更生居士」。

5 亮吉的祖父，入贅常州府武進縣趙氏，遂定居武進，為武進人。雍正二年，（1724）析武進縣一部地方，另置陽湖縣，所以亮吉成為陽湖縣人（置陽湖縣事，見《清史》卷59，〈地理志〉5，國防研究院，1960年6月，總頁869）。

洪氏先世本來姓宏,是唐朝宏經綸的後裔[6],後來為了要避唐敬宗的名諱,才改姓洪。[7]因為洪經綸曾在唐朝做過「宣歙節度使」,所以他的後人,就定居在安徽歙縣洪坑地方。從洪經綸起,傳到第三十七代。有一個名叫洪璟的,在清朝康熙年間,出任大同知府。這個人就是洪亮吉的曾祖。[8]

提起他這位曾祖,亮吉既景仰又覺得光榮。他曾有詩說:

> ……在昔吾祖居新邨,百年古歙稱高門,倉庾豈獨富親族;徒隸亦感吾家恩。十載并州政聲起,窮邊民富家如洗。(先曾祖守大同,有德政,里民建生祠以祀。)……[9]

又說:

> 惟茲兩州民,沐浴其深恩。我感此一隅,先人蹟猶存。(先曾祖曾歷官山西,幾二十年。)……誰為使君謠,我實廉吏孫。……[10]

亮吉既以有這樣一位曾祖感到驕傲,又以自己是廉吏的後代而引以為榮;可見他這位曾祖在他心目中,已經具有偶像的作用。這對於他的性格塑造及思想形成,有很重要的關係。

在另外一方面,他祖母那一邊的血統也值得一說。他的祖母,是

---

6 〈宏經綸〉《舊唐書》卷127,〈列傳〉77,有傳。

7 《年譜》。

8 同註7。

9 《詩文集》下冊,《夜坐憶弟清迪詩》,頁611。

10 《詩文集》下冊,《題陶太守易東井汲泉圖》詩,頁661。

武進趙申喬的孫女。[11]趙申喬，在康熙一朝曾任偏沅巡撫[12]、戶部尚書[13]，卒諡恭毅。趙申喬在康熙一朝居官，以廉潔、剛直著稱。[14]這一個榜樣，對亮吉的思想形成，也會有一定的影響。

　　由於亮吉的祖父，入贅江蘇常州府趙家，所以他們這一支就定居在常州府陽湖縣。在他祖父到父親這兩代，家道雖已中落，[15]境況儘管艱難，但尚能保持書香一脈。亮吉的母親，是同縣蔣敎淳的女兒。蔣敎淳在雍、乾之交，做過雲南嵋峨縣知縣[16]，也是一個讀書種子，

11　《詩文集》上冊，〈刑部福建司郎中趙宜人葉氏神誥〉謂：「亮吉大母，為趙恭毅公女孫。」（頁238）

12　《清史》卷117〈職官志〉3「順治元年，置偏沅巡撫，駐偏橋鎮。康熙三年，湖南分省，移駐長沙。雍正二年，更名湖南巡撫。令節制各鎮。」又據《清史》卷264，列傳50（總頁3900-3901）〈趙申喬傳〉，申喬任偏沅巡撫，始於康熙四十一年。

13　清史本傳：申喬授戶部尚書，事在康熙五十二年。

14　清史本傳記載申喬事蹟有：（1）「康熙二十年，授河南商邱縣知縣，有惠政。」（2）「上察申喬敬慎，超擢浙江布政使。上諭曰：……布政使為一省表率，爾清廉，屬吏自皆守法。」（3）「申喬上官，不挾幕客，治事皆躬親。例得火耗，悉屏不取。四十一年，上獎諭申喬，居官清，能踐其言，就遷巡撫。」（4）「四十九年，……諭曰：申喬甚清廉，但有性氣，人皆畏其直。朕察其無私，是以護惜之。」以上數點，均可看到申喬服官為人操守之一斑。

15　《詩文集》上冊，頁206「傷知己賦」注云：「先大父以外姻株累，為大王父償大同城工核減帑項，貲產遂罄。」又說：「先大父自歙遷陽湖，始居白雲谿東。後徙縣西大宅，遂以故居歸趙氏。及癸巳甲午（康熙五十二年至五十三年，上距亮吉出生三十三年）間，頻遭事故，縣西宅復入官。」又：《詩文集》上冊，頁406《南樓憶舊詩》第二首註云：「余家自追賠先曾祖大同城工核減帑項，田產悉入官。」可以看到洪氏家道中落的情形。

16　《年譜》云：「……先生父午峰府君，娶蔣太宜人。雲南嵋峨知縣敎淳女。」又據《詩文集》上冊，頁255-256，〈從母楊孺人墓表〉說：「楊孺人，吾母同產妹也，為嵋峨君幼女。年十七，隨宦至雲南。未二年，從外王母奉嵋峨君喪以歸。」同篇又說：楊孺人卒於乾隆五十四年九月，年七十一。據此上推至楊孺人年十七歲時，適為乾隆元年。可見亮吉的外祖父蔣敎淳在雲南嵋峨做知縣時，當為雍正末至乾隆初年。

曾親授諸子、女課業。[17]亮吉的母親，即因曾受乃父教課，故能在亮吉童年由於家計困難、無法入塾的時候，親自教亮吉讀書。這也是亮吉後來能夠有所成就的一大關鍵。

亮吉的父母，共生三女、二子；三個女兒都較亮吉年長；亮吉為長子，有一個弟弟，叫靄吉。

第二節　童年

亮吉童年，最重要的大事，就是六歲喪父。

本來，在亮吉六歲之前，他父親就因為經常在外縣為人作幕客，實際上沒有多少時間看顧亮吉；[18]但是在家庭的經濟來源上，仍然以他父親為主，而且在亮吉的精神上，不會有孤兒那種伶仃無依的感受。

六歲喪父，使亮吉頓成孤兒，那一種孤哀無告的心理，終生困擾著他[19]。而且令到他們一家的經濟情況陷於絕境。[20]他的母親，在喪

---

17 《詩文集》上冊，頁226。〈南樓贈書圖記〉說：「先是，外王父嵋峨君喜貯書。有田十雙，歲以半入所購積軸。歷數十年，而倉粟未滿，書簽已盈。又赴洛之後，增蓄異書，校閱之餘，兼存別本。……」可見得是一位喜貯書，喜讀書的人。又《詩文集》上冊，頁254，〈從母莊孺人墓表〉說：「莊孺人，吾母同產姊也。少而開敏，為外王父嵋峨君所愛。與吾母皆親課之，所讀倍于諸兄。」《詩文集》，頁255-256，〈從母楊孺人墓表〉說：「……蓋孺人習於漢魏詩百數十篇，暇即諷之。人有詢其故者，則泣曰：此先君之所授也。」凡此均可想見嵋峨君親授諸子、女讀書的情形。

18 據《年譜》，亮吉父午峰君在逝世之前，在鎮洋縣署作幕客。得病之後，匆促回家，就在離家五十四里的洛社地方病逝。這是乾隆十六年七月間的事，當時亮吉六歲。《年譜》又記載亮吉四歲時，「午峰府君命先生伯姊課之識字。先生每字必詢其義，日晚，皆為蔣太宜人述之。」從這些記載看，午峰君當時必不常在家。

19 亮吉六歲喪父，使他一生都懷著一種孤兒的心情。《詩文集》下冊，頁593，有〈驅兒篇〉一首：「東家驅兒，不使讀書，兒跪告母，母驚兒呼。……入告母，出告師，孤兒不食淚若絲。牧群羊，牧群豕，孤兒寧願讀書死，君不見，三尺孤兒亦人子！」這首詩是亮吉十五歲時作，（見《年譜》）描寫亮吉八歲時的情景，原注說：

夫的第二年，便帶著他們姊弟五人，到外家寄居。當時他們姊弟五人
的年齡是：長姊不詳，二姊十二歲，[21]三姊十歲，[22]亮吉七歲，弟弟
三歲[23]。

　　童年第二件重要的事情，而且對亮吉思想成長有重大關係的，是
他們家境的貧窮。

　　《年譜》於乾隆十七年記載著：

　　　　先生七歲，……隨蔣太宜人及姊弟寄居外家，外王母冀太孺人
　　　　之意也。時外家亦窘，蔣太宜人率諸女勤女工自給。並儲修
　　　　脯，俾先生就外家塾受經。率夜四鼓方就寢。

由此可見外家除了供給住所之外，並不能對他們一家作經濟方面的幫
助。他們一家人的生活，唯有靠他母親及三個姊姊，紡織自給。

　　亮吉後來有許多詩文，記述當時母、姊辛苦紡織的情形。如《南
樓憶舊詩》第五首：

　　　　婉轉隨娘識百憂，貧家照水亦梳頭。不知梁燕緣何事？卻怪春

　　「余八歲，自塾中遣歸，吾母抱余泣。及稍長有知，遂作驅兒篇，以記母語。」這
　　一種孤哀的心情，流露在他的詩文中甚多。

20　《詩文集》上冊，頁406，《南樓憶舊詩》第二首注：「余家自追賠先曾祖大同城工
　　核減帑項，田產悉入官。至先君子下世，遂無一椽可居。」又《年譜》載乾隆十七
　　年，亮吉七歲，「以午峰府君卒，貧無所依，隨蔣太宜人及姊弟寄居外家。」可見
　　亮吉喪父，頓令他們一家的經濟陷於困境的一斑。

21　《詩文集》上冊，頁215-216，〈適汪氏仲姊哀誄〉，謂仲姊生於乾隆五年。以此推
　　算，至乾隆十七年當為十二歲。

22　《詩文集》上冊，頁260，〈南樓憶舊詩序〉謂：「余以孤童，幼蒙鍾愛。年未毀齒，
　　從母移居。姊越十齡，弟才匜歲。……」所謂「姊越十齡者」，當是指三姊而言。

23　《年譜》記：乾隆五年，仲弟生。至乾隆七年，亮吉一家移居外氏時，當為三歲。

人懶下樓。

自註云：

此言諸姊隨太安人作苦，終歲不下樓也。[24]

又〈過舊居賦〉說：

……曁慈親之屬節兮，勤日昃而不遑也。奉甘糗於尊章兮，爰夜紡而曉經也。唯左鄰之責言兮，淚汍汍而輟響也。……[25]

上述第一段，描寫他幾位姊姊隨母親紡織，終歲不下樓，連梳洗都不顧了。第二段描寫母親紡紗，紡到深夜，機聲驚擾鄰居，遭人責怪，停下機來流眼淚的情形。

亮吉當時尚在幼年，那時將這情景看在眼裡；後來長大了，又將這些情景寫在詩文之中，他的心情，當然是無限痛苦與辛酸的。前引《南樓憶舊詩》中，說他的姊姊們，「婉轉隨娘識百憂」，其實「識百憂」的，應該是他自己，是他自己跟隨著母親度過艱難困苦的童年後，已經嚐遍人間貧窮的滋味，識透人間憂愁的真相。否則，他又怎能知道他的姊姊們會「識百憂」呢？

亮吉自幼注意「生計」問題，關心人口問題，注意吏治與民生的關係，注意天災與人禍的關係，都是由於他童年飽嚐貧窮憂患之故，如果他生在富有之家，錦衣玉食之餘，又如何能夠想到「生計」問題呢？

---

24 《詩文集》上冊，頁406載《南樓憶舊詩》第五首並注。
25 《詩文集》上冊，頁209，〈過舊居賦〉。

　　如果想切實了解亮吉一家在當時的生活情形，先要明瞭在那個時代，蘇、常一帶家庭紡織業的情形。那時候，蘇常一帶，家庭紡織業非常興盛而普遍。「女子七八歲以上，即能紡絮，十二三歲，即能織布。」[26]他們的生產力，據說是：「積一機之勤，疲一女之力，月可取布三十丈焉。」[27]至於紡紗的，則是：「紡棉為紗，紡車者所架祇一錠，柚緒只一條，每人日可得（紗）五六兩。」[28]

　　如果我們想追究：像他們這樣的生產力，能夠有多大的購買力呢？換一句話說，這些家庭紡織者，能夠靠他們的勞動得到多少收入？或可以過著怎樣的生活呢？根據當時人的記載，則是：「一人一日之經營，儘足以供一人之用度而有餘。」[29]

　　當時亮吉家中，除了母親之外，兩個大姊姊已經到了能夠織布的年齡；三姊也到了可以紡紗的年齡。四個人，或者祇能說是三個半人的勞動力，來維持六個人的生活，其艱困情形，可想而知。[30][31]

　　亮吉童年，經常處在饑餓邊緣。《年譜》謂：

　　　　……八歲，在外家塾。從惲牧菴先生銘，受孟子。惲先生，武
　　　　進縣學附生。憫先生（指亮吉）幼孤而慧，常分館餐食之。[32]

又：亮吉自撰《從母莊孺人墓表》：

26　《皇朝經世文編》卷36，尹會一〈敬陳農桑四務疏〉。

27　《皇朝經世文編》卷28。

28　鄭光祖《一斑錄雜述》卷7。

29　同註26。

30　《詩文集》上冊，頁407。

31　同註30。

32　《詩文集》上冊，頁2。

> ……亮吉七歲時，孺人常攜至家，……又一日，至孺人家，憫
> 其宿饑，食之過飽。[33]

上引前一段，記述塾師憐憫亮吉，「常分館餐食之」，文意中表示亮吉
在家中吃不飽的情形，是常事，而非偶然的事。後面一段，指亮吉到
了姨母家中，「憫其宿饑」，是說他的姨母莊孺人看出他有饑餓的表
情：「食之過飽」，則是亮吉本人由於經常挨餓，見了食物，狼吞虎
嚥，致有食之過飽之情形。這兩段記載，都可見到亮吉童年經常挨
饑、忍餓的情形。

亮吉在家中，為長男。在當時重男輕女的社會風氣下，應該是他
們家中最受重視的一個人。他都要經常挨餓，其他的人當然也難得
一飽。

除了忍受貧窮、饑餓之外，亮吉在童年，還要忍受寄人籬下的苦
味。今舉數事，以供了解當時情景：

一、亮吉撰〈適汪氏仲姊哀誄〉謂：

> ……仲姊年十一，遭府君喪，育於外家。外家女兄弟十數人，
> 聯裾爭華，簪首耀玉。見姊工作，爭走慰之。姊曰：是貧女職
> 也。夫奚以恥。[34]

二、《南樓憶舊詩》第二十八首：

> 塵土真疑欲污人，尋常眾裡亦嫌身，蓬門一例先教鎖，明日高

---

33 《詩文集》上冊，頁255。
34 《詩文集》上冊，頁215。

齋會六親。[35]

自註云：

> 自移居後，外家有大讌集，太安人常鑰余兄弟于室中，不令
> 出。[36]

　　前引第一件事，描寫外家表姊妹們，看到他家姊妹辛勞工作的情
形，不堪其苦，都走來安慰她們。這在被安慰的一方，實在會感到無
限痛苦與自卑的。第二件事，描述他們寄居外家時，外家如有親戚
來，他母親就會將他們兄弟鎖在房中，自己去參加讌集；而不許他們
兄弟見人。這種作法，可能是他母親自己的意思；也可能是外祖母的
意思。但在亮吉兄弟的幼小心靈中，則會造成痛苦與自卑的心理。這
種精神上的壓抑，亮吉後來有詩句，描寫自己的心情說：

> 自余為孤兒，怕與親串遭。往事一縱思，痛極祇欲號。[37]

此詩作於乾隆五十七年（1792），當時亮吉四十七歲，是在赴貴州學
政任的途中所作。那時雖然距離他寄居外家時已經多三十多快四十年
了，但當他回想起往事，仍然「痛極欲號」。由此可以推想到：在他
寄居外家時，精神所受壓抑的苦痛程度。
　　這種由於本身境遇較差，又經常被母親鎖在房中，不准與親戚們

---

35 《詩文集》上冊，頁408。
36 同上。
37 《詩文集》上冊，頁436，「抵南陽行館蔣表弟青曜自舞陽來訪因邀至前驛共宿談次
　出行卷索題，為拉雜書此，并以志別」。

見面；後來更形成主動地不願與人見面，這一種既自卑又痛苦的心理，在亮吉的童年時期，不斷地打擊著他，在他的精神成長過程中，是非常不利的。這往往會造成反叛的性格，或者使一個人自暴自棄，走入歧途。但亮吉則幸運地沒有造成那種壞的傾向；這或許是由於在他童年時期，雖然嚐夠了寄人籬下的苦味，令他經常有既自卑又痛苦的感受，但又在一些偶然的事件中，令他受到鼓舞，使他恢復自尊。茲舉數事用以說明：

一、〈南樓贈書圖記〉云：

> 南樓者，外王母龔太孺人怡老之室也。……先是外王父嶍峨君喜貯書。……一日，曝書之暇，外王母抽數冊以授之曰：「吾家代衰矣，能讀是書，其為甥乎！」予時十歲，再拜受之。……[38]

亮吉是時寄居外家，衣食難周；而外家雖亦中落，其經濟情況則顯著地好過洪家。外家諸舅及表兄弟亦均為讀書人，而且舅父素園先生，在亮吉十二歲時，曾任江西德興知縣。[39]但外祖母龔氏，則意外地將本家珍貴藏書贈送亮吉，並有「吾家代衰矣，能讀是書，其唯甥乎！」之語，亮吉在當時，必然會有受寵若驚的感覺，也必然會因此受到鼓舞，奮發自強，希望不辜負外祖母期望的心理與想法。

二、《詩文集》下冊五九四頁，有一首詩，叫〈郭北篇〉，該詩序云：

---

38 《詩文集》上冊，頁226：〈南樓贈書圖記〉。

39 亮吉有舅父三人，長名樹誠，字實君。次名琦，字素園，乾隆九年舉人，乾隆二十二年至二十八年，曾任江西德興縣知縣。三舅名蕭，字曙齋。均見《年譜》。

> 辛巳歲，洪子讀書郭北鄒翁家，翁憐其貧，欲以女妻之；聞有
> 所聘，乃止。洪子感其念，作〈郭北篇〉。[40]

當時亮吉家貧，讀書亦因為束脩難籌時斷時續，但鄒翁偏偏看重亮吉，並欲將女兒許配給他。這一件事雖然未成事實，但無疑地對亮吉亦足有很大的鼓舞作用。這種鼓舞，可能消除他的自卑心理，使他更能奮發自強。

當然，最能令他奮發而求有以自立，應該是他母親精神的感召。

第三節　母教

亮吉的成就應歸功於母教，是他同時代人及後世人的共同看法。袁枚替亮吉《卷施閣文乙集》作序時說：

> 洪君稚存，幼孤，得母夫人訓，自立於學。[41]

張遠覽：〈卷施閣詩序〉說：

> 學使北江先生，少孤，其克自樹立，及學而有成，實稟賢母蔣
> 太夫人之教。[42]

40　《年譜》將此事記在乾隆二十八年。譜云：「二十八年，癸未，先生十八歲。在城
　　北四十里鄒村鄒翁元士家塾。……鄒翁極重先生，欲以女妻之。知有所聘，乃
　　止。」但〈郭北篇〉序文明言：「辛巳歲，洪子讀書郭北鄒翁家。」應屬可信。辛
　　巳為乾隆二十六年，是年亮吉十六歲。可見這一件事是發生在亮吉十六歲時，而
　　〈郭北篇〉這一首詩則是十八歲所作。《年譜》作者有誤。

41　《詩文集》上冊，頁189。

42　《詩文集》上冊，頁271。

陸伯才為亮吉繪〈平生遊歷圖〉，其第一圖贊語謂：

> 右南樓課讀圖第一。主人六歲孤，從母育於外家。雖間出從
> 塾師讀，然毛詩、魯論、爾雅、孟子，實皆母太宜人所親授
> 也。[43]

徐世昌《清儒學案》卷一〇五〈北江學案〉有謂：

> 洪亮吉，原名禮吉，字君直，一字稚存，號北江，陽湖人。六
> 歲而孤，母蔣撫教有法，……以孤童力學，負異才。……[44]

我們在本章第一節中曾說，由於洪母曾受乃父嶍峨君親自教讀，所以
能在亮吉幼年時，因家貧輟學，親自教導亮吉，使亮吉不致失學。這
事關係了亮吉的一生，如果洪母不識字，亮吉一生的命運可能又不同
了。

　　洪母最初把兒子的教育，寄望於學塾；並沒有準備由自己教兒子
讀書。在她帶領子、女寄居外家的那一年起，她除了一方面與三個女
兒努力紡織，賺取全家的衣食費用外，同時又為亮吉儲備學費。《年
譜》記載著：

> （乾隆）十七年，先生七歲。……蔣太宜人率諸女勤女工自
> 給，並儲修脯，俾先生就外家塾受經。率夜四鼓方就寢。[45]

---

43 《詩文集》下冊，頁778。
44 徐世昌撰《清儒學案》（1962年，臺灣世界版）卷105〈北江學案〉，總頁1870。
45 《詩文集》上冊，頁2。

這種願望，到了明年，即亮吉八歲時，得以實現。《詩文集》下冊，
頁五九三，有〈附塾篇〉一首說道：

　　　送爾書堂去，窗疏尚見星。母勤三歲績，兒受一年經。……

　　從這一首詩中，可以想見洪母在一清早，天尚未明的時候，就為
兒子梳洗，整裝，送他入學堂的情景。她曾多少日子忍饑挨餓，不眠
不休的來儲積學費，夢想可以送兒子入學的日子，終於來臨。
　　亮吉雖然入學了；但就當時來說，學費是一種具有持續性而且無
法逃避的費用，《南極憶舊詩》有一首描寫洪母為張羅亮吉的學費，
經常斷炊的情形：

　　　清明過了又端陽，母不梳頭針線忙。幾日斷炊緣底事？疊錢來
　　　買束脩羊。[46]

詩後自註云：

　　　吾鄉從師者，饋束脩常以清明、端午，九日及歲除，為四節。[47]

清明及端陽，都是要繳學費的日子。所以到了這些日子的前夕，他們
一家就要緊張著，除了辛勞紡織之外，斷炊是另一種積儲學費的方
法；這種方法雖然不高明，但在他們一家人則是唯一能夠使用的方
法。

---

46 《詩文集》上冊，頁407。
47 同上。

　　儘管他們一家盡到最大努力，仍不能讓亮吉長期入塾附讀。《詩文集》下冊有〈驅兒篇〉一首，描寫亮吉因為繳不到學費，而被趕出學塾的情形：

　　東家驅兒，不使讀書。兒跪告母，母驚兒呼！西家驅兒，不使入塾。兒跪告師，兒已受扑！入告母，出告師，孤兒不食淚若絲。牧群羊，牧群豕，孤兒寧願讀書死。君不見，三尺孤兒亦人子。[48]

這首詩的序說：

　　余八歲，自塾中遣歸，吾母抱余泣。云云。及稍長有知，遂作驅兒篇，以記母語。[49]

從這首詩中，可以看到亮吉母子失望及悲憤的情形。這可能是亮吉第一次被趕出學堂；所以他們母子的情緒特別顯得難以接受。從此以後，亮吉就時讀時輟。洪母也在心理上接受了這種現實：她已放棄了讓兒子長期就讀的奢望，而是：在有能力繳束脩時，就送兒子就學；沒有能力時，就令兒子輟學在家，由自己教課。

　　亮吉不但由於家境艱難，就學的日子不多；而且在塾中所受到的教育，效果奇差。《詩文集》上冊，頁三六六，題《趙大懷玉寫經圖》有謂：

　　小時一筆不得書，吾母教以分行疎；小時一字不能識，吾母教

---

48 《詩文集》下冊，頁593。

49 同上。

以先點畫。

可見連最基本的一筆一畫的書寫，都是由洪母所教。又：《年譜》於
亮吉十一歲時記載著：

> （乾隆）二十一年，丙子，先生十一歲。蔣太宜人率先生歸興
> 隆里舊宅，從旁舍塾師受尚書。同學生徒十餘人，不能徧課。
> 每篇音訓譌者恆至十數。日夕歸，蔣太宜人令之背誦，必為泣
> 而正焉。如濟河惟兗州，兗讀作衰之類。……[50]

可見亮吉到十一歲時，竟連基本的識字都很差。因此，教亮吉讀書、
識字、寫字的責任，不得不完全由洪母負擔起來。

《南樓憶舊詩》第八首謂：

> 夜寒窗隙雨淒淒，長短燈檠燄欲迷；分半紡絲分半讀，與娘同
> 聽五更雞。[51]

原註云：

> 余八九歲時，自塾中遣歸，每夜執經從太安人紡側讀，恆至漏
> 盡。[52]

又：陸伯才為亮吉繪〈平生遊歷圖〉記云：

---

50 《詩文集》上冊，頁2。

51 《詩文集》上冊，頁406。

52 同上。

  ……右南樓課讀圖第一。……圖中後樓二楹，正瞰雲渡，太宜人坐紡紖中，旁列矮几一，密排丹墨。主人（指亮吉）即讀書其側。几左復一巨磚，光黑可鑑。課讀暇，即蘸墨習書其上，以為常。……[53]

  上述一段記載亮吉依母讀書、寫字的情形甚詳。[54]在亮吉的童年，他的學塾生涯是間斷地，既無固定的學塾，亦無固定的塾師。所以很多人對他的記述，說他「無常師」。[55]然而，唯一的「常師」，可以說是他的母親。所以亮吉終身以慈母為師。如前引：〈題趙大懷玉寫經圖〉有云：

  ……人言學術有淵源，我視庭闈若周孔。[56]

  又《南樓憶舊詩》第四首：

  七齡入學感孤兒，逃塾先教都講嗤。燈下國風還課讀，始知阿母勝嚴師。[57]

  後來亮吉做了貴州學使，在接到皇帝的恩命時，又想起了他的母親，有詩謂：

---

53 《詩文集》下冊，頁778。
54 《詩文集》下冊，頁778，陸伯才為亮吉繪〈平生遊歷圖〉之第二圖記云：「……主人十一歲，自外家遣歸。即從太宜人居中河橋賃居，其北屋即主人始生處也。」又《年譜》記：「二十一年丙子，先生十一歲。蔣太宜人率先生歸興隆里舊宅。」可見洪母在南樓課子是自亮吉七歲至十歲這段時間。
55 孫星衍「翰林院編修洪君傳」，謂亮吉「以貧故，無常師。」
56 《詩文集》上冊，頁366。
57 《詩文集》上冊，頁406。

姓名題向榜頭遲，短李才偏噪一時。纔欲解顏先下淚，孤兒十載已無師。（原註：「予少孤，從太安人授經今太安人下世十七年矣。」）[58]

亮吉到了貴州，又有一次對部屬及學生們說：

童年敢說有師承，一事如今記尚能：堂比雪深三尺路，不曾辜負讀書燈。（原註：「予少孤，蒙太安人授經。」）[59]

可見亮吉是把母親當作童年的師承的。

亮吉由於母親的教導，使他在童年能受到起碼的教育，作為後來自學的基礎，已如上述。但著者在本節所要強調的是：洪母所給予亮吉的，並非簡單的養育與教課，而更重要的，是洪母在艱苦持家及嚴屬教子的行事中，所表現的那一種堅貞的精神，及百折不回與「知不可為而為之」的勇氣，對亮吉起了「身教」的作用。對亮吉思想的形成與性格的塑造，起著決定性的作用。

亮吉書〈董太恭人晚翠軒遺稿序〉有云：

晚翠軒遺稿者，吾友董君心牧母莊太恭人所製也。亮吉與心牧同歲生，心牧日月差長。亮吉六歲孤，心牧九歲孤。又值兩家中落，貧苦亦略同。……殆成童日，復與心牧訂交，益詳審太恭人之所以撫孤，所以教子，所以貧而自立，幾幾至於子之有成也，與吾母太宜人一無以異。……[60]

---

58 《詩文集》上冊，頁433。

59 《詩文集》上冊，頁447。

60 《詩文集》下冊，頁713。

又：亮吉〈跋任大令煇祖所撰二節母行狀後〉謂：

> ……及讀君所為二母狀，其零例孤苦，疾病顛蹶，與吾母太宜
> 人無異也，其奇節苦行，百死一生之狀，與吾母太宜人無異
> 也。遭家難而幾幾不獲自全也，亦與吾母無異。……[61]

以上兩段，是亮吉對洪母之奇節苦行的記述。亮吉曾有一首詩，詩名《精衛》，讚美洪母堅苦卓絕的精神。詩云：

> 精衛精衛，生於海東。朝銜西山石，莫投東海中。力不自度，
> 凡禽笑之。精衛精衛，勞无已時。心雖勞，志不改。塵飛揚，
> 在東海。[62]

又洪母教子甚嚴，亮吉在三十歲之前，經常受洪母杖責。[63]洪母堅苦持家的精神，已經令到亮吉感動；而教子的嚴屬不苟，又使亮吉感到母親對自己愛護之深與期望之切，從而不敢自暴自棄。亮吉後來自己苦學有成，最主要的推動力量，就是這一種不辜負母親期望的心理要求。前引〈董太恭人晚翠軒遺稿序〉有謂：

---

61 《詩文集》下冊，頁728。

62 《詩文集》下冊，頁593。

63 《詩文集》下冊，頁778，〈平生遊歷圖序〉有言：「……幼不力學，身餘杖痕。烏乎，杖痕雖平兮學未就，安得吾母兮再篝灯而口授。」又：《詩文集》下冊，頁728-729，〈跋汪大令煇祖所撰二節母行狀後〉謂：「……若亮吉之少也，性既暗劣，又寄居外家，外家男女兄弟至十數人，出塾後或相聚以嬉，輕則言語無狀，重則碎服折箄。是以太宜人必一夕數呼杖，乃稍稍歛抑。迨少長，補博士弟子，或出豫讌會，太宜人恐亮吉之過飲也，必先嚴飭之，歸必視其面無酒容，言語不失度，方命歸寢。亮吉三十以內，未嘗敢有酒失，太宜人教之嚴也。……」

> ……殆成童日，復與心牧訂交，益詳審太恭人之所以撫孤，所
> 以教子，所以貧而自立，幾幾至於子之有成也，與吾母太宜人
> 一無以異。以是兩人交益親，學亦益苦。……[64]

可見亮吉與董心牧之立志苦學，都是受到母親的精神感召。所謂
「交益親」則是因為同病相憐；「學亦益苦」則是為了不負乃母之期
望。

亮吉有一首詩，題〈楊孝廉夢符泣硯圖〉，詩云：

> 一方石，母所藏，兒名甫成母已亡。泉涓涓，墨池滴，盡是孤
> 兒眼中血。我遭孤露偷視息，對此徬徨不能食。少貧無硯寫以
> 磚，六經手書母所傳。至今磚在猶拾襲，我念親思抱磚泣。君
> 孤此意當早識，莫負區區一方石。君不見，男兒負硯已可恥，
> 負親不得為人子。[65]

這一首詩，亮吉因為人題圖畫，觸景傷情地想起自己的母親，想起自
己的母親教自己在磚上寫字的往事。最後更好像發誓一樣說：「負親
不得為人子」！他怎樣才能不負親呢？洪母在世之日，撫孤教子，日
夜辛勞，廢寢忘餐，不顧健康的那種「忘我」精神，她還有何所求
呢？她所求的祇是兒子成材！這是亮吉深深體驗到的。在這一種心理
推動下，亮吉又怎能不奮發自強呢！

64　同註60。
65　《詩文集》上冊，頁310。

第四節　宦遊

在上面第二、三節，我們主要的是敘述亮吉童年的經過，藉以說明他的性格塑造，及思想發軔的情形；本節則敘述他在成年之後，所遭遇的人和事，進而說明這些人和事對他思想的發展，及表達方式的影響。

本節所述時間較長，約可分為下列三個時期：即一、塾師時期；二、幕客時期；及三、入仕時期。茲分別敘述如下：

一、塾師時期：（十五歲至二十五歲）自乾隆二十五年至三十五年（1760-1770）。

根據《年譜》的記載，亮吉在二十歲開始作塾師。《年譜》有關此事的記載如下：

> （乾隆）三十年，乙酉，先生二十歲。在外家團瓢書屋，授表弟兆崵經。歲得修脯錢二千八百。[66]

《年譜》在次年又記云：

> （乾隆）三十一年，丙戌。先生二十一歲。仍在外家授徒。從學則表弟兆崵、從表弟榮、衡章三人。歲入修脯錢七千。[67]

但是，亮吉的塾師生涯，可能開始得更早。《詩文集》有一首詩，是亮吉勉勵他的弟弟，那首詩說：

---

66 《詩文集》上冊，頁4。

67 同上。

　　我年十五六，即為童子師。無父復誰憐，門戶獨力支。[68]

　　這首詩作於乾隆四十年，[69]亮吉當時三十歲，離開他十五歲時不遠，又是對自己的胞弟說話，所說應該可信。如此，則亮吉的塾師生涯，應該從十五歲開始。《年譜》因何沒有記載？原因未明。

　　亮吉為什麼這樣早就作塾師呢？當然是為了家庭生活困難。前面在本章第二節中說過，亮吉在隨母親寄居外家之後，全家的生活，是靠他母親帶著三個姊姊，紡織來維持的。但是，女孩子們是要出嫁的。在亮吉十一歲時，他的長姊出嫁了。[70]亮吉十三歲時，二姊也出嫁了。[71]在兩個年長的姊姊出嫁之後，他們家中的生產力就減少了一半。又加上洪母在早年過度辛勞之後，身體多病[72]，使得她不但不能再如往日一樣的辛勞工作，而且連幼子藹吉的學業也不能照顧了。[73]

68　此詩載於《詩文集》下冊，頁670，題為：「舍弟以八月迎親，予憫其未知稼穡之艱難，而即有家室，爰作詩二章，勗之以成人之義云爾。」

69　該詩收入《詩文集》〈附鮚軒詩卷第六〉，〈鍾阜蜀崗集〉中。《詩文集》下冊，頁659，《鍾阜蜀崗集》題目下，注明寫作年份為「乙未」。乙未為乾隆四十年，是年亮吉三十歲。

70　《年譜》記載：「（乾隆）二十一年，丙子。先生十一歲。……十二月，伯姊適城北前橋村芮處士光照。」（《詩文集》上冊，頁3）

71　《年譜》記載：「（乾隆）二十三年，戊寅。先生十三歲。……十月，仲姊適同里汪上舍德渭。」（《詩文集》，頁3）

72　《詩文集》上冊，頁214，載〈適汪氏仲姊哀誄〉謂：「……年十五，通論語、毛詩，……時伯姊已出室，母舊多病。一室之故，姊實總之。……。」可見洪母在長女已出閣，次女尚未嫁時，已體弱多病。

73　亮吉的胞弟藹吉，比亮吉小四歲，即因家貧失學。《年譜》在乾隆四十四年記云：「仲弟以少孤失學，假仲資學為賈，累歲虧折資本，至無以償。」又：《詩文集》下冊，頁611，亮吉有〈夜坐憶舍弟清迪〉一詩，詩云：「……傭書倖住城南市，當年兩小跳躍同。兄也讀書無汝聰，使汝廢學傷哉窮。……」可見在藹吉及齡入學的時候，他們家中的情況，比數年前更差了。否則，以洪母的為人，對兩個兒子不會厚此薄彼的。

這時，亮吉的三姊，反倒成為他們家中的生產主力了。這也是亮吉不能不在十五歲的年紀，就要出為塾師的原因。

本來，亮吉的二姊，在亮吉十三歲時出了嫁；而比二姊小兩歲的三姊，照情理來講，也應該在兩三年之後出嫁。但因為她這時已經成為一家生產主力，重擔難卸，所以把出嫁的事拖了下來；一直到了二姊出嫁的十一年之後，那時她已經二十七歲了，才出嫁。[74]

另外一件事實，可以給我們一些啟示的，是亮吉在乾隆三十三年九月娶了親；[75]四個月之後，即乾隆三十四年正月，三姊出嫁。這兩件事的關聯是：亮吉娶親，家中多了一個勞動力，剛好做了三姊的接班人，三姊才能夠「如釋重負」地嫁了出去。

亮吉既為了家庭生計而出為塾師，但他做塾師所賺得的束脩金又非常微薄。根據前面所引《年譜》中的兩段記載，亮吉在乾隆三十年的束脩收入，是一年二千八百錢；乾隆三十一年的收入是七千錢。其他年份未見記載。假設他在乾隆三十一年之後的各年的收入，仍為七千錢或比七千錢多一些，在當時的物價水準，仍然是連他自己都養不起的數目。根據亮吉在《意言》〈生計篇〉中，對當時的物價及每個人的消費情形所作的說明，每人一年的最低生活費用，需要一萬二千至一萬五千錢。[76]亮吉的塾師收入既然如此之少，則他不能長期地株

---

74 《年譜》：「（乾隆）三十四年，己丑，先生二十四歲。正月，叔姊適同里史君德孚。」

75 《年譜》記載：「（乾隆）三十三年，戊子。先生二十三歲。……九月十六日，蔣宜人來歸。」（見《詩文集》，頁5）

76 《詩文集》上冊，頁34，載《意言》〈生計篇〉謂：「……一人之身，歲得布五丈，即可無寒，歲得半四石，即可無饑。……今則不然。……且昔之以升計者，錢又需三四十矣；昔之以丈計者，錢又需一二百矣。……」若據此計算，一人歲用布五丈，每丈一百錢，即為五百錢；食米四石，即四百升，每升價三十，即為一萬二千錢，如每升錢四十，則為一萬六千錢。是一人一年的最低生活費用，應在壹萬二千至壹萬五千錢之間。

守在這個崗位上，是可以想像的事。於是，在乾隆三十六年，就離開了塾師的崗位，為人作幕客。

二、幕客時期：二十六歲至四十四歲，即自乾隆三十六年至五十四年（1771-1789）。

幕客時期是亮吉一生之中，各個階段中最長的一段；也是最重要的一段。亮吉一生在學問與思想兩方面，能夠有如許的成就，應該說是最得力於這一段。但是亮吉因為家貧才去作幕客；又似乎因為作幕客拖遲了自己的功名，所以始終心有不甘。

《詩文集》載〈酬彭秀才翰〉一詩中，有兩句：

洪子家貧不素飽，作客遙憐自辛卯。[77]

辛卯年為乾隆三十六年，是年亮吉二十六歲。因家貧，入安徽學使署朱筠幕下作客。《年譜》於是年記云：

（乾隆）三十六年，辛卯，先生二十六歲。仍館汪氏，從學者汪董諸生等四人。……十一月，先生以館穀不足養親，買舟至安徽太平府，謁朱學使筠。時學使尚未抵任，沈太守業富，素重先生，留入府署。未匝月，適安徽道俞君成欲延書記，太守以先生應聘。已至蕪湖，有留上朱學使書。學使得之，甚喜。以為文似漢魏，即專使相延入幕。以臘月八日復抵太平。……。[78]

這是關於亮吉開始幕客生涯的記載。這一段記載，關於亮吉拋棄塾師

---

77 《詩文集》下冊，頁661。
78 《詩文集》上冊，頁6。

生涯，而轉行為人作幕客的動機，則是「以館穀不足養親。」可見亮吉確是因為家貧而作人幕客，這是他本人在詩文中一再表示，以及他的朋友、學生們的一致看法。

自從乾隆三十六年，亮吉開始他的幕客生涯，直到乾隆四十四年，他所經歷的官署如下：

乾隆三十六年至三十八年，在安徽學使朱筠幕中。[79]朱筠在乾隆三十八年任滿還京，亮吉遂離開。

乾隆三十九年，在常鎮通道袁鑒署中。[80]

乾隆四十年，先在江寧知府陶易署中；[81]九月之後，入句容縣知縣林光照署中，[82]直到四十一年四月，因林光照罷任，始離開。

乾隆四十一年，四月之前，在句容縣林光照署中；七月之後，入浙江學使王杰幕中。[83]是年十月二十六日，洪母逝世。[84]

乾隆四十二年，因丁母憂，在家授徒。[85]十一月之後，入安徽學使劉權之幕中，[86]直到四十三年。

乾隆四十四年，先在常州知府黃澤定署中，[87]後於五月間到達北京，在孫溶寓中，參加《四庫全書》校讎工作，直到四十六年三月。[88]

乾隆四十六年四月，至陝西，入陝西巡撫畢沅幕中，計亮吉在畢沅幕中八年之久；畢沅於乾隆五十年調撫河南，亮吉仍追隨之，直到

---

79 《年譜》。
80 同上。
81 同上。
82 同上。
83 同上。
84 同上。
85 同上。
86 同上。
87 同上。
88 同上。

乾隆五十四年為止。⁸⁹

三、入仕時期：自四十五歲至五十四歲，即乾隆五十五年至嘉慶四年（1790-1800）。

乾隆五十五年，亮吉中了第一甲第二名進士，授翰林院編修[90]。他從此告別了幕客生涯，做起官來。自乾隆五十五年，至五十七年上半年，一直在翰林院供職，曾先後被遣充國史館纂修官[91]，石經館收掌及詳覆官[92]，及順天鄉試同考官[93]。

乾隆五十七年八月，奉命視學貴州[94]，九月間離開北京，赴貴州任所；十一月間到達貴陽接事。計在貴州學政任上共三年，即自五十七年十一月至六十年十一月。代表亮吉主要思想的《意言》二十篇，即在到貴州的第二年（乾隆五十八年，1793）完稿[95]。

嘉慶元年正月，回到北京，仍在翰林院供職。七月，被派為咸安宮官學總裁。[96]嘉慶二年，三月，奉旨在上書房行走，侍皇曾孫奕純讀書。[97]

嘉慶三年，二月，大考翰詹，試場設在正大光明殿；由皇帝親自出了三個題目，讓與考的人們作文章。[98]題目是「幷鮒賦」；「春雨如膏詩」；及〈征邪教疏〉。亮吉選了〈征邪教疏〉這個題目，對當時權

89 同上。
90 《年譜》及本傳（《清史》卷257，〈列傳〉141，〈洪亮吉傳〉，總頁4469。
91 《年譜》。
92 同上。
93 同上。
94 同上。
95 同上。
96 同上。
97 同上。
98 《年譜》記云：「（嘉慶）三年，戊午。先生五十三歲。在京供職。……二月二十七日，大考翰詹諸員於正大光明殿，欽命題為〈幷鮒賦〉，〈春雨如膏詩〉，及〈征邪教疏〉。」

臣誤國、吏治敗壞、官逼民反等情形，極力陳訴。於是惹起和珅的嫉忌。正好在這個時候，亮吉的胞弟藹吉在鄉病逝，亮吉就藉著這個緣故陳情歸里，以避風頭。[99]嘉慶三年四月，回到故鄉。[100]

嘉慶四年，正月，太上皇崩[101]。亮吉因為是內廷翰林，照例應該奔喪[102]，於是在同年三月，回到北京，仍回翰林院。四月，參加高宗實錄的編纂工作[103]。同年八月，亮吉又上書成親王，痛陳國事，奉旨交軍機大臣會同刑部審問，當經王大臣等擬以大不敬律，斬立決。奉旨免死，發往伊犁。[104]亮吉的仕宦生涯從此結束。

四、宦遊時期的人事接觸。

以上我們縷述亮吉的幕客時期及入仕時期的經過，下面我們逐步探討亮吉在上述兩時期中，所接觸的人事，從而說明亮吉思想發展的經過。

第一個人是沈善富。亮吉開始作幕客（乾隆三十六年），就是在沈的幕下，當時沈是安徽太平知府。[105]兩年之後，即乾隆三十八年，

---

99 本傳謂：「嘉慶三年，大考翰詹。試〈征邪教疏〉。亮吉力陳內外弊政數千言，為時所忌。以弟喪陳情歸。」

100 《年譜》。

101 《清史》卷十六，〈高宗本紀〉六，（總頁214）：「（嘉慶）三年冬，上不豫。四年，正月壬戌崩，壽八十有九。」又：同卷仁宗本紀：「四年春正月，壬戌，太上皇帝崩，上始親政。」

102 《年譜》於嘉慶四年記云：「二月，驚聞高宗純皇帝升遐，以內廷翰林，例應奔赴，隨即束裝北上。」

103 《年譜》於嘉慶四年記云：「四月，派充實錄館纂修官，偕總裁諸公，首先訂定條例，承纂第一分書。即高宗純皇帝初登極時事也。」

104 《年譜》於嘉慶四年記云：「（九月二十六日）……當經王大臣等擬以大不敬律，斬立決。奉旨免死。發往伊犁。交將軍保寧，嚴行管束。」

105 《年譜》載：「（乾隆）三十六年，辛卯。十一月，先生以館穀不足養親，買舟至安徽太平府，謁朱學使筠。使學使尚未抵任，沈太守善富素重先生，留入府署。」

沈又聘亮吉兼管書記。[106]又十一年後，即乾隆四十九年，沈已官至河東鹽運使，駐山西運城；是年亮吉正在陝西巡撫畢沅幕中，因赴北京參加禮部會試，回程中路費缺乏，曾枉道至運城，向沈求助。[107]可見亮吉佐沈幕為時雖短暫，但交誼則維持得相當久。沈對亮吉始終是以長者的姿態，多方呵護。亮吉與沈見面時，年方二十六歲；剛剛離開家門，正是初出茅廬，可塑性及可染性極高，在性格與思想上是可能受沈的影響的。我們試觀察一下沈的為人。《清史》卷三三七，列傳一二三，有沈善富傳。傳云：

> 沈善富，字既堂。江蘇高郵人，乾隆十九年進士，選庶吉士，授編修。纂修國史，續文獻通考，勤於其職。出為安徽太平知府，在官十有六年，尤盡心災賑。三十四年，大水，坐浴盆經行村落，得賑者五十萬口。……四十六年，擢河東鹽運使。……所至興學愛士，人文蔚起。以母老乞終養，居鄉多善舉。

從我們節錄的這一段文字中，就可以看出沈是一個讀書人，有著中國傳統讀書人的高尚品格。居官廉能、盡責，關心民間疾苦；尤喜提攜後進。他的行事，可能對亮吉有某種程度的影響。

第二個人，是朱筠。乾隆三十六年十二月，亮吉入安徽學使署中，佐朱筠校文。[108]朱對亮吉相當器重；而亮吉也終生對朱以師事

106　《年譜》載：「（乾隆）三十八年，癸巳。時四庫館始開，江浙搜采遺書，安徽省設局太平，聘先生總司其事。沈太守善富，並延兼管書記。」

107　《年譜》載：「（乾隆）四十九年，甲辰。正月十八日，抵都門。三月，應禮部試。……榜發，薦而不售。……先生以四月出都，由山西赴陝。以資斧告匱，迂道訪沈運使善富于運城。五月半，抵潼關。」

108　《年譜》載：「（乾隆）三十六年，辛卯。……（亮吉）有留上學使書，學使得之甚喜，以為文似漢魏，即專徠相延入幕。以臘月八日復抵太平。黃君景仁已先在署。學使作書徧致同朝，謂甫到江南，即得洪黃兩生，其才如龍泉太阿，皆萬人敵云。」

之。亮吉曾謂：

> ……先生負蓋世之才，具人倫之鑒。誘掖後進，獎許輩
> 流。……于是海內之士，有不詣先生之居者，遂不得為聞人
> 焉。……亮吉以歲辛卯，謁先生于當塗學使之署，始預賓僚，
> 繼焉問業。逮己亥、庚子，又從先生遊于京師。……。[109]

又說：

> 朱學士，名筠，大興人。以乾隆辛卯視學安徽，延余及亡友黃
> 君景仁襄校文役。余與黃君，亦從受業焉。[110]

亮吉又有詩中有「饑驅聚師門」一句[111]，原註云：「朱笥河先生」。可
見亮吉師事朱筠的事實。

　　朱筠早年，甚負文名；其門下素稱多士。亮吉不僅在學問方面受
朱筠啟迪薰陶，而且在朱筠幕中得識當時學者，如邵晉涵、高文照、
王念孫、章學誠、吳蘭庭、汪中、顧九苞等人，使亮吉見識大進。[112]

　　亮吉在二十六歲之前，所學僅是詩、文而已。及入安徽學使署，
與當時學者交往後，始知詩文之外更有實學。徐世昌編《清儒學案》
卷一〇五（總頁一八七〇）〈北江學案〉有云：

---

109 《詩文集》上冊，頁266〈椒花吟舫圖序〉。
110 《詩文集》下冊，頁754〈書朱學士遺事〉。
111 《詩文集》下冊，頁617，「送陽羨萬應馨歸里兼寄趙大懷玉一百韻」。
112 《年譜》於乾隆三十六年載：「三十六年，辛卯。先生二十六歲。……是年秋，在
　　江寧與汪明經中、顧進士九苞訂交；及入學使署，又與邵進士晉涵、高孝廉文
　　照、王孝廉念孫、章孝廉學誠、吳秀才蘭庭交最密，由是識解益進。」

> 洪亮吉,原名禮吉,字君直,一字稚存,號北江。陽湖
> 人。……初以詩古文辭為先達所稱,從大興朱學士筠安徽學使
> 幕,乃窮究經史。……。

可見亮吉窮究經史,乃是入安徽學使署之後的事。又同書卷八十五
(總頁一五一五)「大興二朱學案」云:

> 朱筠,字竹君。……乾隆甲戌進士,改庶吉士,授編修。累遷
> 侍讀學士。督安徽學政,以實學教士。

可見朱筠也是主張「以實學教士」的。而他的倡議開四庫館,即為注
重實學的事例之一。[113]
　　但根據亮吉本人的回憶,他所以由愛好詩、文轉而重視實學,乃
是受了汪中的影響。他說:

> 余弱冠後始識中,中頻以有用之學相勖。余始愧勵讀書。今之
> 有一知半解,未始非中所激成也。[114]

　　亮吉認識汪中,在乾隆三十六年秋;同年十二月,入安徽學使署

---

113 《詩文集》下冊,頁754〈書朱學士遺事〉謂:「朱學士,名筠,大興人。以乾隆
　　辛卯視學安徽。……余與黃君(景仁)亦從受業焉。時先生請于朝,乞刊三字石
　　經,並求校明永樂大典,由是特開四庫全書館。」又:《四庫全書總目提要》附:
　　〈辦理四庫全書歷次聖諭〉謂:「乾隆三十八年二月初六日奉旨:昨據軍機大臣議
　　覆朱筠條奏內將永樂大典擇取繕寫各自為書一節。……」又:「至朱筠所奏,每書
　　必校其得失,撮舉大旨,敘于本書卷首之處。……」(萬有文庫本,永瑢等撰《四
　　庫全書總目提要》,上海市:上海商務印書館,1931。)可見四庫館之開為朱筠
　　倡議。
114 《詩文集》下冊,頁758〈又書三友人遺事〉。

朱筠幕中,當時同在朱筠幕中的,為邵晉涵、章學誠、王念孫諸人,全都是重視實學而有成就的人,亮吉在學術方向上的轉變,正在此時。

第三個人是王杰。乾隆三十一年,王杰任浙江學使,延亮吉入學使署中,佐理校文。[115]又到乾隆五十五年,亮吉參加禮部會試,中了第一甲第二名進士。那一年的座師,正是王杰及朱珪(朱筠的弟弟)。當時王杰已官至東閣大學士,亦算得與亮吉有緣了。

王杰在《清史》卷三百四十一,列傳一百二十七有傳:

> 王杰,字偉人。陝西韓城人。⋯⋯杰在樞廷十餘年,事有可否,未嘗不委曲陳奏。和珅勢方赫,事多擅決,同列隱忍不言,杰遇有不可,輒力爭。上知之深,和珅雖厭之而不能去。杰每議政畢,默然獨坐。一日,和珅執其手,戲曰:「何柔荑乃爾?」杰正色曰:「王杰手雖好,但不能要錢耳!」和珅赧然。⋯⋯。

上引一段,亦足看出王杰為官正直,性行高潔,出於污泥而不染之一斑。《年譜》記載亮吉在三十一歲,與王杰見面時,謂:「學使(指王杰)一見先生,如舊相識。遂偕往試台州處州二府,中途歷天台、雁蕩諸勝,皆有詩紀事。」(《詩文集》,頁8)可見二人是相當投契的。亮吉當時三十一歲,世故未深,對著這樣的一個長官,必然是會受到一些影響的。

第四個人是劉權之。劉權之與亮吉相識在乾隆三十九年,當時亮吉二十九歲,參加江寧鄉試,座師為劉權之與董誥二人。當時劉權之已經很欣賞亮吉,曾經想幫忙他,但沒有成功。[116]

---

115 見《年譜》。

116 《年譜》於乾隆三十九年記云:「三十九年,甲午。先生二十九歲。⋯⋯七月,偕

　　過了三年，即乾隆四十二年，十一月，劉權之視學安徽，專使往聘亮吉至學使署佐理校文。[117]亮吉在權之幕中為時一年。四十三年十一月，劉權之因為喪母，離開學使之任，回鄉居憂，亮吉也因而離開劉權之。[118]

　　又再過了十一年，即到了嘉慶四年，是年高宗駕崩，亮吉因奔喪回京，重回翰林院，參加高宗實錄的編纂工作；又再遇見劉權之，當時劉權之已經升到左都御史。[119]同年八月，亮吉目擊時局，不忍於言，又因翰林不能直接奏事，便上書與成親王[120]，及吏部尚書朱珪，左都御史劉權之。成親王接到亮吉上書後，馬上轉呈皇帝；而朱、劉二人，並沒有及時轉奏。清史劉權之傳記載此事云：

> 編修洪亮吉上書王大臣，言事戇直，成親王逕以上達，權之與朱珪未及呈奏。有旨詰問，自請嚴議。上以權之人品端正，平時陳奏不欺，寬其處分。[121]

黃君景仁赴江寧鄉試。座師則翰林院侍讀學士，今文華殿大學士董公誥，司經局洗馬今兵部尚書劉公權之也。榜發，座師及學使皆惋歎不置。」此處所言學使指彭元瑞，時任江蘇學使。他們都以為亮吉應該考中舉人，但竟落第，故惋歎。由此可見董誥、劉權之、彭元瑞諸人，都是賞識亮吉的。

117　《年譜》於乾隆四十二年記云：「先生三十二歲，……十一月，座師劉公權之視學安徽，遣人相延。……遂於長至前由陸程赴太平。並約孫君星衍偕行。……又因先生譽孫君學好，因並款留，以助衡校。自是先生與孫君助學使校文外，共為三禮訓詁之學。」

118　見《年譜》（《詩文集》，頁9）。

119　《詩文集》，頁18。

120　成親王指成哲親王永瑆，是高宗的第十一子。「嘉慶四年正月，仁宗命在軍機處行走，總理戶部三庫。……八月，編修洪亮吉，譏切朝政，永瑆上聞。上治亮吉罪。」（見《清史》卷222，〈列傳〉8，〈諸王〉7。總頁3568）。

121　《清史・劉權之傳》，卷342，〈列傳〉128，總頁4386-4387。

根據上述記載，可見劉權之人品端正，平時對皇帝陳奏不隱；此次未及時轉奏，明明是企圖護全亮吉。而在受到皇帝詰責後，自請嚴議，更看出其為人剛直、負責，臨難不求苟免的性格。這種性格，在他與亮吉十餘年的交往中，一定對亮吉有些影響。

第五個人是董誥。董誥認識亮吉，在乾隆三十九年，當時亮吉參加江寧鄉試，董誥與劉權之同為座師。[122] 當時的江蘇學政為彭元瑞，因為亮吉的同鄉錢文敏公維城，曾經在彭元瑞面前替亮吉吹噓過，[123] 而彭元瑞又在董誥面前代為揄揚，所以，這次亮吉雖然沒有考中舉人，但董誥等人都對他有了好的印象。

到了乾隆四十四年，亮吉已經三十四歲。是年五月，亮吉到了北京。當時四庫全書館剛開，董誥是四庫館副總裁，[124] 江寧孫溶任總校，董誥囑孫溶聘請亮吉總司校讎之事。[125] 亮吉校四庫書，自四十四年五月，至四十六年三月。在這期間中，當然免不了與董誥接觸。董

---

122 《年譜》於乾隆三十九年記云：「三十九年，甲午。先生二十九歲。……七月，偕黃君景仁赴江寧鄉試，……座師則翰林院侍讀學士今文華殿大學士董公誥，司經局洗馬今兵部尚書劉公權之。」

123 錢文敏公維城是亮吉的同鄉。他與亮吉相識的經過，據年譜記載是；「（乾隆）三十八年，癸巳。先生二十八歲。……九月，自徽州偕汪孝廉端光歸里。……時錢文敏公維城居憂在里，見先生詩文，奇賞之。徒步過訪焉。」到了第二年，亮吉參加江寧鄉試。《年譜》又記云：「（乾隆）三十九年，甲午，先生二十九歲。……先是，錢文敏公曾語學使彭閣學元瑞，謂先生為昌黎復生，由是閣學亦久知先生。……七月，偕黃君景仁赴江寧鄉試。……榜發，座師及學使皆悵嘆不置。」座師即指董誥及劉權之，學使則指彭元瑞。可見他們三人都對亮吉有好的印象。

124 《年譜》於乾隆四十四年謂：「時四庫館甫開，讎校事繁。座師董公誥為總裁官。」但《清史》卷三百四十一，列傳一百二十七，董誥傳謂：「……充四庫館副總載。」又《四庫全書總目提要》附「四庫全書在書諸臣職名，所列副總裁名單，有董誥之名，證明董誥為副總裁。」

125 《年譜》於乾隆四十四年記云：「……時四庫館南開，讎校事繁。座師董公誥為總裁官，囑總校江寧孫舍人溶，延先生至打磨廠寓齋，總司其事。」

誥居官勤勉正直[126]，對亮吉或會有些影響。又因為校書的關係，使亮吉對典籍的接觸多了，在學問方面也大有進境[127]。

第六個人，也是我們敘述的最後一個人，對亮吉大有影響的，是畢沅。

畢沅在乾隆四十五年，署理陝西巡撫。[128]亮吉得好友孫星衍的介紹，於乾隆四十六年五月，入畢沅幕中。[129]亮吉做幕客，以在畢沅幕中做得最久，一共做了八年[130]。計自乾隆四十六年，至五十年，畢沅任陝西巡撫；五十年二月，畢調河南巡撫，亮吉又追隨至開封節署，一直做到亮吉中了進士，授了翰林院編修為止。[131]在清朝，官吏聘請幕客，是以某某人任某某官之任期內為限。任期一滿，幕客的聘約亦中止。[132]亮吉追隨畢沅，由西安再至開封，可見二人賓主之間相處甚歡。又在亮吉做幕客的時期，他所遇到的主官之中，最為他所崇拜的，是朱筠與畢沅。我們在前面已經說過，亮吉尊朱筠為師。同樣的，他對畢沅也是尊之為師。[133]但是，在事功方面，畢沅勝於朱筠。

---

126 本傳謂：「……尤以奉職愃勤，為上所眷注。」又謂：「惟誥在直勤勉。」

127 亮吉有詩云：「五年客京師，五年客西秦。十年亦何為？與載籍親。」見（《詩文集》上冊，頁363〈偶得五百字酬景方伯安枉贈之作〉。）

128 見《清史》卷333，〈列傳〉119，〈畢沅傳〉，總頁4337。

129 《年譜》於乾隆四十六年載：「……先是孫君星衍已入關，並札言陝西巡撫畢公沅欽慕之意。先生遂決意遊秦。四月十六日，偕崔同年景儀西行。……五月望後抵西安。寓開元寺一宿。畢公聞先生來，倒屣以迎。翌日，遂延入節署。」

130 《詩文集》上冊，頁558，「周孝廉邵蓮屬題羅山人聘所仿董北苑瀟湘卷子」註云：「余在秋帆宮保節署八年，其題北苑瀟圖，時在秦中。及題王蓬心太守仿本，則在湖北。今宮保己下世。」

131 《詩文集》下冊，頁755-756。〈書畢宮保遺事〉：「余與孫兵備星衍，留幕府最久，皆擢第後始散去。」

132 參看：胡漢君先生〈清朝幕僚制度的興廢〉（香港《星島晚報》1978年8月28日副刊）及遲莊先生〈清代的幕賓門丁〉（大陸雜誌《史學叢書》第1輯第7冊）二文。

133 如《詩文集》上冊，頁518，有〈辰州謁畢尚書師出所定詩文集見示即席賦呈二

朱筠最高做到安徽學政，兩年後回京，即以翰林終老。[134]而畢沅則做
到陝西巡撫、河南巡撫，及湖廣總督[135]。所以，亮吉崇拜朱筠，是崇
拜他的學問，辦事負責及喜歡提拔後進等的精神；崇拜畢沅，則除了
他的學問及行事之外，更崇拜他的事功。[136]而且亮吉追隨畢沅有八年
之久，則因為相處久、崇敬深，因而受其薰陶、影響，是極可能的。
畢沅先撫陝西，後督湖廣；上述兩地，正是乾隆末年教匪出沒之區。
畢沅對剿撫教匪，經歷最多。[137]亮吉對此等事，感同身受。在亮吉的
思想中，常以為國事最首要者，莫如平邪教，而邪教之起，源於吏治
之敗壞，吏治之敗壞，又源於權臣之誤國。權臣之誤國及吏治之敗
壞，是他痛心疾首之大患。他先於嘉慶元年，以〈征邪教疏〉一文，

首〉；頁547有〈十七日驚聞畢尚書師楚南之赴翌日于卷施閣中為位而哭哀定賦詩六
　章〉；頁548有〈重哭畢尚書師〉；頁559有〈靈巖謁畢尚書師墓〉等詩，俱為亮吉師
　事畢沅之證。

134 朱筠於乾隆三十六年十二月，出任安徽學政，到三十八年十二月，離任還京；為
　時僅二年。（見《洪北江先生年譜》）以後即在翰林院中任編修。其所以為此，據
　亮吉言，是被其弟子徐瀚所誤。《詩文集》下冊，頁754有〈書朱學士遺事〉一
　文，謂：「……其降調入都也，亦為門下士大興徐瀚所誤。瀚即司刊說文者，蓋厚
　資，後以飲博蕩盡，先生仍錄入門下，衣食之。卒不念前事云。」

135 據清史畢沅傳：沅任陝西巡撫在乾隆四十五年至五十年；任河南巡撫在五十年至
　五十一年；五十一年授湖廣總督，直做到嘉慶二年，終於任所。

136 亮吉對畢沅事功方面的崇拜，可由其詩文中見到。《詩文集》上冊，頁338，〈將賦
　南歸呈畢侍郎六十韻〉一詩，中有「全秦一書生」句；又頁547，有〈十七日驚聞
　畢尚書師楚南之赴翌日于卷施閣中為位而哭哀定賦詩六章〉詩，中有「由來三楚
　事，終始一人支。」之句，可見一斑。

137 《清史·畢沅傳》：「（乾隆）四十九年，甘肅鹽茶廳回田五復亂，沅遣兵分道搜
　剿，上命大學士阿桂視師，沅治軍需及驛傳供億，屢得旨獎勵。」又：「五十九
　年，陝西安康，四川大寧邪教並起，稱傳自湖北，沅赴襄陽鄖陽按治。」又：「六
　十年，仍授湖廣總督，湖南苗石三保等為亂，命赴荊州常德督餉，以運輸周妥，
　賜孔雀翎。嘉慶元年，枝江民聶人傑等挾邪教為亂，……沅自辰州至枝江捕治，
　當陽又陷，復移駐荊州，上命解沅總督，旋克當陽，獲亂渠張正謨等，復命沅為
　總督如故。」

觸怒權臣。[138]後又於嘉慶四年，因上書成親王等獲罪，都是這種思想的表現。

在個別介紹過可能影響洪亮吉思想的諸人之後，我們要在此補充的是，在乾隆中、晚期，清朝的官吏們的派系敵對情形，對亮吉思想的影響。

乾隆中葉之後，和珅漸得乾隆皇帝寵愛，權傾朝野，清朝吏治漸壞。於是朝臣漸分為和珅派與反和珅派。《清史》卷三二〇，列傳一〇六（總頁4244）和珅傳謂：

> 和珅柄政久，善伺高宗意。因以弄竊作威福。不附已者，伺隙激上怒，陷之；納賄者，則為周旋，或故緩其事，以俟上怒之霽。大僚侍為奧援，剝削其下，以供所欲。鹽政河工素利藪，以徵求無厭，日益蔽。川楚匪亂，因激變而起。將帥多倚和珅，靡餉奢侈，久無功。……。

可見依附和珅的朝臣、地方官及將帥是很多的。然而在當時被和珅勢力染濁了的官場中，仍然有一些剛直、廉能之士，堅貞自守。他們為了自保，也為了希望早日推倒和珅，就形成了一個少數派集團。這一個集團，早期以阿桂為精神領袖；阿桂在嘉慶元年死後，則成「群龍無首」的局面。〈和珅傳〉謂：

---

138 《詩文集》上冊，頁559：〈臨別戲贈孫大並索和章〉一詩註云：「自予征邪教疏出，每有京邸譾集，居諫垣者必引避。」可見此文確曾引起權臣之忌；而權臣在當時勢力尚盛，故居諫垣者對亮吉不敢接近，恐受株連之情形。又同書上冊，頁579：〈哭任軍門承恩〉詩，註云：「予去歲大考後，即以弟喪陳情歸，都下盛傳予疏，競相傳寫。」可見此疏在當時的京城中，確曾引起不小的波瀾。

阿桂以勳臣為首輔,素不相能,被其傾軋,入直治事,不與同
止直廬。阿桂卒,(和珅)益無顧忌。於軍機寄諭,獨署己
銜。同列嵇璜年老,以讒數被斥責。王杰持正,恆與忤,亦不
能制。朱珪舊為仁宗傅,在兩廣總督任,高宗欲召為大學士,
和珅忌其進用,密取仁宗賀詩白高宗,指為市恩。高宗大怒,
賴董誥諫免,尋以他事降珪安徽巡撫,屏不得內召。……

同傳又載和珅對彭元瑞的嫉忌,謂:

（乾隆）五十六年,刻石經於辟雍,命為正總裁。時總裁八
人,尚書彭元瑞,獨任校勘,敕編石經考文提要。事竣,元瑞
被優賚,和珅嫉之。毀元瑞所編不善。……。

董誥傳又載和珅對董誥的壓抑:

嘉慶二年,(董誥)丁生母憂。特賜陀羅經被,遣御前侍衛額
駙豐紳殷德奠醊。誥既以喪歸,川楚兵事方亟,高宗欲召之,
每見大臣,數問董誥何時來,逾年葬母畢,詣京師,和珅遏不
上聞。會駕出,誥於道旁謝恩,高宗見之喜甚,命暫署刑部尚
書。……。

由上述幾段傳文顯示,幾乎所有正直清廉的人,都不容於和珅。而恰
好亮吉所追隨過的人,都是正直清廉的人,也都是反和珅的人。前面
所提到的諸人中,如王杰在任浙江學使時,亮吉曾做過他的幕賓。董
誥、彭元瑞都是賞識過亮吉的人,而且在四庫館中做過他的上官。朱
珪是朱筠的弟弟,而且是亮吉考中進士時的座師。阿桂似乎與亮吉沒

有什麼淵源，但亮吉在畢沅幕中甚久，乾隆四十九年，甘肅回亂，阿桂受命視師，畢沅當時是陝西巡撫，供應軍需驛傳，當時亮吉正在畢沅幕中。[139]到了亮吉考中進士時，阿桂為讀卷官，並對亮吉表示賞識。[140]乾隆五十六年，十月，亮吉在文淵閣石經館任「收掌及詳覆官」，得有機會與阿桂見面。[141]亮吉一生既崇拜廉能的官吏，則阿桂在他的心目中發生了偶像的作用，[142]是很自然的事。而阿桂的行事，及阿桂的想法，都會對亮吉產生很有力的影響。即如阿桂對和珅非常痛恨，很想除掉他，這種想法曾在有意無意之間讓亮吉知道了。《詩文集》下冊，頁七四九，亮吉撰〈書文成公阿桂遺事〉有謂：

> 純皇帝末年，和珅橫甚。公業知不能制，凡朝夕同入直，必離立十數步外，和珅知公意，故就公語，公亦泛答之，然卒未嘗

139 《清史・畢沅傳》：「……四十九年，甘肅鹽茶廳回田五復亂，沅遣兵分道搜剿。上命大學士阿桂視師，沅治軍需及驛傳供億，屢得旨獎勵。」又據《年譜》記載，是年亮吉因參加禮部會試，正月至五月，離西安，五月之後至年底，均在西安畢沅節署中。

140 《詩文集》下冊，頁749，有〈書文成公阿桂遺事〉一文。文中有言：「余登第日，公為讀卷官。擬第一進呈。余素不習書，公獨賞之。嘗謂吾支刑部郎孫君星衍曰：『人皆以洪編修試策該博，不知字亦過人。余首拔之者，取其無一毫館閣體耳。』」

141 《年譜》於乾隆五十六年記云：「五十六年辛亥，先生四十六歲。在京供職。……十月，石經館開，派充收掌及詳覆官。時至國子監監視刻石。」又：《詩文集》下冊，頁749，〈書文成公阿桂遺事〉謂：「……前一事，余值內廷日，成親為言之；後一事，在文淵閣石經館，公自言之。……」可證明亮吉確曾在石經館見過阿桂。

142 亮吉於其所崇敬的人物，如先他去世者，則必作一篇「某某先生遺事」。《詩文集》「更生齋文甲集卷第四」中即收錄此類文字，其中第一篇即為〈書文成公阿桂遺事〉，（下冊，頁749）其次為〈書劉文正遺事〉，（下冊，頁750）其次為〈書裘文達遺事〉，（下冊，頁751）其次為〈書李恭勤遺事〉，（下冊，頁752）其次為〈書朱學士遺事〉，（下冊，頁754）其次為〈書畢宮保遺事〉，（下冊，頁755）其次為〈書杭檢討遺事〉，（下冊，頁756）其次為〈書提督花蓮布遺事〉。（下冊，頁757）前後共八人，而以阿桂為首。可見他對阿桂是相當崇拜的。

> 移立一步。公嘗病臥值廬，吾友軍機章京管君世銘入省之，公
> 素所厚也。忽呼語曰：「我年八十，可死。位將相，恩遇無
> 比，可死。子若孫皆亦佐部務，可死。無所不足，可死。忍死
> 以待者，實欲俟皇上親政，犬馬之意，得一上達，如是死乃不
> 恨。」然竟未果。

阿桂這種思想，對亮吉的思想及行事兩方面均有甚大影響。在思想方
面，使他對吏治非常重視，認為吏治對民生關係甚大（說詳後）；在
行事方面，使他在嘉慶三年，以〈征邪教疏〉一文觸怒和珅，又在嘉
慶四年冒死上書獲罪。這次上書，雖然倖免於死，並在發配伊犁百日
之後遇赦回里；但斷送了他晚年的政治生命。

第五節　志向

　　亮吉承受了洪璟（亮吉的曾祖，曾任大同知府）及趙申喬（亮吉
祖母為趙申喬的孫女）兩系的血統，從幼年的時候，就夢想著長大之
後，做一個廉、能的官吏。到了二十六歲之後，因為家境貧窮，出外
作人幕客，又先後接觸到沈善富、朱筠、王杰、劉權之、董誥、畢沅
等這些廉能正直的長官，薰陶感染所致，使他也非常希望能夠有一個
機會，可以出任一官半職，實現他用世救世的抱負，從他的詩文中，
經常流露出那種傳統知識分子的，「先天下之憂而憂」的情感；也經
常洋溢著用世的期望。

　　亮吉早歲即景仰中國古聖先賢。《詩文集》下冊，頁六〇五至六
〇六，有賦《留侯歸漢圖》、《伏生授書圖》、《季布任俠圖》、《張蒼治
歷圖》，及《賈誼上書圖》均作於二十四歲至二十六歲之間[143]。同書

---

143 以上作品，均為亮吉二十四歲至二十六歲之間的作品。該等作品，收到《洪北江

下冊，頁六三二，有《皋陶祠三十韻》；頁六四○有頌〈禹廟〉詩；頁六六八，有《丙吉問牛圖》，亦都作於三十歲之前。[144]可以看出亮吉對中國古代聖君賢相的景仰。

　　亮吉三十歲時，作了一首詩，說道：

　　　　弱冠始讀書，緬焉託經穴。不作章句儒，平生慕奇節。[145]

　　同年，也或者是第二年，亮吉又有詩說：

　　　　……讀書只欲究世務，放筆安肯為詞章。……。[146]

三十一歲時，亮吉有〈書汪少尹蒼霖民謠三章後並引〉謂：

　　　　甲午八月，河決入淮安城。其冬，蒼霖奉憲檄，運米抵淮安城
　　　　下，賦詩三章。仁人之言，知民疾苦矣。昔杜甫讀元結舂陵

　　　詩文集》〈附鮚軒詩卷第二〉、《采石敬亭集》之中。該集註明寫作年月為己丑至壬
　　　辰，即乾隆三十四年至三十七年，即亮吉二十四歲至二十七歲時。但在上述五首
　　　詩的前面有：「汪生彥和出元人畫二十幅，分賦其五」一行字，更使我們知道這是
　　　亮吉二十四歲至二十六歲之間的事。因為他那時正在他的二姊夫家授徒，二姊夫
　　　家姓汪，所謂「汪生彥和」想是當年的學生。（參看《年譜》關於這幾年的記
　　　載。）
144　參看《詩文集》各卷標題之下所注寫作年份。
145　原詩載於《詩文集》下冊，頁662，題為：〈偶成〉。該詩收入〈附鮚軒詩卷第
　　　六〉、《鍾阜蜀崗集》中。《詩文集》下冊，頁659，《鍾阜蜀崗集》標題之下，注明
　　　寫作年份為「乙未」，是年為乾隆四十年，亮吉三十歲。
146　原詩載於《詩文集》下冊，頁692，題為：《趙大懷玉招飲醉後卻寄》。該詩收入
　　　〈附鮚軒詩卷第七〉、《茅峰攝山集》中。《詩文集》下冊，頁675，「茅峰攝山集」
　　　標題之下，所注寫作年份為：乙未、丙申，即乾隆四十年及四十一年，亮吉三十
　　　歲至三十一歲之間。

行，謂得結輩十數公，參錯天下為邦伯，天下可安。余亦謂今日得蒼霖輩十數人為令丞，于吏治未必無補。……[147]

可見亮吉具有非常強烈的夙世期望，冀求有機會一展抱負。但是他這種願望，卻遲遲未得實現。他的文名雖然已經為朝野所知，[148]但是功名卻遲遲不來；這對他的精神是一種很大的挫折。[149]

亮吉又有一首詩，吐露此種心情。詩云：

……丈夫事業豈偶然，頗恥僅以文章傳。……。[150]

---

[147] 原詩載於《詩文集》下冊，頁675，與上述一詩同收入《茅峰攝山集》中。

[148] 《年譜》有關此類記載：（1）乾隆三十五年，亮吉二十五歲。「是秋，識錢唐袁大令枚於江寧，大令謂先生詩有奇氣，逢人輒誦之。」（2）乾隆三十六年，亮吉二十六歲。「……十一月，已至蕪湖，有留上朱學使書，學使得之，甚喜，以為文似漢魏，即專使相延入幕。以臘月八日復抵太平，黃君景仁已先在署。學使作書徧致同期，謂甫到江南，即得洪黃二生，其才如龍泉太阿，皆萬人敵云。」（3）乾隆三十八年，亮吉二十八歲。「時錢文敏公維城，居憂在里，見先生詩文，奇之，徒步過訪焉。」（4）乾隆三十九年，亮吉二十九歲。「正月，赴江陰補壬辰年歲試。先是，錢文敏公曾語學使彭閣學元瑞，謂先生為昌黎復生。由是閣學亦久知先生。」足見亮吉在三十歲之前，文名已為朝野所知。又到了乾隆四十五年，是年亮吉三十五歲，在北京為四庫館校書。《年譜》記云：「時方南巡，諸臣倒獻賦頌。先生為山陰梁尚書國冶製頌十八章，首邀睿賞。於是都下求屬稿者眾。……是年恭遇萬壽，頌述之文益多，自二月至七月，所製凡五六十篇。」可見亮吉的文名已經傾動滿朝了。

[149] 亮吉在二十四歲，方中了秀才。（《年譜》謂：「五月，應童子試，補陽明縣學附生。」）從二十五歲起，一直到三十五歲，十一年之間參加了多次「鄉試」，皆無法得中舉人。《年譜》在乾隆四十五年記載：「（乾隆）四十五年，庚子，先生三十五歲。……先生以屢困場屋，不復有進取心。」可見多次落第，對他的打擊甚大。然而，正在他心灰意冷之時，就在這一年，參加順天鄉試，中了舉人。又遲到十年之後，亮吉四十五歲時，才能夠中進士。（均見《年譜》）

[150] 《詩文集》上冊，頁377，「喜楊大芳燦至大梁即送入都」。作此詩時，亮吉正在開封節署，佐畢沅幕。當時已經四十四歲，事業仍然無成，故有此感歎也。

而亮吉則偏偏地，祇以文章傳。他的文章雖然博得許多人讚賞，但事業則到了四十幾歲，仍然無所建樹。[151]

亮吉後來在《意言》〈文采篇〉中說：

> ……為人計者，願立德、立功、立言，以致不朽乎？抑僅願以文采表見乎？吾固謂人不可自命為文人，不得已為文人，亦當鑒于草木之華，鳥獸之羽毛，而不自炫奇騖異，元紫芝之在陸渾，人不知其能文，陶淵明之在柴桑，人不知其能詩，則善矣。[152]

亮吉說出他自己，不願為文人，說得更確切一點，不願僅為讀書人。他曾有一首詞，說道是：

> ……丈夫自信饒奇策，況生平、服膺所在，劉琨祖逖。[153]

看出他確實想在學術文章之外，另外有所建樹，可資流傳後世，以致不朽的。而在立德、立功、立言這三種不朽的方式中，他更願意立德和立功，而以立言為下策。他的期望，上焉者可以作阿桂，其次亦可以作畢沅，以一書生可以成為地方大吏。但是功名的遲來，害得他不能採取上、中兩策。因為立德和立功，必須要有相當的政治地位，而亮吉則缺乏這種條件。他在出任貴州學政的時候，已經到了四十七歲。[154]他似乎已經沒有耐性等待機會立德、立功，而決定以立言

---

151 亮吉四十五歲之前，仍然為人作幕客。四十五歲，中了進士，授翰林院編修。四十七歲，出任貴州學政，才算是有了一個自己的小局面。

152 《詩文集》上冊，頁42。

153 《詩文集》下冊，頁953載「金縷曲」。

154 《年譜》於乾隆五十七年載：「五十七年，壬子。先生四十七歲。在京供職。……

來作為他不朽的方式了。

　　乾隆五十八年（1793），亮吉四十八歲，這是他抵達貴州學政任所的第二年，他寫了他的思想的主要代表作──《意言》。《意言》共二十篇，包括了他的宇宙觀、人類觀、政治思想及經濟思想。他將這二十篇作品叫作《意言》，顯然是有「立言」的意思。

　　到了乾隆六十年（1795），亮吉五十歲。是年，亮吉任貴州學政的期限將滿，他出版了《卷施閣文甲集》及《卷施閣文乙集》。[155]他自己作了序言，並將《意言》二十篇置於文集之首。從這些跡象看來，亮吉對《意言》的重視，是遠超過其他的文章的。他說過不願意僅以文章傳流後世，而他確乎希望《意言》能夠傳流後世，永垂不朽的。

　　八月，充順天鄉試同考官。十四日，又在闈中奉視學貴州之命。……十一月十三日，抵貴陽。巡撫嘉興馮公光熊等皆出郭迎迓。十五日，接印任事。」

155 《年譜》於乾隆六十年記云：「六十年，乙卯。先生五十歲。……門下士為先生校刊附鮚軒。卷施閣二集。」

第二章
哲學思想

第一節　生死觀

　　對於人類的生、死，亮吉有他獨特的看法。他以為：個人之所以有生命，固然由於父母；但人類之所以產生，則是由於天地，也就是由於自然。在《意言》〈父母篇〉，亮吉說：

　　　　人有百年之父母，有歷世不易之父母。百年之父母，生我者是也，歷世不易之父母，天地是也。[1]

我們若分析亮吉上面一段說話之含義，可以這樣說：一個人的生命的產生，是由於父母生理機能的作用，但我們若追問：父母的生命何來？及父母的父母的生命何來？最後的問題將是：宇宙之間，為何有人類存在？亮吉說：「天地之間之所以有人類，就是因為大自然界中，有這一種力量，可以生成人類。如果自然界沒有這種力量，或者說不適宜人類的生存，人類就無從產生，也無法生存。所以亮吉說：父母只是人的百年的父母，而天地才是人的「歷世不易」的父母。也可以說：父母，只是他們所生育的兒女們的父母；而天地，才是全人

1　見《意言》〈父母篇〉。《意言》共二十篇，收入《洪北江詩文集》上冊。本文所引
　　《意言》各篇文字，均見臺北世界書局出版之《洪北江詩文集》（楊家駱主編：《中
　　國學術名著》第6輯，《六學名著》第6集，第21冊，1964年2月初版，上冊，頁29-
　　44。）。以下如再引《意言》各篇文字，將不另行說明。

類的父母。在範圍來說，是包括全人類，在時間來說，則及於永恆。

人類的生命，既然源於天地，但這天地，是沒有意志的。天地有使人類產生並生存的力量，但天地對這種力量並沒有自覺。天地是在無知無覺中，發揮了這種力量。

《意言》〈父母篇〉又說：

> ……難者曰：人無離父母之一日，則吾之生，吾之死，父母主之乎？抑歷世不易之父母主之乎？曰：皆不能也。夫生于土而死于土者，林木是也，生于水而死于水者，魚鱉是也。及問其所以生，所以死之故，林木不知，魚鱉不知，水與土亦不知。則人之生死，即歷世不易之父母，亦安得知之乎？

同篇又說：

> 魚鱉之生也，若與水無預，而卒不能離水以求生。林木之生也，若與土無預，而究不能離土以求活。人之生也，若與天地無預，而亦不能外天地以自存。……林木與土相忘，故能遂其生；魚鱉與水相忘，故能畢其命，人與天地相忘，故能終其天年。

亮吉又說：人生在天地之間，好像蟣蝨生長在人的衣服夾縫之中。[2]這衣服的夾縫中，適宜於蟣蝨生長，於是蟣蝨就生長了。但是這衣服，對蟣蝨之生，既茫然無知；而對蟣蝨的死，亦是不知。

2　《詩文集》下冊，頁839，有《天寧寺僧借月兩以詩見投，戲得八百二十字報之》一詩，中有句云：……不知人在世，蟣蝨處縕袍。附身身不知，偶或相爬搔。……可見亮吉將人類生在天地間的情形，比作蟣蝨生在縕袍中一樣。

　　所以，根據亮吉的看法，天地雖生人類，但因為沒有意志，沒有自覺，所以，並不是人類的主宰力量。

第二節　人與萬物

　　人類與萬物，既然全都靠著自然界的化育力量而產生；則人類在萬物之中的地位如何？在一般人的說法，人為萬物之寶，人處於超越萬物、凌駕萬物的地位，有些人說：天生萬物專為供養人類，或服役於人類。對於這些觀念，亮吉都不以為然。他在《意言》〈百物篇〉中說：

> 人謂天生百物，專以養人，不知非也。水之氣蒸而為魚，林木之氣蒸而為鳥，原隰之氣蒸而為蟲蛇百獸。如謂天專生以養人，則水中蛟鰐食人，天生人果以為蛟鰐乎？林麓之中熊羆食人，天生人果以供熊羆乎？原隰之內虎豹食人，天生人果以供虎豹乎？蛟鰐能殺人，而人亦殺蛟鰐，熊羆虎豹能殺人，而人之殺熊羆虎豹者，究多於人為熊羆虎豹所殺。……。

上面一段引文，亮吉反駁「天生萬物專以養人」的說法。他舉出例子，說蛟鰐食人，虎豹食人，難道說，天生人類專為作虎豹的食物嗎？當然不是。既然不是，則天生人不是為了餵虎豹，天生萬物也不是為了供養人類。天地雖然生成萬物，但因為天地無所知覺，也根本不會安排萬物（包括人類）的等級關係。萬物彼此相殺、相食，乃是由於萬物彼此競爭的關係。因為自然生成萬物，萬物都將自然界作為共同的生活場所，於是，彼此之間就會產生競爭，競爭的結果，優勝劣敗。所以，亮吉在同篇中，又說：

> ……則一言斷之曰：不過恃強弱之勢，眾寡之形耳。蛟鰐之力
> 勝人，則殺人；人之力勝蛟鰐，則殺蛟鰐。熊羆虎豹之勢眾於
> 人，則殺人；人之勢眾於熊羆虎豹，則殺熊羆虎豹。……

或者有人說，虎豹、熊羆等，是動物之中的強有力者，牠們並不是天
生來供養人類的。但是那些牛羊雞犬等，則可能是天地生來，專為供
養人類的呢。亮吉對這種說法，也提出反對。他說：

> 解者曰：此（指熊羆虎豹等）固非人所常食者也。若家之六
> 畜，牛羊豕犬雞之類，則天實為人而生者矣。抑知亦不然。天
> 果為人而生，則當使之馴服不攪，甘心為人所食乃可。今牛與
> 羊之角，有觸人至死者，猘犬有噬人至死者矣。豈天之為人所
> 生者，反以是而殺人乎？且自唐宋以來，人之食犬者漸少。使
> 天果為人而生，則唐宋以來，應亦肖人之嗜欲，而別生一物。
> 不得復生犬矣。……[3]

亮吉接著又說：

> 人之氣蒸而為蟣蝨，馬牛羊亦然。蟣蝨之生，還而自嚙其膚。
> 豈人亦有意生蟣蝨以還而自嚙者乎？推而言之，植物無知，默
> 供人之食而已。必謂物之性樂為人之食，是亦不然也。[4]

熊羆虎豹，固然不是天生下來專供人食的；牛羊雞犬亦不是；甚至連
植物亦不是。關鍵在於：強、弱之勢，眾、寡之形。人的智慧、力量

---

3 見《意言》〈百物篇〉。
4 同註3。

足以役使百獸，則百獸可為人用；足以殺百獸，則百獸可供人食。

亮吉提出這種說法，目的在於喚醒世人，不要陶醉在「萬物之靈」的美夢之中。因為他看到：一般人都在迷信，以為一切都是上天為人類安排好，人類生活可以無憂。於是因循苟且，不求進取、發明。而一旦遭遇災害、饑饉，反弄得手足無措，只好委諸天命。這種消極的人生觀，完全是由於對自然的依賴。亮吉要人類自強不息，建立積極的人生觀。《意言》中有〈剛柔篇〉，他提出革命性的、反傳統的見解。他說：

> 世傳老子見舌而知守柔，而以為柔之道遠勝剛。非也。老子之言曰：齒堅剛，則先弊焉；舌柔，是以存。不知一人之身，骨幹最剛，肉與舌其柔者也。人而委化，則肉與舌先消釋，而後及齒與骨。是則齒與骨在之時，而舌與肉已不存矣。老子存亡先後之說，非臨沒時之謬論乎？

亮吉先推翻傳統的說法，然後提出自己的見解。他說：

> ……不特此也。以天地之大言之，山剛而水柔，未聞山之剛先水而消滅也。以物之一體言之，則枝葉柔而本剛，未聞本之先枝葉搖落也。……孔子曰：吾未見剛者。又曰：剛毅木訥近仁。孟子曰：其為氣也，至大至剛。剛之德可貴如此；而守柔之說何為也？[5]

亮吉最後說：

5　見《意言》〈剛柔篇〉。

若必曰柔可勝剛，則吾寧為龍泉太阿而折，必不為游籐引蔓以
長存者矣。[6]

亮吉要求人類自強，要剛健勇敢。所以他有志效法劉琨、祖逖。[7]他對
於在戰場上不屈戰死的人，非常欣賞。[8]而他自己在嘉慶四年
（1799）冒死上書，即是這種性格的表現，也可以說是這種主張的貫
澈。他確是想作龍泉太阿而折呢！

第三節　鬼神觀

亮吉提出對鬼神的真正解釋。他說：

上古之所謂神者，山川社稷之各有司存是也。[9]

又說：

聰明正直之謂神。[10]

6　同註5。

7　《詩文集》下冊，亮吉有詞云：「……丈夫自信饒奇策，況生平，服膺所在：劉
　　琨、祖逖。……我只感恩思効死，便歸耕，尚枕投荒戟，殺殘賊。」

8　《詩文集》上冊，頁172，載：「敕授登仕郎晉贈武德騎尉卹授雲騎尉世職湖北呂堰
　　驛巡檢王君神道表」，亮吉對該巡檢王君，盡忠職守、壯烈殉職的精神，大加激
　　賞。他說：「……嗚呼！君一巡檢耳，慮事之周，臨命之定如此。然則大吏守天子
　　封疆，而數百驟起烏合未定之賊，任其往來衝突。化為萬千，蔓延無已。以致傷我
　　實心任事之吏，與守死不去之民。……」又《詩文集》下冊，頁757，〈書提督花蓮
　　布遺事〉及上冊，頁253-254，載〈福建鳳山縣知縣雲騎尉世襲死節湯君墓表〉，記
　　載死事者事蹟，多推崇語，均可見亮吉對臨難不屈的官員，備極讚賞。

9　見《意言》〈鬼神篇〉。

10　同註9。

上引兩段是他對「神」的解說。至於「鬼」，他的解釋是：

上古之所謂鬼者，高曾祖考是也。[11]

又說：

鬼者，歸也。歸其真宅，庶有時矣。[12]

又說：

夫生者，行也；死者，歸也。人不可以久行而不歸，則人亦不可以久生而不死，明矣。[13]

綜觀上面所引各段，亮吉對「鬼」的解釋是，人死謂之「鬼」。

亮吉在對鬼神提出正確的解釋之後，又否定了鬼神的真正存在。他說：

信如所言，則山川社稷，風雲雷雨，皆有神乎？曰：無也。高曾祖考，皆有鬼乎？曰：無也。山川社稷，風雲雷雨之神，林林總總皆敬而畏之，是山川社稷風雲雨雷之神，即生于林林總總之心而已。高曾祖考之鬼，凡屬子孫，亦無不愛而慕之，是高曾祖考之鬼，亦即生于子孫之心而已。[14]

11　同註9。
12　《詩文集》下冊，頁794-795，〈戒子書〉中語。
13　《意言》〈仙人篇〉。
14　《意言》〈天地篇〉。

照亮吉的說法，所謂神，只不過是人類因為對山川社稷、風雲雷雨
等的敬畏心理，所產生的一種假想，以為各種自然現象，必有一位神
靈作為主宰，而所謂鬼，則是由於子孫對死去的高曾祖考，有一種
思念、愛慕的心理，無法抑制，因而產生了一種想像，以為死後的
人仍然有另外一種情況的存在；仍然可以寄托子孫思念、愛慕的心
理。照亮吉的見解，所謂鬼神，只是人類的假想，根本是沒有的。亮
吉說：

> ……山川之神，本無主名。若社稷之神，則所謂句龍及后稷
> 也。句龍為烈山氏之子，句龍倘有神，則應服烈山氏之衣冠。
> 后稷者，帝嚳之子也。稷倘有神，亦應服帝嚳時之衣冠。今童
> 巫之見社稷之神者，言服飾一如祠廟中所塑唐宋衣冠之象。則
> 必非句龍后稷明矣。且山川社稷風雲雷雨有神，則天地益宜有
> 神。……且天苟有神，則應肖天之圓以為形。地苟有神，則亦
> 應規地之方以為狀。今世所傳天神地祇之形，則皆與人等。是
> 則天地能造物之形而轉不能自造其形。不能自造其形，乃至降
> 而學人之形，有是理乎？[15]

上引一段，表示亮吉不信有鬼神，世人敬畏鬼神，或拜鬼神，以為個
人消罪祈福，亮吉亦以為無稽。他在《意言》〈禍福篇〉說：

> ……然其畏鬼神者，謂畏其聰明正直乎？抑畏其能作禍福乎？
> 必曰：畏其能作禍福耳。然如果有鬼神，如果能作禍福，則必
> 擇其可禍者禍之，可福者福之而已。有人于此，孝于家，弟于

---

15 同註14。

室，而不奉鬼神，鬼神能禍之乎？則知有人于此，不孝于家，不弟于室，而日日奉鬼神，鬼神亦能福之乎？然人之于鬼神也，明知不能福，而其奉之也，究不敢改；其于父兄也，明知當孝當弟，而不孝不弟也，亦究不改。則鬼神不特尊于官法，並尊于長上矣。且世人見慢鬼神者，必耳之目之，以為必得陰譴，見人之不孝不弟者，雖亦心知其非，而權其輕重，覺比之慢鬼神者，罪尚可減，則本末倒置之甚矣。

上述一段，亮吉指出中國社會敬拜鬼神之心理，普遍而深入。影響所及，成為眾醉獨醒的情形；即「世人見慢鬼神者，必耳之目之，以為必得陰譴。」亮吉以為：鬼神根本是沒有的，所以，也不需要敬拜；不敬拜鬼神的人，應該說是最清醒的人。但這種清醒的人，反被世人耳之目之，以為必遭陰譴。其實，陰譴未曾有，倒先受到世人的批評、議論。這一種精神的壓力，更使世人無法擺脫鬼神的束縛。這也可以說，是因為世人的愚蠢，而「作繭自縛」。

亮吉要使世人擺脫這種精神的束縛，除掉這種精神的枷鎖，提出反對鬼神的論據，在上引〈禍福篇〉中，他又說：

……又世俗之言曰：雷誅不孝，故凡不孝不弟者，畏鬼神並甚畏雷。不知不然也。夫古來之不孝者，莫如商臣、冒頓，未聞雷能殛之也。雷所擊也，皆下愚無知之人，下愚無知之人，即不孝，雷應恕之矣。雷能恕商臣、冒頓，而不能恕下愚無知之人，豈雷亦畏強而擊弱乎？畏強而擊弱，尚得謂雷乎？

上引一段的最末一句，「尚得謂雷乎？」他的含義是說：「尚得謂雷神乎？」因為亮吉在《意言》〈鬼神篇〉中說：「聰明正直之謂神」。如

稱得上聰明正直，就應當知道何人孝，何人不孝；何人當恕，何人不當恕。不能因為其強而恕之，亦不能因為其弱小，而當恕不恕。亮吉因為雷不擊商臣、冒頓，而擊下愚無知之人，證明其並非聰明正直，再由其並非聰明正直，證明其並非神，證明沒有雷神。如果雷沒有神，則山川社稷亦沒有神，而風雲雷雨等也僅是一種自然現象，沒有神。在舉世都迷信鬼神的清代社會中，亮吉的思想更難能可貴。亮吉又說：

> ……世又言：雷誅隱惡，刑罰之所不到者，雷則取而誅之。夫人有隱惡，亦即有陰德，有隱惡而刑罰不及者，天必暴其罪以誅之，以明著為惡之報，則有隱德而獎賞所不及者，天亦當表其德以賞之，以明著為善之效。記云：「爵人于朝，與眾共之；刑人于市，與眾棄之。」天既設雷霆之神，于眾見眾聞之地殺人，以明惡無可逃；則又當設星辰日月之神，于眾見眾聞之地福人，以明善必有報。而後天下之人，始曉然于人世賞罰所不及者，天亦得而補之也。若云：天殺人則使人知，天福人則不使人知，則無以勸善矣。無以勸善，非天之心也。不賞善而專罰惡，亦非天之心也。今既無星辰日月之神福人，則所云雷霆殺人者，亦誣也。……[16]

上引一段，亮吉反駁一般人的說法，一般人都以為：一些遭遇雷擊的人，都是有隱惡的人；有隱惡未為人見，而雷霆之神洞察隱惡，以擊殺之。亮吉反駁這種說法！是提出：人有隱惡者，亦必有隱德者，有隱惡者，雷霆殺之，為何不見有隱德者，為其他神祇福之？既

---

16 見《意言》〈禍福篇〉。

無人由有隱德而為神福之，則被雷霆所擊殺之人，亦一定不是有隱惡的人。於是亮吉得出結論來說：

> ……為雷所擊者，皆偶觸其氣而殞，非雷之能擊人也。[17]

所謂「非雷之能擊人也」，即是說：雷之擊人，並不是有意志的，有目的的。再進一步說：雷並不是神，只是一種自然現象。雷殺人，亮吉以為是：「偶觸其氣而殞」，已經接近現代科學家的研究結果。最後，亮吉強調說：

> 雷不能擊人；鬼神亦不能禍福人。[18]

根據亮吉的說法，鬼神根本沒有。鬼神生於人的心中。不敬鬼神，不會致禍；敬拜鬼神，亦無以致福。禍福的由來，在個人來說，要靠個人的智慧及努力；在社會來說，要靠良好的政治環境，及社會秩序。亮吉非常崇敬歷代的聖君賢相，又非常注意吏治的好壞，就是這個緣故。

第四節　命運觀

除了不信鬼神之外，洪亮吉又不相信命運。

在洪亮吉所生活的清代社會裡，大多數人都是相信命運的。這種情形，在達官貴人中尤其普遍。但相信命運的害處，亦極顯著。第一，在個人來說：令處於順境的人，沾沾自喜，以為不須作正當努

17　同註16。
18　同註16。

力，便可憑命運帶來佳境；而令處逆境的人，自暴自棄，以為「天亡我也」，非人力所能挽回。第二，對社會來說：使一般人認為天災人禍是一種天意，對不幸遇難的人，認為是「在劫難逃」。而地方官對治下發生的天災人禍，往往委諸天命，不去檢討失職的原因。總而言之，相信命運的心理，影響所及，只有使人類的命運更壞。

亮吉在《意言》〈命理篇〉中，闡明他對命運的看法。他說：

> 人之生，修、短、窮、達有命乎？曰：無有也。修、短、窮、達之有命，聖人為中材以下之人立訓耳。亦猶釋老造輪回果報之說。豈果有輪回果報乎？曰：無有也。輪回果報之有說，亦釋氏為下等之人說法耳。

上述一段，亮吉直截了當的，否定命運之說，及輪回果報之說。至於否定二說的理由，同篇有謂：

> 何以言修、短、窮、達無命。夫天地之內有人，亦猶人身之內有蟣蝨也。天地之內人無數，人身之內蟣蝨亦無數。夫人身之內之蟣蝨，有未成而遭殺者矣；有成之久而遭殺者矣；有不遭殺而自生自滅于緣督縫袵之中者矣；又有湯沐具而死者矣；有澣濯多而死者矣。如謂人之命皆有主者司之，則蟣蝨之命又恃誰司之乎？人不能一一司蟣蝨之命，則天亦不能一一司人之命可知矣。

上引一段，亮吉用蟣蝨來比人，蟣蝨生在人的身上，人不知道一身之中蟣蝨之數目，也不可能一個一個的掌握或了解到蟣蝨的命運。由此推之，人生在天地之中，天地又怎麼能夠知道每一個人的命運呢？

　　對於亮吉上述的見解，有許多人或會說：人與蟻蝨不同。人是萬物之靈，人是受天地特別看顧的一種生物。對於這一種思想，亮吉是不承認的。在本章第二節，「人與萬物」一段中，已經介紹了亮吉關於這一方面的見解。任何動物、植物，都是受天地化育而生，但是天地是沒有自覺的。天地對任何動植物都是一樣。所以亮吉又說：

　　或謂人大而蟻蝨小，然由天地視之，則人亦蟻蝨也；蟻蝨亦人也。蟻蝨生富貴者之身，則居于紈綺白縠之內；蟻蝨生貧賤者之身，則集于鶉衣百結之中。不得謂居于紈綺白縠者蟻蝨之命當富貴也；居鶉衣百結之中者蟻蝨之命當貧賤也。吾鄉有蟻蝨而性卞急者，舉衣而投之火，夫舉衣而投之火，則無不死之數矣。是豈蟻蝨之命同為此乎？是亦猶秦卒之坑新安，趙卒之坑長平，歷陽之縣，泗州之城，一日而化為湖之類也，蟻蝨無命，人安得有命。[19]

歷史上大規模的天災人禍，戰爭，疾疫，釀成大量人命的死亡，是否這些人都是同一命運注定呢？這是很難令人相信的。亮吉就是藉這種事例，來否定命運的存在。

第五節　宗教觀

　　亮吉反對宗教，反對佛家所謂「輪回果報」之說。他曾自述說：

　　性既不談釋，又不學神仙。[20]

---

19 《意言》〈命理篇〉。
20 《詩文集》下冊，頁958，亮吉作「水調歌頭」詞中句。

他又在一首詩中說：

> ⋯⋯惟求心所安，誓不惑果報。[21]

亮吉在六十歲的時候，有勵志詩三十首，其第四首就說：

> 慢神無福，諂亦為之。不慢不諂，是為得之。學佛無益，毀佛
> 無損。不佞不毀，達人所允。[22]

亮吉在上述一首詩中所表現的態度，因為他年已六十歲，所以相當平
和。他已主張對神「不慢不諂」，對佛「不佞不毀」。但是亮吉在中年
以前，對佛教的反對相當激烈。《詩文集》（下冊，頁759），〈又書三
友人遺事〉一文中，敘述自己在三十歲左右[23]，經常毀謗佛教的情
形：

> 汪蒼霖，⋯⋯性佞佛，余故斥毀之以博笑。蒼霖必歷述因果及
> 毀佛者所得之惡報，以相慴。余亂以他語，乃止。[24]

亮吉又有詩，表現出對佛教的反對態度：

---

21 《詩文集》下冊，頁930-931，亮吉有《寓興》詩多首，其中一首中有上述二句。
22 《詩文集》下冊，頁875，亮吉《勵志詩》中句。
23 《詩文集》下冊，頁759，亮吉在〈又書三友人遺事〉一文中，記載他與汪蒼霖見
　　面時，是乙未年，時汪為句容縣丞。又《年譜》於乾隆四十年（1775）記載：是年
　　九月，亮吉接受句容縣令林光照的聘請，作其家庭教師。當時因汪蒼霖任句容縣
　　丞，故得結識。是年亮吉三十歲。
24 《詩文集》下冊，頁759，〈又書三友人遺事〉文中語。

禮佛佛不知，泥塑與木雕。唄佛佛不應，唇乾而口焦。……不
聞金剛禪，能拒鬼伯邀，不聞大乘經，能使罪孽消。……[25]

　　一般人以為：佛門僧侶念經，可使人消災免罪，亦是亮吉非常反
對的事。《意言》〈喪葬篇〉，亮吉對喪禮中用僧尼誦經之習俗，大力
抨擊。他說：

> ……又古人喪葬之所飾，不過芻靈楮幣而已。今則更增僧尼道
> 士，簫鼓鐃吹。于是而恐喪之家，則一室皆滿。絲麻袒免之
> 親，不及僧尼道士之眾也。袒跣哭泣之哀，不及簫鼓鐃吹之喧
> 也。……尤可恨者，僧尼道士所誦之經，又必為解冤釋罪之
> 語。是真視吾親為愆尤叢集之身，不為此，則罪莫可釋，冤莫
> 可解也。何其以君子之道待僧尼道士，而以至不肖者待吾祖若
> 考乎？

　　上述一段，充分表現出亮吉對宗教的反對態度。
　　亮吉又反對世人迷信有「仙」的說法。他在《意言》〈夭壽篇〉
中說：

> ……世又謂清虛寂滅之地又有仙，仙則不死者也。夫仙而在於
> 清虛寂滅之地，則必不飲不食而後可也。傳曰：蠶食而不飲，
> 二十二日而化；蟬飲而不食，三十日而蛻；蜉蝣不食不飲，三
> 日而死。若不飲不食而可不死，則蜉蝣不宜死矣。若不飲不食
> 而死即可以緩，則蜉蝣不宜三日死矣。

---

25 《詩文集》下冊，頁839，《天寧寺借月兩以詩見投，戲得八百二十字報》一詩中句。

上引一段，亮吉用其他生物昆蟲作例證，證明人類不飲不食可以長生不死之說不可信。同篇又說：

> ……解者曰：仙非不飲食也；不火食也。記有之曰：東方曰夷，被髮文身，有不火食者矣。南方曰蠻，雕題交趾，有不火食者矣。若不火食而可不死，則東方南方之人，何不皆不死也。或曰：東方南方之人，今已火食，則前不火食之時，其不死之人，今又皆安在也？

上引一段，亮吉用中國邊區落後民族的進化歷史作例證，指出有些民族，都有一個不習火食的階段，不習火食，表示該民族尚未進化到「火食」的階段，並不是說不火食可以延長人類壽命，或可使人成仙。在上述兩段中，亮吉指出：第一，人如果不飲不食，則不可以維持生命；第二，不火食，不可能使人的生命延長。在上述兩段之後，亮吉又在同篇提出自己的見解說：

> 明人之所以賴以生者，恃有飲食，並恃有火食。今乃云：不飲食、不火食即可不死，則說正與情理相反矣。

綜觀亮吉的哲學思想，他的主要目的，是要人類在精神上，擺脫怪力亂神的威脅與束縛；而建立起自覺與自信的人生觀。他的哲學思想，主要是要說明兩點：第一點，除了人類本身，並沒有一個力量主宰著人類的命運；第二點，天地也並沒有特別的眷顧人類，並沒有替人類在天地之間，設下豐盛的筵席。人類的禍福，要靠人類自己來掌握。人類社會上的一切問題，全要靠人類本身的努力來解決。

亮吉希望：人類再不要依賴於怪力亂神的卵巢之下，也不要因怪

力亂神而勞其心智。人類應該用自己的智慧與努力，為人類社會謀求
幸福。

　　明白了亮吉的哲學思想之後，我們可以更容易地去研究他的人口
思想與政治思想。

第三章
人口思想

第一節　人口增加的原因

洪亮吉認為：人口增加的原因，是「治平」。《意言》〈治平篇〉說：

> 人未有不樂為治平之民者也。人未有不樂為治平既久之民者
> 也。治平至百餘年，可謂久矣。然言其戶口，則視三十年以
> 前，增五倍焉；視六十年以前，增十倍焉；視百年，百數十年
> 之前，不當增二十倍焉。……

上文所謂「治平」，應該含有兩方面的意義，即「治」與「平」。「治」為政治上軌道，亦即社會秩序納於常軌。「平」是和平，即沒有戰爭之謂。如依照這種解釋，則「治平」狀態的達成，需要以下的條件：第一，要沒有戰爭。第二，要社會上的領導者階層是聖君賢相及一些奉公守法的官吏，有良好的政治制度，並能貫徹政令，而造成良好和諧的社會秩序。

在亮吉的另一篇文章裡，描寫這種「治平」狀態所用的語言是：「含生之類，靡一物不得其所。」[1]所謂「含生之類」，照字義講，應

1　《詩文集》上冊，頁197-199，有亮吉於乾隆四十五年（1780），即乾隆皇帝七旬萬壽時，代太常卿倪承寬所作的「萬壽無疆頌並序」。在這篇文章中，亮吉描寫乾隆時期的情形，說：「含生之類，靡一物不得其所。」我們可以把這句話，看成了對「治平」狀態的一種註解。

該包括一切生物；但在此處，其含義當為清朝皇帝統治下的全國人民。全國人民各得其所，可以說是「治平」的最高境界。

所謂「各得其所」，其含義亦當分為兩方面：第一是社會方面的。如男婚、女嫁，各有家室；家人父子各享天倫之樂。沒有顛沛流離、骨肉分散之苦，也沒有戰爭、疾疫，致人於鰥寡孤獨之害。第二是經濟方面的。即士農工商各有生業，而且能夠樂業。而要維持「各得其所」的狀態，也即是達到「治平」的最高境界，必須政治上軌道，也就是要出現「聖君」。而照亮吉的說法，「聖君」並不是經常出現的，因此，「治平」狀態在歷史上也是難得一見的。在清朝之前，亮吉所稱道的聖君，有女媧氏、夏禹、唐太宗等。[2]他對於歷史循環的規律，認為是：「一治一亂，運天地之生；前聖後聖，拯斯民之死。」[3]

所謂「亂」，當然是「治平」的相反詞。社會一亂，治與平都破壞了。戰亂使人口的出生率降低，而死亡率加高，人口數量自然銳減。長時間的戰亂，在人口大量消減之後，社會經濟也元氣大傷，人心厭亂望治的心理加強，企望聖君出現，拯救萬民。這是歷史循環的規律。他在「重修唐太宗廟碑記」中，說明唐太宗出現的歷史背景是：「天地之厭亂至矣，神人之望治切矣。于是六合再朗，成于戊午之朝。……」[4]可見聖君是在長期戰亂之後產生的。

亮吉以為，清朝開始幾個皇帝，都是聖君。這是中國歷史上一個特有的現象。因為以往的聖君出現，多只是一代，很少見兩代的。而

2　《詩文集》上冊，頁223-224，有「重修唐太宗廟碑記」一文。該文說：「一治一亂，運天地之生；前聖後聖，拯斯民之死。故上古未奠，則八鼇開媧氏之勳；中天未平，則雙龍建神禹之績；近古未靖，則六馬昭唐室之功。……」

3　同註2。

4　同註2。

清朝則聖君一代連著一代，照著亮吉的說法，這叫作「聖聖相承」，[5]
亮吉在乾隆四十五年（1780）說：承平時期已有一百三十七年。[6]這
應該是由順治時期開始算起。照這樣說，到了乾隆五十八年
（1793），即亮吉寫《意言》的時候，承平時期應該超過一百五十年
了。所以亮吉在《意言》〈治平篇〉中說，「治平至百餘年，可謂久
矣。」治平時期維持得百餘年之久，是中國歷史上難得見的事情；這
就是亮吉所謂「聖聖相承」的結果。

　　「聖聖相承」當然是一件好事，「治平」能夠長久維持也是一件
好事。這就好像亮吉所說：「人未有不樂為治平既久之民者也。」[7]但
是「治平」的副作用，就是人口的增加；治平的長久維持，便會使人
口增加的速率累進。這是一個矛盾，也是洪亮吉引以為憂的一件事。

　　西方學者馬爾薩斯（Thomas Robert Malthus, 1766-1834）在一七
九八年，亦即是洪亮吉出版《意言》（1793）之後的第五年，出版了
他的名著《人口論》（*An Essay on the Principle of Population, as it
affects the future Improvement of Society, with Remarks on the
Speculations of Mr. Godwin, Mr. Condorcet, and Other Writers*, London,
Dent, 1958）。在該書中，他提出人口的增加，乃是由於人類的生物本
能——即性的本能。而在該書的第二版（1803年出版），馬氏又提出
他的三個人口定律[8]，而其中的一個定律是：「當生活資料增加時，人

5　《詩文集》上冊，頁177，〈征邪教疏〉中謂：「若我朝聖聖相承，振綱飭紀。……」
6　《詩文集》上冊，頁198，「萬壽無疆頌並序」文中謂：「臣竊見皇上自御宇以來，
　　四十有五，國家承平一百三十七年之久。」乾隆四十五年（1780），上推一百三
　　十七年，為順治元年（1644）。
7　《意言》〈治平篇〉。
8　根據周憲文的譯本（周憲文譯：《人口論》，臺灣銀行經濟研究室編印，1696年3月
　　再版本，第1編第2章，上冊，頁15），馬氏的三個人口定律是這樣的：
　　一、人口為生活資料所限制。

口必然增加。」

若說人口的增加，是由於人類的性的本能，雖說接近事實，但究嫌與事實有些距離：如果說其他的動物的繁殖，要靠牠們的性的本能，應該是對的；但將人類也一體看待，似嫌未妥。因為人類已經離開雜交的時期甚久，而其男女兩性本能的遂行，要以婚姻制度作為條件。所以說：社會秩序的就緒，亦即是洪亮吉所說的「治平」，才是人口增加的真正原因。

洪亮吉在說明人口增加的原因時，他只提出「治平」這一個因素，他似乎不認為：生活資料的增減對人口增加有任何關係。亮吉非常關心人民的生計，而且在《意言》二十篇中，有一篇叫〈生計篇〉。在該篇中，亮吉提出由於人口增加，使一般人的生計日形艱困，但並沒有提到生計的艱困會使人口的增加速度放緩。也即是說：他不認為生活資料的多少，會影響到人口增加的快慢。

生活資料的多寡，如果能夠影響到人口增加的快慢，可以通過兩種途徑：第一種途徑，是在生活資料增多時，可以影響社會的婚配率的增加，及出生率的增加；這是近代西方學者馬爾薩斯及李嘉圖（David Ricardo, 1772-1824）的說法。[9]另一種途徑，是生活資料的豐富，可以增加一般人的平均壽命，也即是減低社會人口的死亡率。

關於上述所說的第一種途徑，亮吉沒有提到。亮吉或者以為：只要「治平」不受破壞，男婚女嫁應該不受生活資料多少的影響。而男婚女嫁如果能夠正常進行，則生兒育女也會順其自然。生活資料的多

二、祇要人口不為非常有力而明白的障礙所阻止，則一定是隨生活資料的增加而增加。

三、這些障礙，以及壓抑人口的優勢力量，而使其結果與生活資料保持同一水準的障礙，都可以分解為道德的障礙，罪惡與窮困。

9　見李加圖著，郭大力王亞南合譯：《經濟學與賦稅原理》（上海市：中華書局版，1936年），頁58-59。

少，只是人口在生下來之後的生計富裕或窘迫的問題，而對人口增加的快慢沒有關係。亮吉自幼受生計的艱難所困擾，但他一家姊弟五人婚嫁如常人；生兒育女如常人。他的好朋友黃景仁一生窮困，[10]但同樣結婚生兒育女如常。從這些事例，我們可以看出：他不認為生活資料的多寡，可能影響人口增加快慢的原因。

關於上述第二種途徑，即生活資料的豐歉，會影響人類壽命長短的問題，亮吉曾經很明確的否認。他說：生活資料的豐歉，不會影響人的壽命。他認為：一個人壽命的長短，完全要看個人先天所秉之強弱。他在《意言》〈夭壽篇〉中說：

> 夫人之夭壽，秉于自然。未聞保攝之即能多，斲削之即能少也。……以人而論，富貴者之壽，與貧賤者差等，貧賤者不能學富貴者之斲削明矣。

同篇又說：

> 是則人之夭壽，由于所秉之強弱矣。然必云：所秉之強，加以保攝焉，即可長生不死，則又不然。試以花葉觀之，花葉之在樹，有不及時而落者矣；有過時而後落者矣。其灌溉得宜，猶人之有保攝也；其落之先後，猶人所秉之有強弱也。而皆不能不落。

從上所論，亮吉既然一方面不承認生活資料的多寡，可以影響社會婚配率及出生率，另一方面，又不承認生活資料的多寡，會影響人的壽

---

10 黃景仁（仲則）事蹟，見洪亮吉〈候選縣丞附監生黃君行狀〉一文。該文收入《洪北江詩文集》上冊，頁180-182。

命。則總括來說：他不認為生活資料的多少會影響人口增加的快慢。

既然不承認生活資料的多寡，會影響到人口增加快慢；則亮吉對於人口增加的原因，只承認一個。「治平」是人口增加的唯一原因。至於生活資料的多少，只是在人口增加之後的問題。如果人口增加較生活資料的增加快，則生計日絀；反之，如果人口增加較生活資料增加慢，則生計日寬。生計的豐歉，是人口增加快慢的結果，不是人口增加快慢的原因。

第二節　人口增加與生活資料增加的不平衡性

亮吉在《意言》〈治平篇〉，對人口增加之速度作如下的描寫：

> 治平至百餘年，可謂久矣。然言其戶口，則視三十年以前，增五倍焉；視六十年以前，增十倍焉；視百年、百數十年以前，不啻增二十倍焉。

我們從上引一段看，可能覺得亮吉對人口增加的速度，過於誇大。但從當時官方對人口數字的記載看，確是如此。亮吉謂：乾隆末年的人口，「視六十年以前，增十倍焉」；六十年以前，正值雍正十二年（1734），當時官方的人口數字，為27,355,462人[11]而到乾隆五十八年（1793，即亮吉寫《意言》時），官方人口數字，已超過三億，也就是增加了十倍。[12]雖然，我們已經知道：上述兩個數字的內容是不

---

11 《清史》卷121，〈食貨〉1。

12 清代人口數字，在乾隆五十年（1790），已經超過三億。見全師漢昇〈清代的人口變動〉一文。

相同的：前一個是「丁」數；後一個是包括全國大小男女的數目，可以說是全國人口的總數。但在清朝，甚至朝廷中人，都把它們當人戶內容相同的數字看待。例如《清史》卷一二一，〈食貨志〉一，高宗諭內閣曰：

> 朕查上年各省奏報民數，較之康熙年間，計增十餘倍。承平日久，生齒日繁，蓋藏自不能如前充裕。且廬舍所佔田土，亦不賣倍蓰，生之者寡，食之者眾，朕甚憂之。……。

康熙年間的人口數字，為二千多萬，該數字的內容是「丁」數；上述乾隆的上諭中，顯然地將康熙年間的數字，與乾隆末年的數字（包括大小、男女）同等看待，所以高宗上諭中說：「朕查上年各省奏報民數，較之康熙年間，計增十餘倍。」上述這些數字，亮吉一定是知道的，因為他自謂：「熟知歷朝掌故」，[13]而且也一定把此類資料當作他立論的根據的。那就無怪乎，他有「視六十年以前增十倍」的說法了。

亮吉又在〈治平篇〉中，提到「田」與「屋」的增加趨勢，謂：

> 或者曰：高曾之時，隙地未盡闢，閒廛未盡居也。然亦不過增一倍而止矣；或增三倍五倍而止矣。而戶口則增到十倍二十倍。是田與屋之數，常處其不足；而戶與口之數，常處其有餘也。……。

13　《詩文集》下冊，頁782，〈平生遊歷圖序〉亮吉自謂：「統計前後官京師僅五年，歷充純皇帝實錄及內三館纂修，又嘗為咸安宮總裁，及教習庶吉士，並掌進擬文字，得以恭讀九朝日歷，周知掌故。」

　　關於清朝順治年間到乾隆中期，這一段時間中，中國本部十八省加上奉天共十九省的土地增加情形，在全師漢昇〈乾隆十三年的米貴問題〉一文中，有一附表[14]。該表指出：自順治十八年（1661）至康熙二十四年（1685），二十四年之間，每年平均增加速率為百分之〇點四二四；自康熙二十四年至雍正二年（1724），三十九年間，每年平均增加速率為百分之〇點四五七；又自雍正二年至乾隆三十一年（1766），四十二年間，每年平均增加速率為百分之〇點一八一。若從絕對數字來看，則順治十八年（1661）為5,492,577頃；到乾隆三十一年（1766），為7,807,156頃。前後一〇五年間，增加百分之四十二點五。與亮吉所說的一倍仍相差甚遠，更談不到三倍五倍了。

　　另一個情況，必須說明的是：人口增加的速度，在治平時期之初，增加較慢，治平時期持續稍久，速度增加；治平時間持續愈久，速率愈加。而耕地面積的增加，則與此相反：在治平時期之初，增墾較快，待治平時期持續較久之後，土地的開墾就會達到飽和，增墾愈加不易，增墾速率就會愈來愈慢。

　　我們從上面所列的數字看，自雍正二年（1724）到乾隆三十一年（1766），耕地面積增加的速度就緩了下來，年增速率僅僅變為百分

14　全師漢昇：〈乾隆十三年米貴問題〉一文（《中國經濟史論叢》第二冊，頁547-566）中，附表數字，簡列如下：

表三十三　順治末年至乾隆中期（1661-1766）中國耕地面積增加表

年份	耕地面積（頃）	與上次數字距離時間	自上次數字年份至今年年增加率
順治18（1661）	5,492,577		
康熙24（1685）	6,078,429	24（年）	0.424%
雍正2（1724）	7,263,429	39	0.457%
乾隆31（1766）	7,807,156	42	0.181%

之〇點一八一；比較以前的多於百分之〇點四就有了很大的距離。這
一種情形，可以用下面的示意圖來表示：

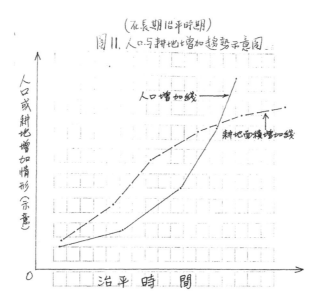

圖一　人口與耕地增加趨勢示意圖（宋敘五教授手繪圖稿）

在一個農業社會裡，耕地為生活資料的主要來源，耕地的增加不
能與人口增加齊頭並進，生活資料就無法趕上人口增加的速率。所以
亮吉說：

> ……要之，治平之久，天地不能不生人。而天地之所以養人
> 者，原不過此數也。[15]

所以，亮吉認為：這是人類社會的一個大問題。於是他在〈治平篇〉
的結尾時說：

---

15 見《意言》〈治平篇〉。

此吾所以為治平之民慮也。

亮吉的這種憂慮，如果按照中國社會的傳統思想，或者以為是過慮。因為中國傳統思想以為：人為萬物中最珍貴者，天生萬物專為養人。既然為此，人何必顧慮生活資料的不足呢？但是，我們在前面講到洪亮吉的哲學思想時，已經知道他不相信「天生萬物專以養人」的說法了。

中國傳統思想中，另有一種觀念，是「地大物博」。地方大，能夠生這樣多人，就能夠養這樣多人。這也是一些沒有嘗受過生活艱苦的人們的想法。像洪亮吉，他一生忍受過生活困苦，在前半生未曾離開饑寒的威脅，[16]後來居官時又時常留心人民生計[17]的人，是不會相信這種想法的。他在詩文中，曾經多次提出：「天地雖至大，物力本不多」的觀念。[18]這也是中國一般人很少提到的觀念。

---

16 根據《年譜》記載，可見到以下數字：第一、乾隆三十八年，亮吉二十八歲。這年的十二月，他在太平送安徽學使朱筠回京，回家時連路費都沒有，得袁枚等人贈送路費，才得回家。回到家時，剛好是大年除夕；而他一家人還沒有米下鍋。幸得鄰居饋贈，才得過年。第二，乾隆四十五年，亮吉三十五歲。年譜記云：「在孫舍人寓校書。仲弟以思家得咯血症，新歲益甚。先生質衣具資，遣人送歸。時甫進上元，以無衣不克出門，託疾斷慶弔絕過從者，凡兩月。」兩事均可見亮吉前半生生活窘困之一斑。

17 我們說亮吉特別注意生計問題，一方面是因為他在《意言》中，有一個〈生計篇〉，另一方面是在他的詩文中，講到生計的地方特別多。例如：《詩文集》上冊，頁434，「良鄉道中」詩：「……歡鄉豈獨民無業，樹底饑鳥亦餐葉。」兩句，是他在乾隆五十七年，奉命視學貴州，在離京赴任的路上，所作的詩。又同書同頁：「由涇陽驛早發至望都縣小憩復抵清風店」一詩有「傳餐吾自愧，車下有饑黎」之句。又：「自柏鄉至磁州道中雜詩」，有「十日歷數州，尤愁值僵殍。眼中過百井，生計殊草草。」等句。《詩文集》中關於人民生計者甚多，不勝枚舉。

18 《詩文集》下冊，頁930，有「寓興」詩多首，中有一詩謂：「天地雖至大，物力本不多。惟茲撙節心，為能養天和。」等句。又同書上冊，頁581，有〈偶成〉詩二十首，其中一首有「承平百餘載，風俗漸喜誇。物力苦不多，踵事而增華。」等句。可以見到亮吉此種觀念。

在中國傳統思想中，又有一種思想，即是「命運說」。「人生有命」，是一般人面對無可奈何的難題時的解決方法。人口過剩，引起天災人禍，而後招致大量生命的犧牲，一般人也認為命運如此，「在數難逃」。但是洪亮吉又不相信命運，這也是我們在前文中提到過的。

既然他對中國傳統思想中的幾個觀念，都不相信，所以他才「眾睡獨醒」地，看到人口問題的嚴重性；而且又苦思焦慮，希望提出解決人口問題的方法。

第三節　社會人口容力

亮吉曾多次提到：「天地雖至大，物力本不多」的觀念。又說：「要之，治平之久，天地不能不生人；而天地之所以養人者，原不過此數也。」這都是說明，社會對人口的容納力，有一個限度。

亮吉又曾說：

> 試以一家言之：高曾之時，有屋十間，有田一頃，身一人，娶婦後不過二人。以二人居屋十間，食田一頃，寬然有餘矣。以一人生三計之，至子之世，而父子四人，各娶婦即有八人，八人即不能無傭作之助，是不下十人矣。以十人而居屋十間，食田一頃，吾知其居僅僅足，食亦僅僅足也。子又生孫，孫又娶婦，其間衰老者或有代謝，然已不下二十餘人。以二十餘人，而居屋十間，食田一頃，即量腹而食，度足而居，吾以知其必不敷矣。[19]

---

19 見《意言》〈治平篇〉。

以上所引一段，亮吉提出了三種情況。即：（一）寬然有餘；（二）居僅僅足，食僅僅足；（三）不足。在上面的敘述中，人口容力沒有變動；變動的只是人口。由於人口容力不變，而人口增加，必然會使人口容力逐漸感到不足。

近代研究人口容力的學者，指出人口容力的增加有如下的途徑：[20]

（一）自然資源的增加，包括土地的拓墾及新疆域的擴展。

（二）技術的進步。

通常，自然資源的增加，並不是經常都有。土地的拓墾及新疆域的擴展，對人口容力只是「量」的增加；而技術的進步，則可能促使人口容力作「質」的變動，有時可使人口容力作乘數的增加。

但是，可惜的是，在亮吉的思想中，似乎沒有注意到技術進步這一個因素。在上面所引的一段文字中，亮吉言下之意認為：自高曾之時，至子孫之世這數十年的時間中，一頃田的生產量是不變的。

亮吉在《意言》〈生計篇〉中，亦有接觸到人口容力的言語。例如：

> 今日之畝，約凶荒計之，歲不過出一石；今時之民，約老弱計之，日不過食一升。率計一歲一人之食，約得四畝。十口之家，即須四十畝矣。今之四十畝，其寬度即古之百畝也。……。

這是根據土地的生產力，及每人的需求量，來計算中國全國的人口容力的方法。照亮吉的說法，是每人需要四畝田，才可生存。在乾隆末年，全國總人口超過三億；而全國的耕地面積，不足八百萬頃。以全國總人口除以總耕地面積，每人平均耕地不足三畝，已經在亮吉

---

20 關於這方面的學說：見先師張丕介教授〈初論人口容力說〉一文（見《張丕介選集——經濟論文集》，頁220-242）。

所認為每人必須耕地面積（四畝）之下了。可見在乾隆末年，人口容力不足的現象已經出現。

亮吉又從另一個角度，指出人口容力不足的情形。〈生計篇〉又說：

> 四民之中，各有生計：……除農本計不議外，工商賈所入之至少者，日可餘百錢。士傭書授徒之所入，日亦可得百錢。是士工商一歲之所入，不下四十千。聞五十年以前，吾祖若父之時，米之以升計者，錢不過六七；布之以丈計者，錢不過三四十。一人之身，歲得布五丈，即可無寒；歲米四石，即可無饑。米四石，為錢二千八百；布五丈，為錢二百。是一人食力，即可以養十人。即不耕不織之家，有一人勞力于外，而衣食固已寬然矣。

這是從每人每年的就業所得，及每家每年的生活必須開支，來計算社會人口容力的方法。近代西方經濟學者，用工資基金（wage fund）說，來說明每人每年就業所得多寡的問題。[21]每人每年平均就業收入多，表示當年這個社會上的「工資基金」多。所謂「工資基金」，即是社會上所有個人、家庭、工廠、商號等，再加上政府部門，在這一年中，準備用來僱用工人（或其他類型的服務，例如家庭教師等）的貨幣的總數。工資基金多，則每人每年平均就業收入多；工資基金少，每人每年平均就業收入，必然會少。如果工資基金多，而每家生

---

21 工資基金說，始倡於亞丹斯密（Adam Smith, 1723-1790），見亞丹斯密著 *The Wealth of Nations*（Methuen V Co. Ltd. London, 1961），完成於約翰・穆勒（John Stuart Mill, 1806-1873），見 C. Gide and C. Rist: *A History of Economic Doctrines*（George. G. Harrap V Co. Ltd., London. 1953），頁365-366。並見該書中文譯本，樓桐蓀譯：《經濟思想史》（臺北市：中華文化事業出版委員會出版，1957年6月）第3冊，頁601-602。

活用度（即生活必須品的價格）低，則社會人口容力大；否則，人口
容力就小。

　　從上引亮吉〈生計篇〉中一段，可以看出五十年前，人口容力，
相當寬裕。但到了乾隆末年，亦即他寫《意言》的時候，情形就不同
了。他說：

> 今則不然，為農者十倍于前，而田不加增；為商賈者十倍于
> 前，而貨不加增；為士者十倍于前，而傭書授徒之館不加增。
> 且昔之以升計者，錢又須三四十矣；昔之以丈計者，錢又須一
> 二百矣。[22]

這可以看出：自康熙末年（1722），到乾隆末年（1793），由於人口增
加，工資基金不能相應增加，而使每人每年就業收入不能增加，（可參
看本文第二章第二節及第三節）而生活用度，即生活必須品的價格，
增加了許多。兩相比較，可知社會人口容力縮小了許多。其後果是：

> 所入者愈微，所出者愈廣。於是士農工賈，各減其值以求售；
> 布帛粟米，各昂其價以出市。此即終歲勤勤，畢生皇皇，而自
> 好者居然有溝壑之憂，不肖者遂至生攘奪之患矣。[23]

　　解決社會人口容力不足，亦即是「人口過剩」問題，亮吉所提出
的方式有二：即「天地調劑之法」，與「君相調劑之法」，將於下節詳
述之。

---

22 見《意言》〈生計篇〉。

23 同註22。

第四節 「人口過剩」的調劑方法

亮吉在《意言》〈生計篇〉，指出「人口過剩」的問題之後，跟著提出兩種解決方法。他說：

> 曰：天地有法乎？曰：水旱疾疫，即天地調劑之法也。……
> 曰：君相有法乎？曰：使野無閒田，民無剩力；疆土之新闢者，移種民以居之；賦稅之繁重者，酌今昔而減之；禁其浮靡；抑其兼併；遇有水旱疾疫，則開倉廩悉府庫以賑之。如是而已。是亦君相調劑之法也。

上面所說的兩種調劑方法。天地調劑之法，指自然界的災害，可以消滅一部分人口。這雖然悲慘一些，但到底也是緩和人口過剩的一種方法。這一種調劑方法，很明顯地，並不是亮吉所寄望的方法。因為：第一，自然界雖然藉著天災消滅了大量的人口，但是自然並沒有知覺。自然藉著它化育萬物的能力使人生存，又藉著天災使大批生命死亡，自然全都是渾然不覺。而且，天災並不是只揀人口過剩的時候來，而是在不論何時，都可能發生天災。人不可能主動的促成天災，所以只有接受天災的事實。也就是說：對於天災，人沒有運用心智的餘地。

第二，天災造成大量人口的死亡，究竟是一種悲慘的事。在亮吉的思想中，他實在不願見到：為了緩和人口過剩的嚴重性，而犧牲一部分人的生命。所以他仍然希望君相們，在天災來臨時，「則開倉廩悉府庫以賑之」。

第三，亮吉認為：天災不能有效地解決人口過剩的問題。因為他

說：雖然民之遭水旱疾疫而不幸者，不過十之一二矣。」[24]照亮吉對治平時期的人口增加率的估計，三十年增五倍，六十年以前增十倍，如此倍數躍增，即使天災將其減少十分之一、二，對於人口過剩的解決，實在無補於事！

由於上述三個理由，亮吉並沒有將人口過剩的希望，寄托在「天劑之法」；而是寄托在「君相調劑之法」。

「君相調劑之法」有下列各途徑：

第一，開墾農田，勸民耕種。亮吉在〈治平篇〉中說：「使野無閑田，民無剩力。」所謂「野無閑田」，即是將能夠耕種的田地，儘量開墾耕種。這就是增加土地資源，而擴大人口容力的辦法。這一點，清朝政府曾經做得非常努力。從順治、康熙、雍正，一直到乾隆一朝，都大力推行開墾荒地，並且訂制優待辦法，招民耕種。[25]到了乾隆中葉，全國除東北以外，其他各省份土地的開墾，已經達到飽和點。[26]可以說已經到了「野無閑田」的地步。

所謂「民無剩力」，從字面上講，應該是達到「充分就業」；但在亮吉的意思，則祗不過是「使所有勞力都到農業生產中去」的意思。這是中國傳統的「農本思想」仍然支配著清朝知識分子的表現。當時清朝的皇帝及大臣們仍然保存著，「一夫不耕，或受之饑；一婦不織，或受之寒」[27]的思想。希望所有的勞動力，都回到農業中去。亮

---

24 見《意言》〈治平篇〉。

25 《清史》卷121〈食貨〉1，謂「世祖始入關，定墾荒興屯之令。凡州縣衛無主荒地，分給流民及官兵屯種。如力不能墾，官給牛具籽種。」又謂：「康熙初，……令士民墾地二十頃，試其文理，優者，以縣丞用；百頃以知縣用。凡新墾地，初定三年起科，嗣又寬至六年後。」類似辦法，在雍正、乾隆年間亦相繼實行。清初自順治時期至乾隆中葉，約百年間（1660-1760），耕地增加壹百多萬頃（見本章第二節），當與此政策有關。

26 見全師漢昇〈清代的人口變動〉一文（《中國經濟史論叢》第二冊，頁595）。

27 這兩句話，出於《漢書》〈食貨志〉。

吉雖然在思想上，有許多方面，表現了非常的突破；但是仍然擺脫不開「農本思想」的束縛。事實上，他在《意言》〈生計篇〉中，已經說過：「為農者十倍于前，而田不加增」，又說過：「今日之畝，約凶荒計之，歲不過出一石。」則應該知道：多餘的勞力，強加到農田之中，對農產是不會加多了。但是他仍然希望：勞力都回到農田中去。這一方面固然是傳統思想的束縛；另一方面，可能是因為當時的工業部門尚在幼稚狀態，容納不了多少人口。

第二，開闢新疆域，移民前往耕種。亮吉說：「疆土之新闢者，移種民以居之。」新闢疆土，是解決人口容力不足的最切實有效的方法，但可惜的是：新疆土並不是經常可以開闢到。清朝在乾隆時期，倒是征服了很多新土地，而使乾隆得到十全老人的封號，而躊躇滿志。[28]而清朝政府也經常設法，將內地人口過多省份的農民，移到東北或其他土地去。[29]

第三，減輕賦稅。亮吉說：「賦稅之繁重者，酌今昔而減之。」賦稅負擔，使貧民生計愈形艱困，更加造成人口容力不足的嚴重性。有些地方，人民為了逃稅，寧離開土地，流落他鄉，後果更為嚴重。減輕賦稅，可以稍紓民困。清朝政府在康熙、雍正、乾隆各朝，減免賦稅的事例甚多，[30]在這一方面，他們是沒有令洪亮吉失望。

---

28 《清史》卷121〈食貨〉1，高宗諭內閣曰：「……猶幸朕臨御以來，闢土開疆，幅員日廓，小民皆得開墾邊外地土，藉以暫謀衣食。……。」

29 清代中國內部人口的邊移，除各省人口有邊往一些新闢疆土外，主要是移往四川及東北的為多。見全師漢昇〈清代的人口變動〉一文。(《中國經濟史論叢》第二冊，頁604-607。)

30 關於康熙一朝減免租稅之情形，據全師漢昇〈清代的人口變動〉一文中說：「計自康熙元年（1662）至四十八年（1709），所免錢糧達萬萬兩有餘。」又《清史》卷122〈食貨〉2，謂：「聖祖嘗讀漢文帝蠲民田租詔，歎曰：蠲租乃國家第一仁政，窮谷荒陬，皆沾實惠。然非宮庭力崇節儉，不能為此。故在位六十年中，屢頒恩詔，有一年蠲及數省者，有一省蠲數年者，前後蠲除之數，殆逾萬萬。」據清《聖

第四，抑制奢侈浮華的風氣。亮吉說：「禁其浮靡」。浮是浮華，即是奢侈浮華的風氣；靡是浪費，奢侈過度，變成對財物或天然資源的浪費。兩者都是壓縮人口容力的行為。所以亮吉對奢侈的風氣，浪費的習慣，非常痛絕。他有〈偶書呈朱博士〉詩，指責江蘇地方風俗之奢華。該詩說：

> 十餘年來俗不諄，水陸食譜宗吳門。維揚富人益輕猾，土木侈麗窮奇珠。濫祠一方有千百，媚禱役役勞心魂。衣裳更厭陳制度，袍袖割裂無完純。一方好尚匪細事，此事得不尤薦紳。吾曹讀書有原本，忍釀薄俗憂君親？……[31]

亮吉又有雜詩一首，指責風俗的奢侈。詩云：

> 一裘值千金，毛羽豈足供。一食累萬錢，珍錯亦易空。履盛不自持，何以處勢窮！俗奢示以儉，即始訓有終，誰為生民謀？，一矯吳楚風。[32]

祖實錄》記載，康熙年間，每歲征銀在二千五百萬兩左右。依此計算，是康熙年間所免租稅，約相當於全國四年之租銀。

關於雍正年間免租稅情形，《清史》卷122〈食貨〉2：「世宗即位，蠲免江蘇各屬，歷年未完民屯、地丁、蘆課等銀，千二百十餘萬。西藏苗疆平，免甘肅、四川、廣西、雲貴五省田租。又諭：國家經費已數，宜散寓於民，乃次第免直省額賦各四十萬。」

關於乾隆年間免租稅情形，亦見於《清史》卷122〈食貨〉2；因文字繁複，不引。照〈食貨志〉中所記資料計算，乾隆六十年之間，減免各省諸項租稅，亦在一萬萬兩左右。又亮吉在乾隆五十五年（1790），所作「萬壽樂歌」三十六章，其中有「普免租」一章（《詩文集》上冊，頁390）謂：「免錢糧，免漕糧，四次兩次見膳黃。今年詔下恩尤厚，普免正供由萬壽。三分減一十減三，前史盛事何庸談。」等語。可見乾隆帝的免稅措施，讓亮吉深具印象。

31 《詩文集》下冊，頁679。
32 《詩文集》下冊，頁652。

乾隆中期之後，社會經過長期承平之後，已經失去那一種創業時期的勤儉樸實的風氣，代之而起的是，守成時期容易犯的奢侈浮華的毛病。亮吉有詩說明此種情況：

承平百餘載，風俗漸喜誇。物力苦不多，踵事而增華。……[33]

可見亮吉認為：風俗的奢華，是由於承平日久。並且認為物力有限，而人慾無窮。奢侈的風俗，使有錢的人浪費過多的生活資料，而令一些貧民無以為生。所以，亮吉一方面痛恨奢侈的風俗，另一方面，還希望政府禁止奢侈浪費的行為。

第五，抑制兼併行為。亮吉說：「抑其兼併」，即是制定法律，設法抑制個人握有過多的生產手段。在清朝以前，由於工業部門始終沒有太大的規模，所以一般人認為兼併，只不過是土地的擁有。說明白一點，就是土地兼併。亮吉在同篇又說：「又況有兼併之家，一人據百人之屋，一戶佔百戶之田。何怪乎遭風雨霜露饑寒顛踣而死者之比比也。」可見亮吉所指「抑其兼併」，即指對土地的兼併者而言。在亮吉的當時，農業既是全國的主要產業，也是財富的主要來源。則擁有較多土地者，也就可能積累較多財富。這一些人，也是最有可能過著奢侈浮靡生活的人。因為兼併足以引起奢侈浪費，所以兼併也就不可避免的會壓縮社會人口容力，使人口過剩情況更為嚴重。這就是亮吉寄望於君相，設法抑制兼併行為的原因。

第六，也是最後一個方法，就是設法救濟天災中的受害者。亮吉在〈治平篇〉中說：「遇有水旱疾疫，則開倉廩悉府庫以賑之。」亮吉說過：水旱疾疫是自然界對人口過剩的調劑方法之一，現在又希望

---

33 同上書上冊，頁581。

君相來運用社會平常的積蓄，來救濟天災中的受害者。這不是等於抵銷了「天地調劑之法」的機能了嗎？這就是我們前文中已經指出的，水旱疾疫，雖然是天地對人口過剩的調劑方法之一，但是並不是亮吉所希望，或所願意看到的一種方法。所以，他仍然希望：君相善為安排過剩的人口，而不願見到一部分人死在水旱疾疫之災禍中。

英國學者馬爾薩斯人口論，也提出兩種對人口過剩的限制，即：（一）積極的限制，（positive checkes）包括：疾病、窮困、戰爭、災荒、饑饉，等等；（二）預防的限制，（preventive checkes）包括：獨身、晚婚、節育等。[34]

綜言之，積極的限制，是在多餘的人口生下來之後，以不同的途徑消滅之。關於此點，馬爾薩斯人口論第一版中有一段話，可以代表馬氏對積極限制的想法。這一段話是：

> 茲有人焉，出生於已被佔滿了的世界上來，……在造物主所設的盛筵之上，再也找不到他的座位。造物主命他滾開，不然，即將之處以極刑。[35]

預防的限制，則是在人們理智的見到「人口過剩」的危機時，減少生育，藉以緩和人口過剩的壓力的辦法。

我們若將亮吉與馬氏在這一方面的思想比較一下，則可看出：亮吉的主要希望，是寄托在君相調劑之法。這是一種積極的，用人類自己的智慧與努力，來為人類趨吉避凶的方法。至於天災，雖然也有消滅人口、緩和人口壓力的效力，但並不是亮吉所願意見到的。

亮吉也沒有提到戰爭。在一般人看來，戰爭與天災，同樣有大量

---

34 關於〈積極的限制〉見周譯《人口論》第二編；〈預防的限制〉，見同書第4編第1章。
35 見樓桐蓀譯《經濟思想史》第1冊，頁202。

減消人口、緩和人口過剩的效力。但在亮吉的思想中，天災是出於自然，人固然不希望天災的發生，但有些時候，天災之產生非人力所能抗拒。於是，亮吉把它列作解決人口過剩方法之一，即所謂「天地調劑之法」。

至於戰爭，則是人為的，不是出於自然。出於自然的天災，人力不可抗拒；而人為的戰爭，人應該設法避免。人不應該用戰爭來作消滅過剩人口的方法。

對於節育、晚婚、獨身等等，馬氏所謂「預防限制」的各種方法，亮吉都沒有提到。我們應該解釋為：亮吉所秉受的思杬，和馬爾薩斯不同。中國宗法社會的思想根深柢固，傳種接代是每一個人的最神聖的權利，也是每一個人對家族的不可逃避的義務。生兒育女的權利與義務，在中國社會中，是屬於較高層次的存在，不能容許在討論解決人口過剩的方策時侵犯到它。

比較觀之，馬爾薩斯是站在客觀而冷靜的立場，研究人口問題。他所提出對人口過剩的解救方法，以積極的限制為主，預防的限制為輔。

亮吉則是以主觀而熱情的立場，來討論人口問題。對人口過剩的解救方法，他主張，（一）避免戰爭；（二）減少天災，（三）儘量運用人類本身的智慧與能力，來解決人口過剩問題，也就是所謂「君相調劑之法」。這充分表現了中國傳統知識分子，「以天下為己任」及「先天下之憂而憂」的精神。亮吉所以具有積極的用世及救世思想，其原因就在此。

第四章
政治思想

第一節　歷史循環的規律

亮吉談到歷史循環現象時，說：

> 一治一亂，運天地之生；前聖後聖，拯斯民之死。[1]

「一治一亂」，是中國歷史循環的基本形態。每於大亂之後，人心思治。但局面已極混亂，必須聖者出，始能撥亂反治。亮吉描寫唐太宗出現前的情形是：

> 天地之厭亂至矣，神人之望治切矣。[2]

社會混亂至於極點時，人心思治，始有聖者出現。聖君結束戰亂，建立制度，使社會恢復秩序，這是治世的開始。但是治世也保持不了多久，亂世又會再臨。因為治世稍久之後，以下幾個因素就會產生：

第一，人口增加。在前面我們已經說過：社會秩序的恢復，會使人口增加；社會秩序恢復的時間愈長，人口增加的速度愈快。

與人口增加並行的，是物產的增加；在以農業為主的中國社會，即是糧食的生產增加。但是糧食的增加雖然與人口的增加並行，但是

1　《詩文集》上冊，頁224，〈重修唐太宗廟碑記〉文中語。
2　同註1。

漸漸地，增加的速度減緩，而落在人口之後。於是，人口過剩問題即會出現。

第二，財富集中。在清朝以前的中國社會，基本上是一個經濟自由的社會。在自由的社會中，財富分配的不平均是自然的事。所謂：「分地若一，智者能守；分財若一，智者能收。智者有兼人之功，愚者有不贍本之事。」[3]個人經營，有人成功，有人失敗。成功者，財富積聚愈多；失敗者，又須從頭做起。如承平時期超過一代，則成功之子，子繼父業，財富愈形積聚。故承平時期持續愈久，成者與敗者的差距愈大，貧與富懸殊愈深。

第三，風俗流於浮華。在社會秩序剛剛恢復的時候，不但朝廷有聖君在位，而民間也大多數是在離亂之後的創業者。創業者多數飽經憂患，養成了刻苦、勤奮、檢樸等習慣。但到了他們的子孫，上述一些美德就會漸漸消失，代之而來的是守成者容易犯的奢侈、浮華等毛病。所以，承平時期愈久，風俗愈趨於奢華。亮吉有詩云：

　　承平百餘載，風俗漸喜誇。物力苦不多，踵事而增華。……[4]

可見亮吉深切了解：風俗奢侈，是承平時期的副產物。而奢侈又與上述的財富分配的不均有關聯：社會上有貧有富，貧人衣食不繼；富人可肆意揮霍浪費。此種情形，在亮吉的詩文中，也有很多。例如：

　　十餘年來俗不淳，水陸食譜宗吳門。維揚富人益輕猾，土木侈麗窮奇珠。……[5]

3　桓寬：〈鹽鐵論〉中語。
4　《詩文集》上冊，頁581，《偶成》詩二十首中的第七首。
5　同上書下冊，頁679，〈偶書呈朱博士〉詩。

又有：

> 一裘值千金，毛羽豈足佚？一食累萬錢，珍錯亦易空。履盛不
> 自持，何以處勢窮？俗奢示之儉，即始訓有終。誰為生民謀，
> 一矯吳楚風！[6]

人口增加，物產不能與人口膨脹齊頭並進，已令到社會人口容力深感
不足；又因為富人對物力的浪費，更令物力耗竭，貧人無以為生。人
口過剩的問題，更加嚴重。

　　第四，制度廢弛，吏治敗壞。聖君撥亂反治之初，社會制度建
立，朝野一致，綱紀整飭。但到了第二代，或第三代，守成之君，往
往不能牢守祖、父之業。或因賢相已去，宵小在旁，朝綱先廢，吏治
隨之敗壞。亮吉在嘉慶三年（1798）〈征邪教疏〉中說：

> 伊古以來，焚香聚徒，歛米入教，如漢之張魯張墮，……明之
> 劉六、劉七、趙風子、徐鴻儒、唐賽兒等。類皆起于中葉之
> 後，政治略弛之時。……。[7]

可見亮吉認為每一朝代到了中葉之後，政治制度即會廢弛。政治制度
廢弛，與吏治之敗壞，互相表裡。因政制之廢弛，使官吏有上下其手
之餘地；又因官吏之奉法不謹，循私廢公，使吏治更不可收拾。亮吉
又痛陳當時的吏治，他說：

6　同上書下冊，頁652，〈雜詩〉。
7　同上書上冊，頁177，〈征邪教疏〉。

> 今日州縣之惡，百倍于十年廿年之前，上敢黷天子之法，下敢
> 竭百姓之資。……。[8]

所以，承平日久，吏治敗壞，是必然的趨勢。

第五、社會動亂。由於上面幾個因素，人口過剩，再加上富者的浪費，增加了貧民的饑寒。吏治的敗壞，對小民橫加誅求，小民出於無奈，唯有起事以避禍。[9]所以亮吉說，在每一朝的中葉之後，即有人聚眾倡亂。如漢末之張角，晉朝的孫恩，等等[10]。而清朝在乾隆末年，嘉慶初年的教匪之亂，亮吉雖未明言，可能使他感覺到是承平時期即將結束的徵兆。

變亂之來，常會一發不可收拾，直到變亂延長相當時期，人口大量消減，經濟飽受摧殘，亂極思治，否極泰來，又有聖者出，開創治世。歷史循環之規律，大致若此。

第二節　君、相的責任

前面已經提到亮吉的話，是：「一治一亂，運天地之生；前聖後聖，拯斯民之死。」這是對「聖君」的歷史使命的說明。「聖君」是在大亂之後，撥亂反治，從水火之中拯救人民的。在戰亂之後，社會秩序崩壞了，聖君重新建立社會秩序，國家的制度綱紀廢弛了，聖君重新訂立制度，整飭綱紀。使社會秩序納於常軌；人民又可安居樂業。

中國歷代的開國君主，雖然都是靠武力得到天下；但這一種歷史事實，直到清朝，都不大為知識分子所願意接受。中國知識分子，始

8　同註7。

9　同註7。

10 同註7。

終憧憬著「聖君」的理想，以為有德者方可君臨天下。亮吉的想法也是如此。他對歷史循環的看法，是大亂之後有「聖」者出，這位「聖」者之所以能夠君臨天下，是因為他能夠「拯斯民之死」，不是因為他能殺人，而是因為他能救人。

在此，我們要附帶說明的，是亮吉的哲學思想，既不承認人生的富貴、窮達，是由命運所決定，所以也不會相信皇帝為天之子，受命於天而君臨世界的事。既然如此，則他對皇帝的尊敬、重視，完全是因為皇帝對天下萬民的功業。皇帝能夠安定社會，撫育萬民，使萬民樂業，這是絕大的功業；也是皇帝值得尊敬、感戴的原因。

他對古代聖君的景仰，是關於他們對當時及後世的功業。例如他對大禹王，即說：「大哉非禹吾其魚。」[11]

也就是因為這樣，他是不會盲目地敬拜一個皇帝的。他要皇帝作一個聖君，聖君才值得尊敬，昏君則不值得尊敬。他在嘉慶四年，上書規勸嘉慶皇帝，就是基於這種思想。

對於君、相的責任，在亮吉的思想中，主要是維持綱紀的不壞。他在〈征邪教疏〉說：自古以來，每一朝代到了中葉之後，國家綱紀廢弛，因而吏治敗壞，吏治敗壞所引致的則是：民不聊生，社會變亂日起，於是由治世變成亂世。所以，亮吉寄望於君相者，是把「治平」的時期，保持得長久。

既然要把「治平」時期保持得長久，則由於「治平」時期的長久保持而招致的「人口過剩」問題，亦要君相善為安排。這就是上文所說的「君相調劑之法」。關於人口過剩問題之調劑，亮吉雖然提出：「天地調劑之法」，與「君相調劑之法」兩種，但他實在不願見到天災。也就是說，他是把解救人口過剩問題的希望，全部寄托在君相身

---

11 《詩文集》下冊，頁640，〈禹廟〉。

上了。在他的思想中，君相應該抱著「己饑己溺」的精神，關心人民的生計的。他有一首四言詩，謂：「一家饑寒，憂及里鄰，四民饑寒，憂及君相。」[12]君相是要關心人民的饑寒的。而在社會發生人口過剩問題的時候，也就是物力無法供養社會人口的時候，一部分的人民，或不免有饑寒之患。而君相就要設法調劑，而調劑的方法已在上文提到過。解決人口過剩問題的諸種方法，亮吉沒有提到戰爭。他的思想是：君相應該儘量設法，不要讓人口過剩引起戰亂，因為戰亂一起，治世就要結束，亂世即將來臨；那就要期待另一位聖者，在亂極之後來重開「治平」之世了。

亮吉的不願意看到「治平」之世受到戰亂的破壞，可以從他的行事中看出他的思想。他在嘉慶三年（1798），寫〈征邪教疏〉，力言「邪教」的起，是由於吏治的敗壞；換言之，社會動亂並不是歷史的必然，而僅是少數當其事的地方官吏處置的不當。[13]這一封〈征邪教疏〉雖然引起朝中當權派的嫉恨，使他不得不藉著弟喪回家暫避，[14]但到了嘉慶四年（1799），他又忍不住再上書，因而肇禍。後雖蒙特赦改為發配伊犁，又幸運的在一百天之後遇赦回里，但他的政治生命因而斷送了。否則在他有生之年，[15]是應該可以得到較高的官職的。而他的所以冒死上書，也是不忍見到戰亂的繼續蔓延。《年譜》關於他當時的心情有所描述：

---

12 同上書下冊，頁875，《勵志詩》三十首之第七首。

13 他在〈征邪教疏〉中說：「以臣所聞：湖北之宜昌，四川之達州，雖稍有邪教，然民皆保身家，戀妻子，不敢犯法也。州縣官既不能消靡化導於前，及事有萌蘖，即藉邪教之名，把持之，誅求之，不逼至于為賊不止。」

14 《清史》卷357，〈列傳〉143，洪亮吉傳：「嘉慶三年，大考翰詹。試征邪教疏，亮吉力陳內外弊政，數千言，為時所忌。以弟喪陳情歸。」又《年譜》於同年記云：「……先生於疏內力陳內外弊政，至數千言。……時甫得仲弟凶訃，即於初七日陳情引疾，二十五日挈家屬從陸路南回，四月二十五日抵里。」

15 亮吉卒於嘉慶十四年（1809），亦即是上書後的第十年。

（嘉慶四年，1799）四月，派充實錄館纂修官。……八月，第
一分實錄告成，先呈御覽。先生以春初束裝匆遽，在都車馬衣
履，一切未具。遂于二十日在本衙門乞假，已准。擬于九月初
二日叩送高宗純皇帝梓官後南行。

上引一段說明亮吉已請假準備回家，本來可以無事的。但因為：

……時川陝餘匪未靖，湖北安徽尚率兵防堵。時發諭旨籌餉調
兵。先生目擊時事，晨夕過慮。每聞川陝官吏偶言軍營情狀，
感歎焦勞，或至中宵不寐。……。

可以看出亮吉是如何不願見到戰亂的蔓延了。在亮吉以為：戰亂如不
能在短期平定，治平時期就會結束。為君相者，廣義言之要包括一切
知識分子，都有責任設法避免戰爭，讓治平長期維持下去。

第三節　吏治、人禍與天災

君相治理國家，必須官吏輔佐。官吏之中，以守、令最為重要。
亮吉說：「守、令，親民之官也。一守賢，則千里受其福；一令賢，
則百里受其福。」[16]可見在亮吉的思想中，守、令等地方官，對人民
的生計、安危關係最深。也即是說，守、令的賢與否，對民生的好
壞，社會的治亂，影響最大。

亮吉又以為：作為守、令，並不是需要他們有什麼政治技術；而
最要緊的，是要他們的居心善良。亮吉說：「然則為守、令者，豈別

---

16 見《意言》〈守令篇〉。

有異數乎？亦惟視守令之居心而已。」[17]可見居心的好壞，是作為一個親民之官的最基本的條件。所以亮吉又有詩說：「以力養人，力懼不展；以心養心，活人無算。」[18]可見作為一個地方官，心術的好壞，比治術的好壞，更為重要。

亮吉又指出：在乾隆中葉之後，吏治已較以前變壞。他說：

> 往吾未成童，侍大父及父時，見里中有為守、令者，戚友慰勉之，必代為之慮曰：此缺繁，此缺簡，此缺號不易治。未聞及其他也。及弱冠之後，未入仕之前，二、三十年之中，風俗趨向頓改。見里中有為守、令者，戚友慰勉之，亦必代為慮曰：此缺出息若干，此缺應酬若干，此缺一歲之中可入己者若干。而所謂民生吏治者，不復挂之齒頰矣。于是為守、令者，其心思知慮，親戚朋友妻子兄弟奴僕媼保，于得缺之時，又各揣其肥瘠，及其率抵任矣，守、令之心思不在民也。必先問一歲之陋規若何？屬員之餽遺若何？錢糧稅務之贏餘若何？而所謂妻子兄弟親戚朋友奴僕媼保者，又各挾谿壑難滿之欲，助之以謀利。[19]

亮吉指出清朝吏治敗壞之時期，是他寫《意言》的二、三十年前，也是他尚未入仕之前。《意言》寫於乾隆五十八年（1793），是年亮吉四十八歲。由此上推三十年，是乾隆二十八年（1763），當時亮吉十八歲。亮吉開始離開家庭出來做事，是在乾隆三十六年（1771），是年亮吉二十六歲，開始在安徽太平知府沈善富幕中作客，同年十二

---

17 同註16。
18 《詩文集》下冊，頁875，《勵志詩》三十首之第十一首。
19 同註16。

月，入安徽學使朱筠幕下。由此推測，則乾隆朝吏治漸敗，應始於乾隆二、三十年（1755-1765）左右。

吏治敗壞的關鍵，據亮吉說，以前守、令的心思在於民生吏治，他們注意的，是各缺的繁、簡，難易。其後守、令的心思不在吏治、民生，而在於「此缺一歲之可入己者若干。」[20]

亮吉對乾隆末年，吏治敗壞的情形，非常痛心。他說：

> ⋯⋯今日州縣之惡，百倍于十年、二十年之前。上敢墜天子之法，下敢竭百姓之資。[21]

州縣等地方官之惡已經如上所述，但亮吉仍然認為：州縣長官尚不是最惡者，最惡者是吏胥。他說：

> 今日之勢，官之累民者尚少，吏胥之累民者，甚多。[22]

亮吉解釋吏胥所以最惡，是因為：

> ⋯⋯何則？官即欲侵漁其民，未有不假乎吏胥者。又況吏胥之于鄉里，其貧富、厚薄，或能瞞官，不能瞞吏。吏自一金至百金千金之家，吏皆若燭照數計。究之入于官者，什之三；其入於吏胥者，已十之五矣。⋯⋯是其權，上足以把持官府，中足以凌脅士大夫，下足以魚肉閭里。⋯⋯[23]

---

20 同註16。

21 《詩文集》上冊，頁177，〈征邪教疏〉中語。

22 見《意言》〈吏胥篇〉。

23 同註22。

亮吉又指出，這種為害民生的胥吏，人數又相當多。他說：

> 今州縣之大者，胥吏至千人，次至七八百人，至少亦一二百
> 人。此千人至一二百人者，男不耕，女不織，其仰食於民也無
> 疑矣。大率十家之民，不足以供一吏，至有千吏，則萬家之邑
> 亦囂然矣。夫朝廷之正供亦有常；即官府之營求亦尚有數；而
> 胥吏則所謂無厭者也。[24]

在清朝乾隆末葉，既因人口急遽增長，而使社會人口容力深感不足；再加上全國各地數目如此龐大的胥吏，給人民增加沉重的負擔，及諸般的騷擾，遂使人口容力不足的問題更加嚴重。這就是亮吉大力抨擊胥吏的主要原因。

在亮吉的思想中，吏治的敗壞，原因起於胥吏。乾隆年間，人口大量增加，而社會經濟的發展，不能相應的配合，各種生產事業的規模，不但未能比例的擴大，而且有相對縮減之勢。此種情形，在本文第二章第三節已有說明。既然如此，則多餘的人口，沒有生產事業可資吸收，一部分就擠到官府之中，加入吏胥的行列。[25]而另外一部分，則做了游手好閒的失業者，[26]則這些游手好閒者，在地方上稍有事故，則自動地或被動地加入了亂民的行列，藉起事以為生計或避禍。這就是乾隆末年，社會上大致的情形。

吏胥的人數既然加多，吏治則不能不壞。因為吏治清明，吏胥無法上下其手。亮吉說：

---

24 同註22。

25 《意言》〈吏胥篇〉說：「其為之（吏胥）而不顧者，不過四民中之奸桀狡偽者耳。」可見社會過剩人口，無法在正當生產行業中立足，而又桀狡奸猾者，多數躋身公門，做了吏胥。

26 《意言》〈生計篇〉說：「何況戶口既十倍于前，則游手好閒者，更數十倍于前。」

> 況守令所以得罪者，大半由吏胥。始則導之貪，導之酷，導之
> 欲怨于民。及至守令陷于法，而為吏胥者，不過笞杖而已，革
> 役而已。至新舊交替之時，則又夤緣而入。故吳越之俗，以為
> 有可避之官，無可避之吏。職是故也。[27]

亮吉指出：地方官吏之所以貪財而陷於法，完全是受吏胥所累。因為
吏胥來到官府之中，其基本動機就是要貪污。因為清朝的吏胥，沒有
升遷的機會，只有做一輩子公人。所謂「登進之途既絕，則營利之念
益專。」[28]不但一輩子做公人，而且子子孫孫都做公人，成了一種專
業。[29]這種情形，促成乾隆末葉吏治，更不可收拾。

　　亮吉之所以大力抨擊當時吏治的敗壞，及吏胥的作惡，是因為，
在他的思想中，吏治的敗壞，不但是吏治本身的事，連許多天災與人
禍，都是由於吏治敗壞所引起。也就是說：社會上一切禍亂、罪惡，
都因吏治不良所引起。如果吏治改善，社會一切禍亂均可消弭，全國
人民均可共享治平之福。

　　首先說人禍與吏治的關係。譬如教匪之亂，在乾隆末葉至嘉慶初
年，連續多年，蔓延數省，一直未能平定。亮吉曾參與剿匪事宜，[30]
對教匪的起因較有認識。他曾說：

> 二千石吏倘奉法，五斗米賊何難平！[31]

27　《意言》〈吏胥篇〉。

28　同註27。

29　《意言》〈吏胥篇〉謂：「子以傳子，孫以傳孫，其營私舞弊之術益工。」

30　據年譜記載：亮吉在乾隆四十七年至五十二年之間，即三十七歲至四十二歲之間，
　　在西安佐畢沅幕，曾參與剿匪事宜。

31　《詩文集》上冊，頁536，《送吳文學桂旋里》詩。

可以看出亮吉認為教匪不能平定，是吏不奉法的結果。他又舉事實以說明此種因果。他說：

> 以臣所聞，湖北之宜昌，四川之達州，雖稍有邪教，然民皆保身家，戀妻子，不敢犯法也。州縣官既不能消靡化導于前，及事有萌蘖，即借邪教之名，把持之，誅求之，不逼至于為賊不止。……[32]

又說：

> ……方嘉慶元年（1796）正月，湖北逆民猝起，于是鄖陽，荊州，宜昌，施南諸府州縣，所在如蝟毛。……時縣中官吏捕邪教嚴，株及里黨，一方囂然。……。[33]

可見亮吉都將教匪的蔓延，指為州縣官吏處置不當的結果。州縣官平時對人民誅求已甚；時或引起民變。亮吉有詩說明此種情形：

> 欸怨知何似，茫茫八極中。干戈兆秦楚，珠玉罄南東。逼迫歸邪教，搜求過正供。明明祖宗法，百計壞淳風。[34]

而州縣官又在地方稍有動亂之時，大事搜捕，藉以斂財。以致星星之火，往往惹起燎原之勢。其所以如此，都是因州縣官的背後，有一大批的吏胥，唯恐天下不亂，一有藉口，就乘機脅迫良民。亮吉說：

---

32 《詩文集》上冊，頁177，〈征邪教疏〉。

33 同上書上冊，頁172，〈湖北呂隄驛巡檢王君神道表〉。

34 同上書上冊，頁583，《書事》詩第二首。

> ……又況吏胥之于鄉里，其貧富厚薄，或能瞞官，不能瞞
> 吏。……不幸一家有事，則選其徒之壯勇有力，機械百出者，
> 蜂擁而至。不至破其家不止。即間有遇吏胥之親戚故舊，亦必
> 不稍貸。[35]

這樣，就非逼到良民做賊不止了。

　　這一種因為吏治敗壞，招致社會動亂，在清朝乾、嘉之交，確有
如此情形。許元仲「三異筆譚」有一篇，題為「苗匪、教匪啟釁」，
即謂「（教匪）第其初皆起於纖細，昏吏之昏，悍民之悍，墨吏之
墨，愚民之愚，泯泯棼棼，成此浩劫，可恨可哀。」文中又細述四川
達州教匪之起事情形，謂：「……教匪獄起，通飭州縣嚴查。蜀中素
多邪教，達州牧載如煌者，無材而嗜利，任人牽鼻。役王姓者，狡
獪，戴久為所挾制。奉到通飭，王役慫恿戴某：『某里某村闔族奉
教。』川俗多聚族而居。戴即籤差王役，密查。族必有祠，祠必有
產。集議以虎賁賂，寢其事。越旬日，王役又訪知，某里某村，族更
大，奉教者更多。依例密查，其族亦依例以三千為賂。戴與王計：是
族人數幾倍於前，不能依樣畫葫蘆也，益至甲盾乃已。蜀人忌而悍，
事同而賄益，心已不甘。且切得係王役牽指，王亦教中人，按圖索
驥，當無漏網，而叛教尤為大憝。群議不如縛王而殺之，即議抵而禍
根絕矣。鳩眾千人赴難，王已偵知，亦聚黨千人禦之。戴惶急，以民
變聞。……」

　　可見民變之起，確因吏胥挾制州縣，肆意誅求百姓所致。

　　所以亮吉認為吏治不良是社會變亂的原因。

　　至於天災，亮吉亦認為與吏治有關。天災主要指水災及旱災，水

---

35 《意言》〈吏胥篇〉。

旱之災的產生，可能由於自然，不是人力所能避免。但亮吉認為：水
災可以預防，而水、旱二災都可以在事後補救，儘量使災禍的範圍縮
小及程度減輕。而當時的官吏往往藉災害而乘機歛財，於是使災害擴
大。他曾舉一些事例說明此種情形：

> 乾隆二十六年（1761），河決開封楊橋。公（指劉統勳）以大
> 學士奉命臨視決口，久不得塞。一日，日晟，公張秋氈笠，御
> 大繭袍，微行出公廨。至決河口，見數十步外，稭料山積。牛
> 馬雜遝，繫車轅下，人則或立或坐，或臥或起，皆戚戚聚語，
> 甚有泣者。公訝之，招老成者問故。則並云：『來已數日，遠
> 或四或五百里，二三百里不等。一車或四牛，或三兩牛，或雜
> 贏馬。一日口食，及牛馬麨草，至減得銀兩許。日久費無所
> 出，復不知何日得返，是以懼且泣耳。』曰：『何不交官？』
> 則雜曰：『此岸稭料，其縣丞主之，每車索使費賒，眾無以應
> 故也。』公怒甚。回廨，即傳諭巡撫，恭請王命，並縛其縣
> 丞，限時刻至決口。諭一出，河堤使者亦失色。夜將半，巡撫
> 倉皇縛某縣丞來，跪轅外。公怒甚，出坐堂皇，受巡撫禮謁，
> 因大聲曰：『口一日不塞，則聖心一日不安，河南北萬姓亦一
> 日不寧。塞口所恃者稭料，今稭料山積，某縣丞以勒索不遂，
> 稽留要工，罪死不赦。今先斬若，徐專摺參撫司道耳。』巡撫
> 股栗，叩首堂皇下不止。天且曙，不解。伺公出，使蒲尚書某
> 起為緩頰。久乃釋。即命褫縣丞職，枷示決口。甫半日，南北
> 岸稭料車無一在者；又二日，而決口塞。……[36]

---

36 《詩文集》下冊，頁750，〈書劉文正遺事〉。又劉統勳在《清史》卷303，〈列傳〉
89有傳，所記事蹟略同。

由上述一事例，可以看出：黃河決口遲遲未能修復，主要是地方經辦官吏貪污所致。亮吉又舉另一事例說：

> ……猶憶乾隆四十二年，睢州河亦決。時余客河南，以事數至河上。見老柳下，一蒼白叟嘆咤不止，旁繫兩牛一車。叟滎澤人，距決口三百里外。問其故，曰：『十日前以兩牛一車駝稭料抵工所，某主簿監收，索重費不得，遂痛抑稭料斤兩，云止九十七斤。余不敢爭也。』叟故詼諧，因指二牛曰：『豢養若數年，日食料數升，稭數束，不意怯弱至此，駝不及百斤也。』蓋河員之肆橫蔑法至此，而重臣視河，及河堤使者，又類皆養威重，不輕出。一任其慘肆荼毒。及靡費國帑，以為固然。甚或藉以漁利。老人年七八十，述文正視河時事，為余泣也。……[37]

我們又再引這一事例，是要證明在乾隆末葉，此種事例所在多有，官吏多藉河工漁利，而至無患釀成有患，小患釀成大患。本來可以即時堵塞或短期可堵塞者，往往因為官吏勒索，而稽誤河工，使決口久久不得塞。所以亮吉以為天災之原因，即為官吏不奉法。官吏如能奉法，災害自然可免。亮吉有一首詩說：

> 橫流昨歲喜乍平，數郡創痍漸將復。路人皆言太守賢，貪吏昨已褫歸田。……。[38]

該詩自註云：「時以曹縣河決，鄰郡皆助工作。」亮吉在該詩中很明

37　同註36。
38　《詩文集》上冊，頁576，〈過沂水橋東族孫梧〉詩。

顯地表示：水災乍平，創痍漸復，都是因為新太守賢能；而貪吏已經
撤職。天災與吏治的關係非常密切。

亮吉既然將一切社會動亂及災害，全都歸咎於吏治的不善。所
以，他認為：國家大事中最緊要的，莫如改善吏治。他本人原本具有
用世與救世的雄心壯志，但未能如願。他又曾夢想過：如果他的一般
好朋友都能出為地方官，或者可以補救一下吏治的不良，但都未能成
為事實。[39]最後，終於無法忍耐，才因上書獲罪。綜觀亮吉的言與
行，就可以看到他思想的全面。

---

39 《詩文集》下冊，頁675，〈書汪少尹蒼霖民謠三章後並引〉謂：「甲午（乾隆三十
九年，1774，時亮吉年二十九）八月，河決淮安城。其冬蒼霖奉憲檄，運米抵淮安
城下，賦詩三章。仁人之言，知民疾苦矣。昔杜甫讀元結舂陵行，謂得結輩十數
公，參錯天下為邦伯，天下可安。余亦謂今日得蒼霖輩十數人為令丞，于吏治未必
無補。」可以看出亮吉在這一方面的抱負。

結論

一

在本文第一章第五節的討論中，我們知道：洪亮吉在年輕的時候，就有非常強烈的用世及救世的願望。他因為幼年喪父，而在孤苦無依的境況中長大，使得他心理上有一種反抗性的，或者說是補償性的思想，要求有所表現的願望，非常強烈。至於他要求有所表現的方式，在開始的時候，他是希望循著正常的途徑，通過科舉，求取功名，取得官職，然後運用自己的權位，來造福萬民。這種希望，很可惜，在他的一生竟沒有實現。

又由於他幼年時期，家境貧窮，所以「生計」問題，可能是從幼年就縈擾在他思想中的一個問題。而在他一生之中，注意觀察，與用心思考的問題，應該是「生計」問題。在他的觀察與思考之中，注意到以下各點：生計問題的產生，由於人口增加，及物力有限；而人口的大量增加，又是因為治平時期的長久持續。人口增加與物力有限這兩個因素，又引起：物價的高漲，及工資的無法提高。結果就是「生計」的日形貧困。這就是他的思想的大概輪廓。

他醞釀成上述的思想，開始的時候，應該並不是為了寫書。而是為了一旦有了官職的時候，可以施展自己救世的理想。但是，可惜地，因為他在考場中不甚得意，到了三十五歲，才考中舉人[1]；而到

---

[1] 《年譜》：「乾隆四十五年庚子，先生三十五歲。……九月初七日，中式第五十七名舉人。」

了四十五歲，才考取了進士。[2]到了四十七歲，出任貴州學政。[3]而他
自己對自己的壽命，不敢期望太高。[4]所以他在出任貴州學政的時
候，已經認為自己沒有機會，或者很少機會，能夠出任封疆，或卿相
的地位，而一展自己的抱負了。但是他又不甘心沒沒無聞地度過這一
生，於是就在他出任貴州學政的第二年（乾隆五十八年，1793；是年
亮吉四十八歲），寫了《意言》這一本書。

亮吉從年輕時候開始，就想以立德及立功，來作為顯名當時、留
名後世的方法；但是功名的遲來，使他不得不放棄立德及立功的願
望，而只能夠採立言的方式。

到此為止，我們可以明白：亮吉把他的書叫作《意言》，就是
「立言」的意思。這是亮吉求其所以不朽的方式。而他的所以用「立
言」的方式，求其不朽，是因為他自己認為：他已經不會再有機會
「立德」或「立功」了。這種情形，就好像歷史上許多能夠及時用世
的大政治家，反倒少有著作流傳；而一些懷才不遇的志士，反倒多數
有作品留下一樣。

二

既然知道：《意言》的成書，是因為亮吉無法實現他的用世及救

2　《年譜》：「乾隆五十五年，庚戌，先生四十五歲。……三月，應禮部會試，四月初
　　九日，榜發，獲雋。」

3　《年譜》：「乾隆五十七年，壬子。先生四十七歲。八月，充順天鄉試同考官。十四
　　日，又在闈中奉視學貴州之命。」

4　《詩文集》上冊，頁379，亮吉有詩云：「……百歲非可期，得半亦云久。」可見他
　　對自己的壽命，期望亦不會過高。他的好朋友黃仲則（景仁）在三十五歲就死去，
　　對他也會有所影響。（黃景仁事，見《詩文集》上冊，頁180，高吉撰〈候選縣丞附
　　監生黃君行狀〉）

世的抱負，才將他的思想寫下來。則又可以知道：《意言》的寫作，並不像現代科學家那樣，以一種客觀的，置身事外的心情，而發表的研究成果；相反地，他是以一種熱情的，參與其事的心情，寫出來的。是以中國傳統知識分子對天下國家的責任感，指出社會問題的癥結，並提出解決問題的方策。

他指出：人口的迅速增加，是由於治平時期的延長。他又指出：每個人都希望做個「治平之民」，每個人又都願意「治平」時期無限期延續。但是「治平」所引起的大量人口增加，又會使這「治平」時期無法持續。唯一能夠使「治平」時期延續，而又能使萬民安生樂業的，是君、相，君相是解決人口問題的惟一希望。

在此，我們要特別指出的，是亮吉所指的君、相，並不是專指為君為相的個人，而是指所有知識分子。換言之，他所指的君、相，並不是代表個人的君、相，而是作為整個社會的知識分子的代表者，或領導者的君、相。這樣，我們才能了解亮吉的思想：他說，解決人口問題的責任，在君、相，並不是以局外人的立場，責成別人；而是以當事人一分子的立場，自勉自責。

在本文第三章，我們曾經指出：亮吉不相信天命。既如此，他當然也不會相信君主受命於天，而君臨於人的思想，在他心目中的君主，是聖者，是中國儒家傳統思想中的，知識分子中的「完人」，可以「作之君、作之師」的聖者；也就是說，君主本來就是從知識分子群中出來的。君之下，是相，相之下是各級官吏，他們都是知識分子群中，德、才兼備，可以作萬民表率，又可作天子股肱，可以佐理君主，推行政務者。社會上每一個知識分子，有志於天下國家之事業者，可以藉讀書充實自己的才能，通過考試晉身為官吏，下焉者可作令宰；上焉者可作卿相。知識分子本來是與君、相一體，精神相通的。而亮吉也把自己看作其中的一分子，也是有責任參與其事，來解

決人口問題，使社會達到長治久安之境界的。

　　所以我們說：他提出他的人口思想，是以自己知識分子的責任感來提出的。而且他更想為了他的思想的實現，貢獻出他的努力，甚至犧牲生命的。

三

　　我們雖然深深地了解到：亮吉提出他對人口問題的見解，是以他的知識分子的責任感來提出，而且為了實現他的理想，不惜犧牲生命。在百餘年之後，我們讀到他的書，研究到他的思想，不禁對他的精神、人格，深加崇敬。但是，他的思想，終嫌消極；他看到了人口增加的原因，也看到了人口的無限增加及物力的有限之間的矛盾，因而進一步指出人口的過剩，與社會生存空間的不足。但他所提出的，對人口過剩問題的解決方策，只是消極的，所以他的結論，仍然是悲觀的。

　　「治平」為人口增加的原因：人口的無限增加，與物力的有限供給，造成了不可救藥的絕症。而他提出的解決方策，是「天地調劑之法」及「君相調劑之法」兩種。而我們在前面第四、五兩章的討論中，他是不希望用到「天地調劑之法」的，剩下來的只是「君相調劑之法」了。而在「君、相調劑之法」中，亮吉所提出的方法是：禁浮靡、抑兼併，開墾荒地，移民種植，輕徭薄賦，賑災、救貧等，可說都是消極的避免浪費天然資源，及平均佔用生存空間；並未能積極地，為不斷增加的人口，無限的開拓生在空間。所以「治平」時期，雖能藉君、相的努力，延長一時，但始終無法長期繼續。所以他在《意言》〈治平篇〉中的結論是：「要之治平之久，天地不能不生人，而天地之所以養人者，原不過此數也；治平之久，君、相亦不能使人

不生，而君、相之所以為民計者，亦不過前此教法也。」人口的增加既然隨治平時期的長期持續而累進，但物力有限；君、相解決人口過剩問題的方法效力亦有限，則人口問題終無法徹底解決；治平時期終不可永久持續，所以亮吉在〈治平篇〉的最後也說：「此吾所以為治平之民慮也！」悲觀之情，至為顯然。

由於洪氏所處的時代，及所受的教育，使他尚未能了解到：技術的進步，才是拓展生存空間的最好方法。在農業之外，發展工業；又在工業範圍中，提高技術，才是解決人口問題的最可靠途徑，但是洪亮吉完全沒有提到。

在《意言》〈生計篇〉中，亮吉認為影響土地生產力的因素，祇是土地面積；他並不認為勞力增加，能對土地的生產力有所幫助。又在他所提出的「君、相調劑之法」中的幾種方法，完全沒有提到在農業之外發展其他產業，也沒有提到對農業技術的改良。這當然是時代的侷限，也是洪氏思想無法擺脫悲觀色彩的原因。

參考書目

甲　專書

《清史》　國防研究院　1960年6月　臺初版

《洪北江詩文集》　臺北市：世界書局　1964年版

《清實錄》　臺北市：文華書局　1964年版

《東華錄》　長沙王氏　1884年版

《東華續錄》　長沙王氏　1884年版

《清朝文獻通考》　臺北市：新興書局（十通本）　1965年版

《清朝通典》　臺北市：新興書局（十通本）　1965年版

《皇清奏議》　仁和琴川居士編輯　臺北市：文海出版社　1967年版

《欽定大清會典事例》　臺北市：啟文書局　1963年版

《皇朝經世文編》　臺北市：國風出版社　1963年版

《清儒學案》　徐世昌撰　臺北市：世界書局　1962年版

《四庫全書總目提要》　永瑢等撰　王雲五主編　萬有文庫本　1931
　　　年　上海市：上海商務印書館

《漢書食貨志》　臺北市：啟明書局　1959年版

《國失大綱》　錢穆　國立編譯館　1956年臺五版

《中國近三百年學術史》　錢穆　臺北市：臺灣商務印書館　1972年
　　　10月臺五版

《中國近三百年學術史》　梁啟超　臺北市：臺灣中華書局　1970年
　　　臺六版

《明清政治制度》　陶希聖、沈任遠合著　臺北市：臺灣商務印書館
　　　1967年初版

《清朝全史》　（日本）稻葉君山原著　蒲圻但燾譯　臺北市：臺灣中華書局　1970年2版

《清史》　蕭一山　現代國民基本知識叢書本　香港：中華文化出版事業社　1974年香港再版

《清史》　黎傑　香港：海僑出版社　1964年初版

《清史大綱》　金兆豐　臺北市：海燕出版社　1964年初版

《明清史》　李洵　香港：文昌書局　1956年版

《清代政治思想》　王雲五　臺北市：臺灣商務印書館　1970年再版

《明清史論叢》　李光璧編　武漢市：湖北人民出版社　1957 年版

《讀清史稿札記》　汪宗衍　香港：中華書局　1977年初版

《中國經濟史論叢》　全漢昇　香港：新亞研究所　1972年初版

《張丕介選集──經濟論文集》　張丕介　張丕介教授遺著編輯委員會　1931年香港初版

《清季一個京官的生活》　張德著　香港中文大學出版部　1970年初版

《中國近代手工業史資料》　彭舉益等編　北京市：讀書‧生活‧新知三聯書店　1957年出版

《關於江寧織造曹家檔案資料》　故宮博物院明清檔案部編　北京市：中華書局　1915年版

《The Chronicles of The East India Company Trading To China》　by N. B. Morse, Oxford, 1926.

《Studies on The Population of China 1368-1953》by HO Ping-ti, Harvard Univereity Press, Cambridge, Mass., U.S.A., 1959.

《人口論》　馬爾薩斯著　周憲文譯　臺北市：臺灣銀行經濟研究室出版　1969年再版本

《An Essay On The Principle Of The Population》　by Thmoas Robert Malthus, London, Dent, 1958.

《經濟思想史》　（法）查理・季特著　樓桐蓀譯　臺北市：中華文
　　化出版事業委員會1956年版

《A History Of Economic Doctrines》　by C. Gide and C. Rist, George G.
　　Harrap & Co. Ltd., second English edition, 1953.

《經濟學與賦稅原理》　李嘉圖著　郭大力、王亞南合譯　上海市：
　　上海中華書局　1936年再版

《國富論》　亞丹斯密著　郭大力、王亞南合譯　上海市：上海中華
　　書局　1949年4版

《The Wealth Of Nations》, by Adam Smith, edited by Edwin Cannan,
　　Methuen & Co. Ltd., London, 1961.

《中國人口問題》　張敬原著　臺北市：中國人口學會　1959年初版

《清儒尺牘》　佚名選　臺北市：廣文書局　1972年初版

《清代文學評論史》　清木正兒著　陳淑女譯　臺北市：開明書店
　　1969年初版

《英使謁見乾隆記實》　秦仲龢譯　香港：大華出版社　1972年初版

《三異筆談》　（清）許元仲　中華圖書館印行

《中國資本主義萌芽問題討論集》　北京市：中國人民大學中國歷史
　　教研室編　北京市：讀書・生活・新知三聯書店　1957年版

《中國資本主義萌芽問題討論集續編》　北京市：中國人民大學中國
　　歷史教研室編　北京市：讀書・生活・新知三聯書店　1960
　　年版

《中國民倉史》　郎擎霄著　臺北市：臺灣商務印書館人人文庫本
　　1970年臺一版

《中國救荒史》　鄧云特　北京市：讀書・生活・新知三聯書店
　　1961年版

《中國稅制史》　吳兆莘　上海市：上海商務印書館　1937年再版

《鴉片戰爭前中國社會經濟的變化》　伍丹戈　上海市：人民出版社
　　1959年初版

乙　學術論文

張蔭麟　〈洪亮吉及其人口論〉　《東方雜誌》第23卷第2號

陳　柱　〈洪北江（亮吉）之哲學〉　《東方雜誌》第24卷第9期
　　1927年

吳希庸　〈清代洪亮吉的人口思想〉　《正風雜誌》第2卷第6期

全漢昇　〈清代雲南銅礦工業〉　《香港中文大學中國文化研究所學
　　報》　1974年12月

全漢昇　〈清代蘇州的踹布業〉　香港：新亞研究所　《新亞學報》
　　第13卷　1979年

胡漢君　〈清朝幕僚制度的興廢〉　香港：《星島晚報副刊》　1978
　　年8月28日

遲　莊　〈清代的幕賓門丁〉　臺北市：《大陸雜誌史學叢書》　第1
　　輯第7冊

羅爾綱　〈太平天國革命前的人口壓迫問題〉　南京市：中央研究院
　　社會科學研究所　《中國社會經濟史集刊》　第8卷第1期
　　1947年1月

全漢昇　柏金斯：〈1368-1968年，中國農業的發展〉　香港：香港中
　　文大學　《中國文化研究所學報》　第6卷第1期　1973年

孫國棟　〈北宋人口戶多口少問題之探討〉　香港：新亞書院《學術
　　年刊》第2期　1960年

宋敘五　〈洪亮吉的人口思想〉　《社經》第2期　香港：新亞書院
　　經濟系出版　1962年

宋敘五　〈先秦重農思想之研究〉　香港：香港中文大學　《中國文
　　化研究所學報》第7卷第1期　1974年

下編　紀念論文

殷商農業經濟下的生產者
——「藝人」與「眾人」

陳嘉禮

香港浸會大學歷史系

一　前言

　　殷商的經濟模式以農業為主，按陳夢家《殷虛卜辭綜述》一書，這個結論是基於以下各點：（一）卜辭記載了耕作的過程及其收穫；（二）卜辭記載了卜問商王國及其所屬族邦的「受年」；（三）很多關於卜雨的卜辭；（四）卜辭中已有周密的曆法制度之存在；（五）安陽殷墟發掘所得磨光石器和大量的集中儲存的收割石農具；（六）安陽發掘所得的青銅製酒器，足以證明王室以剩餘的糧食釀酒；（七）從成湯以來，商王國所遷徙的都邑都在華北平原靠近河流的兩岸。陳氏續稱，要進行農業，必須要有：（一）充足的水量；（二）適宜當地土壤的種子；（三）適宜的土壤；（四）可以耕作的農具；（五）有農業生產技術的人。[1]

　　過去殷商經濟史的研究，都對陳氏提出的「條件」有相當的研究成果。就降雨氣候而言，雖意見不一，但歸納起來大抵有以董作賓為

1　陳夢家：《殷虛卜辭綜述》（北京市：中華書局，1988年1月），頁523。

代表，支持殷商氣候與現今華北一帶的氣候無多大差別；[2]另一是以胡厚宣的主張，認為殷商氣候比現今華北一帶熱。[3]而常玉芝的《殷商曆法研究》亦詳列甲骨文中記月份卜雨的卜辭統計。[4]吉德煒（David N. Keightley）亦有介紹求雨與農業的關係。[5]至於適宜當地土壤的種子，就因為研究材料缺乏，已難考究。[6]至於土壤條件，據現今的地質及土壤學的研究，河南省境內的土壤主要是黃土和沖積土兩種。前者主要分佈在西北黃土商原相接的西部地區和黃河上游谷地；後者主要分佈在豫東、豫北地區。[7]至於農具一項，成果甚豐，陳夢家自己也有相當研究成果，[8]由於殷商農具甚多，現今學界研究相當細緻，對每件農具都有專題研究。[9]然而，「有農業生產技術的人」似乎缺席過去的研究。本文將以甲骨文及其卜辭為史例，考證這些農業勞動的人們，以補過去研究的空白。

二　商代農業

　　殷商農業的發展，在傳世文獻已有記載。成湯伐桀建國前，曾施

2　董作賓：《殷曆譜》（臺北市：中央研究院歷史語言研究所，1992年9月），下編卷9，頁45-47。

3　胡厚宣：〈氣候變遷與殷代氣候之檢討〉，載氏著：《甲骨學商史論叢初集》（石家莊市：河北教育出版社，2002年11月），下冊，頁811-906。

4　常玉芝：《殷商曆法研究》（長春市：吉林文史出版社，1998年），頁386。

5　David N. Keightley, *Working for His Majesty* (Berkeley: Institute of East Asian Studies, University of California, 2012), pp.129-130.

6　可參楊升南、馬季凡：《商代經濟與科技》（北京市：中國社會科學院出版社，2010年10月），頁155-156。

7　具體研究可參劉東生等：《黃土與環境》（北京市：科學出版社，1985年）及洛陽市文物工作隊：《洛陽皂角樹》（北京市：科學出版社，2002年10月）兩書。

8　陳夢家：《殷虛卜辭綜述》，頁541-548。

9　可參楊升南、馬季凡：《商代經濟與科技》，頁116-134。

惠於其鄰國葛伯,《孟子‧滕文公下》載「葛伯仇餉」的故事:

> 湯居亳與葛為鄰。湯使人問之曰:「何為不祀?」曰:「無以供
> 犧牲也。」湯使遺之牛羊。葛伯食之,又不以祀。湯又使人問
> 之曰:「何為不祀?」曰:「無以供粢盛也。」湯使亳眾往為之
> 耕,老弱饋食。葛伯率其民,要其有酒食黍稻者奪之,不授者
> 殺之。有童子以黍肉餉,殺而奪之。《書》曰:「葛伯仇餉。」[10]

湯派亳地的民眾幫助葛伯國耕田,而國人為助耕者所送的飲食是「酒
食黍稻」和「黍肉」,可見亳地人以農業為其主要的經濟生產,正因
如此,當葛伯「無以供粢盛」時,湯能夠「使亳眾往為之耕」。成湯
伐桀前的一篇誓言,也提到「今爾有眾,汝曰:『我後不恤我眾,捨
我穡事而割正夏』」,[11]湯的士兵不願在農忙時去征夏桀,擔心荒廢家
中的「穡事」,穡事即農事。《尚書‧盤庚》也記載,盤庚以農業生產
為喻,說服不願遷都的人,如「若農服田力穡,乃亦有秋」、「惰農自
安,不昏作勞,不服田畝,越其無有黍稷」,[12]如果商人不通曉農業,
盤庚應不會以農業生產設喻。

　　周代商後,周公在勸勉勤於國事的文誥〈無逸〉中分析商代日漸
衰落乃因「自時厥後立王,生則逸,不知稼穡之艱難,不聞小人之
勞,惟耽樂之從」,[13]可見在周人的認知世界中,輕視農業是其亡國原
因之一。

---

10 孫奭疏:《孟子注疏》(阮元校《十三經注疏》本;北京市:中華書局,1980年9
　　月),卷6上,〈滕文公下〉,頁2712。
11 孔穎達疏:《尚書正義》(阮元校《十三經注疏》本),卷8,〈湯誓〉,頁160。
12 孔穎達疏:《尚書正義》(阮元校《十三經注疏》本),卷9,〈盤庚上〉,頁169。
13 孔穎達疏:《尚書正義》(阮元校《十三經注疏》本),卷16,〈無逸〉,頁222。

　　從考古發現而言，無論早、中或晚商時期，除了偃師商城、鄭州商城、殷墟等城市遺址外，基本都是農業遺址，[14]但這不代表城市遺址就沒有農業活動，鄭州商城出土大量陶質與青銅酒器，而釀酒的原料就是糧食，在保證人們日常生活用糧外，把糧食剩餘作釀酒使用，就說明當時農業生產有很大發展；殷墟遺址亦見有農具出土。[15]而甲骨卜辭有關農業的則有四五千條之多，[16]農業成果是生活的最大保障，由此可見殷商確是農業社會，以農業作為其經濟支柱。

三　藝人

　　過去甲骨學的研究都忽略了「藝」字對農業經濟的影響。藝字（見圖一）在甲骨文从「丮」从「木」（或从「屮」），「丮」是人伸出兩手，「埶」係人伸出雙手栽種草木之形態。《說文解字》有言：「埶‧種也」，从「丮」部，[17]「埶」的本義是種植，是「蓺」、「藝」的初文。藝的字形體左上是「木」，表植物右方的人雙手操作，像一人雙膝下跪於地，雙手捧一植物之形，組成會意字，以示種植之義。刻於銅器埶公父丁卣上的「藝」字，則是二人相向種植，至商中期的埶戈句作祖癸觚，二人手捧的植物中間有一刺土工具，可能是考古發掘中的木耒或石鏟。[18]

14　楊錫璋、高煒主編；中國社會科學院考古研究所編：《中國考古學‧夏商卷》（北京市：中國社會科學出版社，2003年12月），頁370。

15　井中偉、王立新編：《夏商周考古學》，頁127、183。

16　許進雄：《中國古代社會：文字質人類學的透視》（北京市：中國人民大學出版社，2008年3月），頁122。

17　許慎：《說文解字》（北京市：中華書局，2002年重印版），卷3，頁63。

18　中國社會科學院考古研究所：《中國考古學‧夏商卷》（北京市：中國社會科學出版社，2003年12月），頁370-371；井中偉、王立新編：《夏商周考古學》（北京市：科學出版社，2013年5月），頁183。

　　「藝」用於卜辭之例，有：「卜：王其田藝」（《合集》28573），
這裡的「田」有農田之意，「藝」當指種植。全句可理解為商王種植
事宜的卜問。《詩・齊風・南山》有載：「蓺麻之如何？衡從其畝」，
毛傳：「蓺，樹也」，鄭玄箋：「樹麻者必先耕治其田，然後樹之」；[19]
《左傳・昭公十六年》：「蓺山林也」；[20]《孟子・滕文公上》：「后稷教
民稼穡，樹藝五穀，五穀熟而民人育」，[21]傳世文獻都說明「藝」跟種
植有關。

　　從播種、除草、施服到收割等農業生產，都有一定的技術，種植
技術被視為藝，也稱藝植。《詩・小雅・楚茨》曰：「自昔何為，我蓺
黍稷」，[22]可見藝人從事的藝植是上古社會農業經濟之本。

圖一　「藝」字

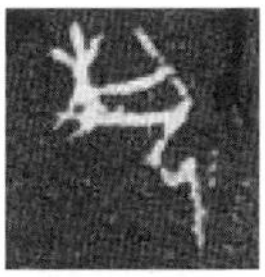 《合集》29250	 《合集》28809	 《合集》27382	 《合集》30529

商代埶己爵	商代乍埶從彝觶	商代埶公父丁卣	

19 鄭玄箋，孔穎達疏：《毛詩正義》（阮元校《十三經注疏》本），卷5，〈齊風〉，〈南山〉，頁352。

20 杜預注，孔穎達疏：《春秋左傳正義》（阮元校《十三經注疏》本），卷47，〈昭公十六年〉，頁2080。

21 孫奭疏：《孟子注疏》（阮元校《十三經注疏》本），卷5下，〈滕文公上〉，頁2705。

22 鄭玄箋，孔穎達疏：《毛詩正義》（阮元校《十三經注疏》本），卷13，〈小雅〉，〈楚茨〉，頁467。

四　眾人

　　眾人在殷商農業經濟的角色比上述藝人更為複雜。商史學者吉德煒曾有專門討論眾人的文章，[23]眾人字面解作「很多的人」，而「眾」在卜辭中的用法有幾項，包括作名詞用於數詞前，如「眾一百」；作名詞用於動詞後，如「喪眾」；作形容詞用於名詞前，如「眾人」；作形容詞用於詞組前，如「眾成🔲受人」。西周金文都有同樣對「眾」字用法的例子，[24]不過，卜辭中「眾」與「多」的用法不同。凡多數的人稱之前附加多字如「多臣」、「多后」，視乎，「眾人」是指特定的身分。[25]在商代社會中，眾人應視為受商王行政監管下的人。[26]亦有學者曾提出此應分為「眾」和「眾人」兩詞。[27]卜辭對「眾」或「眾人」的記載很多。如：

　　　　己巳卜爭貞：呼眾于誖
　　　　貞：勿呼眾人先于誖（《合集》41）

很明顯，這是一條對貞卜辭。在己巳日，由爭進行貞卜：（我們）應（否）呼喊在誖的眾（人）。

　　　　王大令眾人曰：劦田，其受年。十一月（《合集》1）

劦田，有說是翻耕土地。在甲骨文中，劦田常與「受年」相連，由此

23　見David N. Keightley, *Working for His Majesty*, pp.50-62.

24　如〈師旂鼎〉、〈舀鼎〉。

25　陳夢家：《殷虛卜辭綜述》，頁610。

26　吉德煒就認為這是很難證實，蓋殷商甲骨的性質多是宗教性而非行政性。

27　如陳夢家：《殷虛卜辭綜述》，頁606-610。

可知劦田是農事活動。「劦」，从三力，有時从三力从口，是「協」的初文。董作賓指出劦田是「眾人同力合作，以事田畝」；[28]胡厚宣認為「劦字从三力，正示合力之義。」[29]雖然董、胡二人從文字解說劦為農事，但張政烺則認為劦常見於卜辭及銅器銘文，是一種祭祀，[30]而卜辭論及的「十一月」，當是殷曆，乃建亥之月，相當於夏曆的十月，周曆的十二月，這時收穫已過，場功已畢，正是舊的生產已過，待新的生產開始之「農隙」之時。[31]無論劦田是否翻耕土地或祭祀，與農業有關當無可疑，而實際上也是一種勞役式的勞動。同樣，卜辭可見例子如：

戊寅卜，賓貞，王往致眾黍于冏（《合集》10）

商王派眾到冏地種黍，也可證明這裡的眾應非一二人。此外，眾人經常被徵往從事狩獵活動、服徭役或代表商廷當兵打仗。[32]

眾人是殷商農業的勞動者是不需懷疑。卜辭所記：

癸巳卜，賓貞：令眾人取入絆方袞田
貞：勿令眾人。六月（《合集》6）
己酉卜，賓貞：供眾人呼從𢟪叶王事。五月
甲子卜，𑀫貞：令𢟪袞田于〔先侯〕（《合集》22）

---

28 董作賓：《殷曆譜》，下編卷4，頁6下。

29 胡厚宣：〈卜辭所見之殷代農業〉，載氏著：《甲骨學商史論叢初集》，下冊，頁715。

30 張政烺：〈殷契「劦田」解〉，載氏著：《甲骨金文與商周史研究》（北京市：中華書局，2012年4月），頁45。

31 同上，頁47-49。

32 此處超出本文討論的農業經濟，不贅述。可參楊寶成：《殷墟文化研究》，頁100-101。

「哀田」屢見於卜辭，張政烺從文字訓詁考證當指墾荒，[33]其說可從。《合集》六是對貞卜辭，貞問命令眾人派去絳方哀田，再對貞問卜不要命令眾人。而《合集》二十二的兩條卜辭是相關的，前一辭是供眾人到受勞動，過了十五天，即甲子日，再貞卜是受到先侯境內哀田。受當是官員或貴族，由他領導哀田之事，而實施哀田勞動的就是眾人。殷商的農耕活動過程，是反映當時農業生產的周期，是具有規律性，[34]這裡應注意的是哀田的日子，《合集》六的卜辭是癸巳日卜，在六月；《合集》二十二的是甲子日卜，而上則的己酉日在五月，甲子在己酉後十五天，如果己酉在五月下半月，則甲子已是六月，而己酉在五月上半月，則甲子當也接近六月。殷王令眾人於約六月去哀田，夏天從事墾荒當然是難以忍耐，但如配合殷商氣候考察，這是合理的。卜辭中，全年各月均有卜雨的紀錄，但六月的卜雨卜辭就相當小，[35]顯示卜人不太希望於六月下雨，其中之一的可能就是六月要持續墾荒。

　　眾人亦會翻耕、平整土地：

　　□□卜，亦眾作藉不喪……（《合集》8）

藉以人以耒起土之形，乃會意字。土地要經翻耕使土疏鬆，方能播種，便於農作物生長。

---

33 張政烺：〈卜辭哀田及相關諸問題〉，載氏著：《甲骨金文與商周史研究》，頁131-138。

34 劉桓：〈說殷代農耕過程的幾個問題〉，載氏著：《甲骨征史》（哈爾濱市：黑龍江教育出版社，2002年），頁116。

35 孫亞冰、林歡：《商代地理與方國》（北京市：中國社會科學院出版社，2010年10月），頁16。

　　辛未卜，爭貞曰：眾人……尊田……（《合集》9）

「尊」，即墫，是開墾土地使之變成正式的田畝，[36]是平整土地的一環，蓋土地翻耕必須對新翻的土地進行整理，有時還可能開溝作壟，以便排灌，這些都是播種前完成的工作。[37]眾人隨即會作農作物的播種：

　　貞惟小臣令眾黍。一月（《合集》12）
　　〔貞惟〕小臣〔令〕〔眾〕黍（《合集》13）

粟在甲骨文裡寫成「黍」和「禾」，是商代的基本糧食。[38]雖然，在商代遺址上幾乎沒有粟的出土，[39]但新石器時代的華北地區卻有大量粟的發現。[40]《詩經》亦有大量有關粟的紀錄。[41]眾人種黍的農活，是

---

36 張政烺：〈釋甲骨文「尊田」及「土田」〉，載氏著：《甲骨金文與商周史研究》，頁179-185。

37 楊升南：《商代經濟史》（貴陽市：貴州人民出版社，1992年10月），頁172。

38 李孝定：《甲骨文字集釋》（臺北市：中央研究院歷史語言研究所，1982年），第七，頁2387-2389；David N. Keightley, *The Ancestral Landscape: Time, Space, and Community in Late Shang China, ca. 1200-1045 B.C.* (Berkeley: Institute of East Asian Studies, University of California, 2002) , p.9.

39 見張光直著，毛小雨譯：《商代文明》（北京市：北京工藝美術出版社，1999年1月），頁124。

40 見劉牧：〈新樂遺址的古植被和古氣候〉，《考古》1988年第9期，頁846-848；任式楠：〈公元前五千年前中國新石器文化的幾項主要成就〉，《考古》1995年第1期，頁37-49；Kwang-chih Chang, "China on the Eve of the Historical Period," in Michael Loewe and Edward L. Shaughnessy (eds), *The Cambridge History of Ancient China* (New York, Cambridge University Press, 1999), pp. 44-46.

41 Ping-ti Ho, *The Cradle of the East: An Inquiry into the Indigenous Origins of Techniques and Ideas of Neolithic and Early Historic China, 5000-1000 B.C.* (Hong Kong and Chicago: Chinese University of Hong Kong and University of Chicago Press, 1975), p. 58.

在小臣的命令下進行的，小臣屢見於卜辭，是管理各種事務的專職官或於商廷服務的小吏，[42]可說是商王身邊的近臣。[43]由此可見，眾人於小臣的管理下負責種黍。事實上，黍的收成是很受商王重視，卜辭屢見「受黍年」的辭例，商王甚至親自參與種黍收黍的勞作，並以所獲之黍祭祀祖先。[44]

殷商農作物播種以後，禾稼從生長到成熟和收割，就會儲存在倉庫「廩」之內，廩是象形字，為地上儲糧的建築，[45]卜辭有記商王派人去「省廩」的記載（如《合集》9638、9639），當中眾人也有參與：

……以眾省廩（《屯南》180）

殷商的眾人為國家農作勞動，這情況至周代沿習。《周頌・臣工》言：「命我眾人，庤乃錢鎛，奄觀銍艾」，[46]這裡的眾人身分不明，再考曶鼎的其中一段銘文言：[47]

昔饉歲，匡眾厥臣廿夫，寇曶禾十秭。以匡季告東宮，東宮乃

---

42 卜辭記載的小臣，有的是連名的，他們受商王令司農籍、或狩獵、從征等。詳參徐義華：《商代國家與社會》（北京市：中國社會科學院出版社，2011年7月），頁234。

43 劉桓：〈關於商代貢納的幾個問題〉，載氏著：《甲骨集史》（北京市：中華書局，2008年10月），頁27。

44 朱彥民：《商代社會的文化與觀念》（天津市：南開大學出版社，2014年2月），頁499。

45 楊升南：《商代經濟史》，頁186。

46 鄭玄箋，孔穎達疏：《毛詩正義》（阮元校《十三經注疏》本），卷19，〈周頌〉，〈臣工〉，頁591。

47 曶鼎為西周恭王的青銅器，原鼎已遺失，現有銘文拓片傳世。銘文字數約400字，銘文共有三段。詳參馬承源：《中國古代青銅器》（上海市：上海人民出版社，2007年），頁92-94。曶鼎又通忽鼎，可詳參李學勤：《青銅器與古代史》（臺北市：聯經出版事業公司，2005年5月），頁377。

曰：求乃人，乃弗得，汝匡罰大。匡乃（稽）首，於智用五
田，用眾一夫，曰嗌，用臣曰憲、曰朏、曰奠，曰用茲四夫。
（稽）首曰：餘無卣（由）具寇正（足）禾，不出，（鞭）
餘。智或（又）以匡季告東宮，智曰：弋唯朕禾賞（償）。東
宮乃曰：賞（償）智禾十秭，（遺）十秭，為廿秭，□來歲弗
賞（償），則付卌秭。廼或（又）即智，用田二，又臣一，凡
用即智田七田、人五夫，智覓匡卅秭。（《集成》2838）

　　本段為智鼎銘文第三段，大意是指匡指使他的農民和二十個家奴
去搶智的禾十秭（二百把），於是智向東宮控告匡，東宮判匡受罰，
匡叩首謝罪後，用五百畝田和一名「眾」、三名「臣」作抵償。智不
滿意，再次提告，一定要匡賠禾十秭。這次東宮判匡立即賠禾十秭，
只欠十秭，共廿秭。如果明年不還，則要罰四十秭。後來匡還了禾，
再增加二百畝田和一名「臣」。郭沫若按其唯物史觀主張這裡的
「眾」為奴隸，[48]李學勤主「匡眾」、「厥臣」為「匡氏的人眾和他們
的男奴」，[49]客觀地提出眾是匡的下人身分。周代的史料說明，「眾」
都是受人指使的人民，與殷商臣於商王廷並無分別。
　　前人學者對眾人的身分已有多家之言。如陳夢家認為他們是奴
隸，[50]胡厚宣不認同眾人是奴隸之說，反而主張眾人乃「自由之公
民」，[51]吉德煒又另立新說，認為眾人是於王畿附近的服務戚屬（Service
dependents）。[52]事實上，無論眾人的身分或性質是如何，殷商對眾人

48　郭沫若：《奴隸制時代》（北京市：中國人民大學出版社，2005年2月），頁17。
49　李學勤：《青銅器與古代史》，頁385。
50　陳夢家：《殷虛卜辭綜述》，頁610。
51　胡厚宣：〈殷非奴隸社會論〉，載氏著：《甲骨學商史論叢初集》，上冊，頁145。
52　David N. Keightley, *Working for His Majesty*, p. 56.

的依賴甚深，胡厚宣獨具慧眼，列舉數十條卜辭，說明殷人之農耕征
伐，基本由眾人負責，眾人之得失，問題至為嚴重，貞喪眾不喪眾的
對貞卜辭至多。[53]總之，有商一代眾人是農業生產重要的勞作者。

五 結論

農業可說是中國人有史以來的生活方式，隨著文明成熟，國家社
會形態出現之後，擁有絕對權力的統治階層亦勞動其人民參與農事。
無論傳世文獻或甲骨吉金都印證商代已是以農業經濟為基礎的社會，
並已脫離低級粗放階段，形成了由多種生產環節組成的系統生產過
程。[54]要發展農業經濟，勞動者是重要的一群，他們或受商王所派，
或受自身生活需要，積極農耕以維持生活，完善農業經濟，有趣的
是，視為信史開端的商史，其農人不稱農民，而是藝人與眾人，我們
不只是透過藝人眾人去了解商代農業，更是從中發掘商代的社會經濟
情況。

本文引書簡稱表（甲骨卜辭及金文部分）

郭沫若：《甲骨文合集》簡稱《合集》

中國社會科學院考古研究所編：《小屯南地甲骨》簡稱《屯南》

中國社會科學院考古研究所編：《殷周金文集成》簡稱《集成》

---

53 胡厚宣〈卜辭中所見之殷代農業〉，載氏著：《甲骨學商史論叢初集》，下冊，頁710-
711。

54 晁福林：《夏商西周的社會變遷》（北京市：北京師範大學出版社，1996年6月），頁
184。

兩漢三國自然經濟與
貨幣經濟之角力

——從貨幣思想探究「中古自然經濟」之形成

趙善軒

深圳大學饒宗頤文化研究院

前言

今天，中古自然經濟學說，已成為了中國經濟史學者的共識。[1]
其討論起於一九四一年，當時受到德國歷史學派大將 Bruno Hildebrand
的影響，著名經濟史學者全漢昇先生撰寫了〈中古自然經濟〉一文，
把古代社會分成自然經濟、貨幣經濟兩階段，指出西漢時代為貨幣經
濟，並闡述了東漢末年以來，中國社會經濟漸倒退為自然經濟，直至
唐宋時期又轉入貨幣經濟社會。他進一步指出，中古自然經濟發生之
前，政府大部分時間都不再鑄造新的貨幣，又不許民間合法地鑄幣。
故此，東漢以後貨幣逐漸失去納稅單位的地位，政府的主要收入是以
實物支付，而政府的開支，在西漢初年都是以貨幣為主的，二百多年

---

1 梁庚堯：〈歷史未停滯：從中國社會史分期論爭看全漢昇的唐宋經濟史研究〉，《臺
大歷史學報》2005年第35期，頁1-53。

後的東漢，包括軍餉、俸金、賞賜，大多是以實物支付[2]，二者形成鮮明的對比。林劍鳴（1992）指出，儘管東漢的貨幣經濟並沒有中斷，但實物交易復興與貨幣交易並行，此跟西漢初年貨幣地位上升的趨勢截然不同，足證東漢時代自然經濟的抬頭。[3]

　　漢代初年，由於貨幣供應不足，於孝文帝五年（西元前175年）起，一度允許人民自由鑄幣。根據費雪的貨幣定律（Fisher effect）[4]，當時受惠於貨幣數量與流通量增加；財富、物價也在穩定地增長，刺激經濟發展。再加上開放的經濟政策，促成了漢初七十年的商業發展，成就了大批中產階層與大商家。然而，景帝繼位，因諸侯擁有發行貨幣權，而有力挑戰中央，發生了吳楚七國之亂（西元154年），景帝決意把鑄幣權從平民手上收回，並試圖為推行中央集權掃清道路。此後，民間所鑄造的貨幣，都是非法的貨幣。本文注意到，由於不用考慮商譽，機會主義行為（Opportunistic Behavior）[5]盛行，其產品的質量漸漸變差，而且重量與面值不符，而導致貨幣貶值。此後，市場仍然樂於使用漢文帝時代的貨幣作為交易媒介。東漢中晚期以後，政府偶有鑄造的貨幣，市場仍然廣泛使用西漢中前期留下來的舊錢。[6]

2　趙善軒：〈兩漢俸祿制度與中古自然經濟〉，《新亞論叢》2010年10月，頁71-73，此文指出漢初是以錢為官員的薪酬，實物則為補貼，後錢的數量漸減，東漢時半錢半穀，漢末以穀物為主；三國時，吳國就有奉鮭錢，從吳簡所見，奉鮭錢是對官吏的補貼，比例很少，而穀物才是薪酬的主要成分，足見貨幣經濟的倒退；參見莊小霞：〈走馬樓吳簡所見「奉鮭錢」試解──兼論走馬樓吳簡所反映的孫吳官俸制度〉，《簡帛研究二○○八》（桂林市：廣西師範大學出版社，2010年9月），頁268-273。

3　林劍鳴：《新編秦漢史》（下）（臺北市：五南圖書出版公司，2003年2月），頁1228。

4　M：貨幣供應（或貨幣需求）；V：貨幣流通速度；P：物價水平；Q：實質產出（或收入）。

5　機會主義行為（Opportunistic Behavior）是指在信息不對稱下，人民不完全如實地披露所有的信息，並作出損人利己的行為。

6　參見陳彥良：〈東漢長期通貨膨脹──兼論「中古自然經濟」的形成〉一文，載《清華學報》，第41卷第4期（2011年12月），頁669-741。

全先生提出了極具說服力的論述後，遭到何茲全（1949）的挑戰，何先生指出中古時代南北有迴異，南方戰亂較少，經濟相對發達，貨幣仍有相當重要的地位，而北方則陷入長期蕭條，貨幣交易稀少，並以實物為主，故不能一概而論，均歸納為自然經濟。[7]然而，六十多年來的學術發現，更能支持全漢昇的說法，誠如陳彥良（2011）所指，何氏的說法只是從史料上找出貨幣使用的紀錄，不能反駁自然經濟的趨向。事實上，自然經濟是相對的概念，它代表了中古時代前已經盛行的貨幣社會在退潮，它不是一種絕對的固定形態，而是一種發展過程，故何氏的研究，不過是補足了全先生的學說而已。[8]

宋敘五（1971）指出，戰國晚年到西漢初期，中國已進入了貨幣經濟社會，而西漢社會已脫離了物物交換的時代。貨幣廣泛地作為日常交易、借貸、餽贈、分產、保藏之用，還有政府徵稅、發工資都多以貨幣支付[9]，此大異於中古自然經濟的時代。然而，兩百多年後的東漢，漢章帝（西元57-88年）下令廢除以貨幣為徵稅單位，改回上古時代以實物納稅的古老傳統。到了三國時代（西元220-280年），位處北方的魏國一度下令停止了鑄造新的銅錢，並要求人民以穀、帛作為貨幣單位，雖受到市場的抵抗，一時間無法杜絕貨幣交易，但也足以令銅錢的供應、流動量下降，打擊了僅有的商品交易活動。從考古報告可見，即使東漢滅亡已過百年，東晉時代出土的銅錢中，竟然有百分之九十是漢代所鑄（包括西漢的貨幣）。由於東漢晚年至南北

---

7 全漢昇：〈中古自然經濟〉，《歷史語言研究所集刊》第十本，1941年，頁73-173。

8 陳彥良：〈東漢長期通貨膨脹──兼論「中古自然經濟」的形成〉，載《清華學報》第41卷第4期（2011年12月），頁3。

9 宋敘五：《西漢貨幣史》（香港：香港中文大學出版社，1971年初版，2001年再版），頁36-40。

朝，銅錢不足已成為新常態，即使偶有鑄錢，質量也欠佳，市場只好以前代所鑄的舊錢作交易，此代表了貨幣經濟漸退出歷史舞臺，中國回到了自然經濟的時代。[10]

一　貨幣經濟社會的退潮

既了解到中古自然經濟的概念，那麼它何以在漢代中晚期發酵呢？全漢昇先生把原因歸納為戰爭與幣材的不足：（一）自東漢的黃巾之起，中國進入了數百年的分裂時期，長期的戰爭令經濟蕭條，破壞了貨幣經濟的發展。（二）東漢以後，佛教在華廣泛傳播，銅材用於興建佛像，令貨幣數量下降。全先生概括出中古自然經濟的圖像，貢獻良多，在上世紀的學術水平而言，此論述實在遠超同時代的研究，但在七十年後，上述分析的說服力已不能滿足地解釋問題。戰爭的確會影響商業發展，但貨幣經濟的退潮、反貨幣思想的興起，早在西漢中晚期已萌芽，並在東漢末年的大規模民變，以及軍閥混亂前的百多年中持續發展。由此可見，戰爭不過是導火線，而非真正的原因。

銅材不足的邏輯，是由於銅材不足，所以錢也不足，其本是套套邏輯（tautology），並不能解釋問題。本文採用功用論（Utility）來為全先生的論述作一補充。簡單來說，如果某君對 X 的功用為三十，而對 Y 的數值為二十，當對兩者進行選擇時，會優先選 X 而非 Y。在資源稀少的情況下，假若要得到多些物品 X，則要放棄一些物品 Y，反之亦然，而物品 X 和物品 Y 是可以互相替代的。試想，若社會對鑄造銅錢的功用[11]的需要，高於鑄造佛像，那麼在銅材不足的情況

10　傅築夫：《中國封建社會經濟史》第二卷（北京市：人民出版社，1982年），頁533。
11　一七八九及一八○二年，英國經濟哲學大師邊沁（J. Bentham, 1748-1832）提出了功用（Utility）的概念，對後人影響甚廣。邊沁的原意是有三方面的。其一是功用代

下，不會發生因鑄像而導致幣材不足的現象。全先生指出，東漢末年起，佛教開始在中國盛行；三國時，已有人在彭城大舉造像。南北朝時，全國共有三萬餘所佛寺，單是在徐州一個有名的寺院，就建有百餘尊銅像。以北魏為例，政府就動用了一萬五千斤銅，只為興建三尊佛像。[12]假若把這些銅材，用以鑄錢，就可以增加數以百萬計的通貨，頗能紓解銅錢不足的問題，促進經濟發展，可是當時多數的執政者並沒如此，反映在那時代貨幣的功用不如佛像重要[13]，至少於統治者而言，確實如此。貨幣供應不足並不是導致自然經濟發生的主要原因，而是人們把原可作貨幣的銅材用於其他用途，唯一合理的解釋是，東漢以來，社會對鑄像的功用排列序數高於鑄幣，才會出現寧可以銅鑄像，也不用此作貨幣的現象。

當時，人們對鑄造佛像的興趣，似乎比起鑄造銅錢為高。換句話說，銅像的功用，比起作為銅錢的貨幣為大。由此可見，全氏的分析，只是自然經濟作用的結果，而非原因。要找出原因，必須解釋何以在此時，銅錢的功用大幅下降。

二　貨幣思想的倒退

宋敘五（2012）對全氏的學說作出重要的補充，他提出貨幣思想倒退，是產生中古自然經濟的另一關鍵因素[14]，可是仍未能解釋何以

表快樂或享受的指數；其二是每個人都爭取這指數愈高愈好。其三是一個人的收入增加，其收入在邊際上的功用就減少。張五常：《經濟解釋》卷一（香港：花千樹出版社，2002年7月），頁112。

12 全漢昇：〈中古自然經濟〉，頁12。

13 當代經濟學中功用理論，早已非邊沁的一套，功用是武斷地以數字用來排列選擇的定名，不代表快樂，也不代表滿足感。

14 宋敘五：〈讀全師《中古自然經濟》敬作補充〉，載於《邦計貨殖——中國經濟的結

反貨幣思想會得到重視。自古以來,都有不少反貨幣言論,但思想能否成為主流,則為一般人的生活經驗所左右。本文認為,東漢以來,社會經濟屢受干預主義等因素的破壞,反貨幣思想才會愈來愈盛行,使貨幣的重要性日漸減退。本文補充宋氏的見解,並把反貨幣思想分為以下幾個階段。

第一階段,是西漢建國二十五年的賈誼(西元前200-前168年),他於西元前一七五年,[15],漢文帝反對民間、諸侯鑄幣,並認為商業發展會令農民脫離農業,導致糧食不足,影響社會穩定。所以,他主張把鑄幣權收回國有,並且限制開採銅礦,實行國家統制經濟模式。然而,賈誼的主張與當時人們的生活經驗相左,貨幣非國家化不但沒有破壞農業的基礎,還因貨幣的數量、質量、流通量的提升而推動經濟的發展,使政府在大幅減稅的條件下,也可維持充足的財政儲備。故此,他的意見並沒有得到重視。漢初,社會經歷了反秦、楚漢戰爭,人口銳減,物資匱乏,一窮二白。漢興以後,面對戰後復原的難題,政府奉行了黃老思想的放任主義,容許商業的發展。待商人階級興起,再由他們負責投資,以及透過消費來刺激經濟[16],此時貨幣的功用值很高,市場對貨幣的需求極大。[17]因此,文景二帝有能力不斷

構與變遷:全漢昇先生百歲誕辰紀念文集》(臺北市:萬卷樓圖書公司,2012年12月),頁37-72。

15 在朝廷上大力反對漢文帝奉行類似海耶克(Friedrich August von Hayek, 1899-1992)所提出的貨幣非國家化(Denationalization of money)政策,參見管漢暉、陳博凱:〈貨幣的非國家化:漢代中國的經歷〉,《經濟學季刊》第14卷第4期(2015年),頁1497-1519。

16 趙善軒:《司馬遷的經濟史與經濟思想》(臺北市:萬卷樓圖書公司,2017年1月),頁43。

17 政府方面的政策主張,也與近代英國經濟學家凱因斯(John Maynard Keynes, 1883-1946)的主張背道而馳,他們想盡辦法節省開支,包括限制皇宮的用度,而非增加政府的開支,推動有效需求(Effective Demand),以刺激戰後疲弱的經濟。

減少農業稅，從十五稅一，到三十稅一，甚至有十二年全免[18]，民間
也因此得以作資本累積。此時，貨幣的功用極大，國家的收入、開
支，銅錢都充當了主要的交易媒介，財富上升，社會對貨幣的觀感尚
佳，故賈氏的意見並未獲得皇帝的信納，也沒有在社會上引起很大的
反響，而賈誼的意見，明顯地違反了已進入貨幣經濟社會的事實，也
忽略了社會對貨幣有極高的需求，但賈誼並非完全否定貨幣，而是否
定貨幣非國家化而已。

　　第二階段的代表人物，在賈誼身故後的二十多年出現。漢政府於
西元前一四四年廢止了奉行三十一年的積極不干預政策，把商人和平
民的鑄幣權收歸國有，地方王國則仍保有此權力。《漢書・食貨志》
（卷24，頁1131-1132）云：

> 夫寒之於衣，不待輕煖；饑之於食，不待甘旨；饑寒至身，不
> 顧廉恥。人情，一日不再食則饑，終歲不製衣則寒。夫腹饑不
> 得食，膚寒不得衣，雖慈母不能保其子，君安能以有其民哉！
> 明主知其然也，故務民於農桑，薄賦斂，廣畜積，以實倉廩，
> 備水旱，故民可得而有也。民者，在上所以牧之，趨利如水走
> 下，四方亡擇也。夫珠玉金銀，饑不可食，寒不可衣，然而眾
> 貴之者，以上用之故也。其為物輕微易臧，在於把握，可以周
> 海內而亡饑寒之患。此令臣輕背其主，而民易去其鄉，盜賊有
> 所勸，亡逃者得輕資也。粟米布帛生於地，長於時，聚於力，
> 非可一日成也；數石之重，中人弗勝，不為姦邪所利，一日弗
> 得而饑寒至。是故明君貴五穀而賤金玉。

---

18 鄧紀萬：《兩漢土地問題研究》（臺北市：臺灣大學出版中心，1981年6月），頁28。

當時，漢景帝（西元前188-前141年）的大臣晁錯（西元前200-前154年），提出了貨幣流通會令大臣輕背其主、民易去其鄉，他從維護中央政府穩定的角度出發，把貨幣為人們帶來自由的好處，視之為弊端。按他的思路，貨幣經濟使人民不用固守土地，而會四處周遊行商，當人口大量流動而脫離政府監管，對執政者來說，是一項不穩定的因素。事實上，他是知道物物交換的交易費用會十分高昂，不利於商品流通。[19]相反，貨幣流通則會促進遠距離交換，省去不少麻煩。晁錯主張廢除銅錢，建議改以穀、帛為貨幣，並指出穀、帛有實際的使用價值，至少可以用來充饑、禦寒，而銅錢只有交換價值，而沒有使用價值，這位士大夫早在二千多年前，已經掌握了近似於古典學派的商品價值理論，能夠區分商品的使用價值與交換價值。晁錯雖然在本質上反對貨幣經濟，卻能指出貨幣的功能，只不過將它看成壞處而已，這是典型的法家思想，視穩定壓倒一切，把國家安全置於人民生計之上。

由於漢文帝時代（西元前203-前157年）放任的貨幣政策，促成了商品經濟繁榮，晁錯的時代也在受惠，而他的建議會使經濟發展倒退，最初沒有得到任何共鳴。後來，景帝的生活經驗影響到他的決定，景帝觀察到貨幣非國家化，雖能令社會經濟發展，但同時擴大了中央與地方的實力差異，並認為這是吳楚七國之亂的主因。此時，國家財政對貨幣的極大，要廢止行之有效的非國家化的貨幣政策的成本巨大，但皇帝考慮到放任政策會使到地方勢力坐大，危害中央集權的

---

19 交易成本又譯為交易費用，當中又分為外生交易費用、內生交易費用兩大類。外生交易費用，是指在交易過程中直接或間接，產生且客觀存在的實體費用；內生交易費用，則指任何選擇下所產生的抽象費用，如道德、機會、心理等成本，其只能以概率，以及期望值來度量。本文所指的交易費用為廣義費用，即制度費用（Institutional cost）一類。

穩定，故景帝不得不部分地接納晁錯的意見，把民間鑄幣的權力收回，反貨幣思想結合了政治的需要，開始威脅到放任的貨幣經濟制度。

後來，漢武帝（西元前157-前87年）即位，因父親景帝長期受到地方勢力的威脅，同時，國家也長期受到北方匈奴的威脅。所以，他立志要削弱諸侯王的力量，實行中央集權，對付北方的匈奴。不過，他也沒有完全採用晁錯的建議。徹底廢除貨幣，或可削弱地方的勢力，但一旦徹底廢除貨幣，一來會令百業蕭條，影響民生，機會成本高昂，同時也會減少國家收入，最終會加重農民的負擔，必然要付出沉重的代價。《史記・平準書》（卷8，頁1420）：「至今上即位數歲，漢興七十餘年之間，國家無事，非遇水旱之災，民則人給家足，都鄙廩庾皆滿，而府庫餘貨財。京師之錢累巨萬，貫朽而不可校。太倉之粟陳陳相因，充溢露積於外，至腐敗不可食。……故人人自愛而重犯法，先行義而後絀恥辱焉。」

《鹽鐵論校注・禁耕第五》又云：

> 山海者，財用之寶路也。鐵器者，農夫之死士也。死士用，則仇讎滅，仇讎滅，則田野闢，田野闢而五穀熟。寶路開，則百姓贍而民用給，民用給則國富。國富而教之以禮，則行道有讓，而工商不相豫，人懷敦樸以相接，而莫相利。[20]

由此可見，漢武帝受惠於漢興七十年來的經濟增長，國庫的糧食充實得不夠儲存的空間，當然不會遵照他父親死前的命令，反而採用賈誼的主張，把貨幣主權收歸中央，又推行了鹽鐵專賣政策，並立法封鎖了文帝時已開放的山林池澤，下令民間不得在山林隨意開發。至

---

20 《鹽鐵論校注・禁耕第五》（北京市：中華書局，1992年7月），頁68。

此，正式放棄了文帝時代的放任政策，社會轉入由國家壟斷的貨幣時代。

《史記‧平準書》（卷8，頁1426）載：「從建元以來，用少，縣官往往即多銅山而鑄錢，民亦閒盜鑄錢，不可勝數。錢益多而輕，物益少而貴。」本文認為，由於官員對尋找銅礦的動機，遠少於商人或地方王國，加上失去競爭力的條件下，鑄造技術也難以有長足的進步，而官吏偷工減料以增加收入的成本，遠低於為國家開採更多銅礦，效益也更大，故對於增加供應的效率造成打擊。更重要的是，政府收回鑄幣權後，使私鑄盛行。此時的私鑄已屬非法活動，不似漢文帝時代的非國家化貨幣，有合理的產權安排，機會主義者考慮是單次博弈，在此制度安排下，私鑄銅錢的質量惡劣，造成市場交易混亂，衝擊貨幣制度。漢武帝此舉，終使原來因競爭而提升質素的銅錢不再輝煌，劣幣充斥市場，造成混亂。從江陵鳳凰山出土了一〇一枚銅錢，引證了上述推論。[21]加上，從其他出土銅錢來看，漢文帝時不論是私鑄或官鑄的銅錢，質量皆合乎四銖錢的法定標準，皆屬於良幣。陳彥良（2008）綜合貨幣的標準重量、平均實重、重量符合率、平均含銅率，得出放任鑄幣的四銖錢的綜合質量指數，竟然達到二〇五，而秦則為一〇〇，武帝為一八四，昭帝以後為一七四，可見放鑄時代

---

21 《廣州日報》2012年1月6日報導：「根據文字可知，此是專用於稱錢的天平，即自名『稱錢衡』，稱的錢「日四朱」，並且是法定的稱錢衡。同出的一枚砝碼重10.75克，約合十六銖，恰為法定四銖半兩錢的四倍，這正是用來稱四銖錢取其正倍數。這枚砝碼與稱錢衡及101枚半兩錢同放在一個竹筒內，據此可以確定，這101枚規整的半兩錢應當是文帝時期合格的法定四銖半兩錢。這樣我們就可以歸納一下法定四銖半兩錢的特徵：首先，鑄造規整，周邊整齊，有相當一部分有外郭。錢徑在2.3至2.4釐米左右，重2.5至2.8克左右。字體方正、清晰，筆劃纖細勻稱，已具備隸書的風格。從字體的結構看，半字的下平畫、兩字的上平畫與其他筆劃等齊；半字的兩點方折；兩字內兩人字上部豎筆較短，連山式普遍出現，有的則變成一平畫。這是四銖法錢的特徵。」

四銖錢的指數遠高於秦、西漢兩百年間其他所有貨幣，比之漢武帝時代國家的鑄錢指數高出二十至三十五，約百分之十，可見在國家回收鑄幣權的情況下，銅錢的質量不斷下降，同時亦一直在貶值。反而，放鑄時代的四銖錢，是較貼近法定標準的二‧六○四公克，貨真價實得多。[22]本文認為此正應驗了古典經濟學之父亞當史密（Adam Smith, 1723-1790）的分析，他指出世界各國的君主，都是貪婪不公的，他們都在欺騙百姓，把貨幣最初的真實分量，次第削減。[23]這是國家壟斷貨幣後，無法避免的結局。政府因政治需要而破壞了原來放任的貨幣制度，之後政府享受了壟斷貨幣（還有其他資源）的財政便利，利用減值來增加國家收入，這雖然有利於國家增加開支，但民眾手上的貨幣不斷貶值，打擊了社會對貨幣的觀感，對貨幣經濟制度造成了一定的打擊，貨幣的功用因此下降。

《史記‧貨殖列傳》（卷129，頁1435）說：

> 卜式相齊，而楊可告緡徧天下，中家以上大抵皆遇告。杜周治之，獄少反者。乃分遣御史廷尉正監分曹往，即治郡國緡錢，得民財物以億計，奴婢以千萬數，田大縣數百頃，小縣百餘頃，宅亦如之。於是商賈中家以上大率破，民偷甘食好衣，不事畜藏之產業，而縣官有鹽鐵緡錢之故，用益饒矣。

---

22 陳彥良：〈四銖錢制與西漢文帝的鑄幣改革：以出土錢幣實物實測資料為中心的考察〉，《清華學報》第37卷第2期（2007年12月），頁331；加藤繁據造幣局長第三十七報書的定量分析契合，當時的分析是文帝的四銖錢含銅量為95%，而且尚有少量的金、銀成分，而五銖錢只有90%，全無金、銀在其中。見加藤繁：《中國貨幣史研究》，東京：東洋文庫，1991年，頁192，不過，其根據日本明治時代《造幣局長第三十七報書》的定量分析，當時的分析是文帝的四銖錢含銅量為74.95%，而且尚有少量的金、銀成分，而五銖錢卻有81.90%，全無金、銀在其中，但陳彥良的參考基數比之為高，更為可靠。

23 Adam Smith. *The wealth of nations.* Oxford: Oxford University Press, 1976, p.43.

在漢武帝治下，長期實施打擊商人政策，假藉法律來沒收他們的
財產，使商業蕭條，貨幣制度混亂，經濟也奄奄一息。此時，貨幣經
濟退潮，再也沒有人提出反貨幣思想。[24]直到漢元帝（西元前75-前33
年）時期，經過長時間的休養生息，商業漸漸恢復過來，雖然遠遠比
不上文景盛世，後世史書也只是對這時代商人事跡，僅有聊聊數句的
記載，比起漢初動輒數百字的描述，實不可同日而語，但總比武帝
時，中產階層以上大多破產的環境為佳。由於利潤最高的鹽、鐵、山
林等行業（史書記載百分之八十以上的富豪皆是這些行業）已被收歸
國有[25]，加上進入長期貨幣貶值的時代，藏有貨幣，也意味其購買力
將持續下降，故促使已有一定的資本累積者，包括商人、官員，只能
轉移投資土地（或農業、畜牧業），造成了前所未有的土地兼併。[26]漢
代初年的土地兼併，多是由官員所為，最有名的要數開國功臣蕭何，
商人的比例究竟不多。此時，商人也大舉購買土地，成為地方的豪
強。由此可見，貨幣對於時人的功用，漸漸不如土地，一升一降，導
致反貨幣思想再一次回潮。

　　第三階段是漢成帝（西元前51-前7年）時，御史大夫（副相）貢
禹（西元前124-前44年），《漢書‧食貨志》（卷24，頁1176）云：

> 宣、元、成、哀、平五世，亡所變改。元帝時嘗罷鹽鐵官，三
> 年而復之。貢禹言：「鑄錢采銅，一歲十萬人不耕，民坐盜鑄
> 陷刑者多。富人臧錢滿室，猶無厭足。民心動搖，棄本逐末，
> 耕者不能半，姦邪不可禁，原起於錢。疾其末者絕其本，宜罷
> 采珠玉金銀鑄錢之官，毋復以為幣，除其販賣租銖之律，租稅

---

24 趙善軒：《司馬遷的經濟史與經濟思想》，頁19-24。

25 錢穆：《秦漢史》（北京市：生活‧讀書‧新知三聯書店，2004年），頁167。

26 許倬雲：《漢代農業》（桂林市：廣西師範大學出版社，2005年8月），頁33-54。

祿賜皆以布帛及穀，使百姓壹意農桑。」議者以為交易待錢，
布帛不可尺寸分裂。禹議亦寢。

貢禹不同於賈誼、晁錯，位高權重，有相當的影響力。他提出，
政府應馬上廢除金、玉、錢等流通貨幣，一切交易改以實物交換。西
漢中晚期的社會，已不像開國初年般興旺，尤其是武帝推行了統制經
濟以後，許多商品交換皆由政府管制，民間的商品交易量大減，商人
以至中產階級的數量也大不如前，官吏藉干預政策中飽私囊，如同鹽
鐵會議的文學所言：

「今釋其所有，責其所無。百姓賤賣貨物，以便上求。間者，
郡國或令民作布絮，吏恣留難，與之為市。吏之所入，非獨
齊、阿之縑，蜀、漢之布也，亦民間之所為耳。行姦賣平，農
民重苦，女工再稅，未見輸之均也。縣官猥發，闔門擅市，則
萬物并收。萬物并收，則物騰躍。騰躍，則商賈侔利。自市，
則吏容姦。豪吏富商積貨儲物以待其急，輕賈姦吏收賤以取
貴，未見準之平也。蓋古之均輸，所以齊勞逸而便貢輸，非以
為利而賈萬物也。」同章又曰：「文學對曰：竊聞治人之道，
防淫佚之原，廣道德之端，抑末利而開仁義，毋示以利，然後
教化可興，而風俗可移也。今郡國有鹽、鐵、酒榷，均輸，與
民爭利。散敦厚之樸，成貪鄙之化。是以百姓就本者寡，趨末
者眾。夫文繁則質衰，末盛則質虧。末修則民淫，本修則民
愨。民愨則財用足，民侈則飢寒生。願罷鹽、鐵、酒榷、均
輸，所以進本退末，廣利農業，便也。」[27]

---

27 《鹽鐵論校注・本議第一》，頁5。

　　一般人再不容易感受到貨幣社會的好處（財富增加、人口流動、改善生活），而此時富人的資金無處可投，故用大量的金錢購買田地，農民淪為佃農，飽受年年加租之苦，甚至賣身為奴婢，造成空前的財富不均。貢禹為首的反貨幣主義者，認為一切都是貨幣經濟的禍，索性提出了廢止貨幣的議案，可見他視貨幣為萬惡之源。他們不明白的是商業被壟斷的條件下，投資回報率低，而把貨幣投進土地買賣，並非貨幣本質上之弊，反而是抑商主義所產生的負面影響，此時貨幣的功用受到了極端的貧富懸殊與社會不公，下跌至歷史新低。

　　貢禹的反貨幣的主張，受到朝廷最高規格的重視，被提到朝廷上進行廷議，廷議就是一場諮詢大會，由主事官員公開討論，皇帝不表明立場，聽取大臣的意見。[28]貢禹的反對者，難得地觀察到貨幣的特性，並指出穀、帛不像銅錢般可以隨意分割，找換上頗有困難。如此，則會加重買賣雙方的交易費用，賣買之時，也受到重量的限制，因為實物必然要按重量或容量計算，攜帶不便，不利於遠程交易，故受到多數人的反對，最終也沒有成事。若使社會馬上回復到物物交易的自然經濟，商業必定會受到史無前例的打擊，造成災難性的結果。可是，不久之後，貢禹的建議卻為王莽（西元前45-西元23年）的新朝（西元8-23年）推行金錢、實物的貨幣雙軌制，留下了重要的理論基礎。

　　第四階段，此期不再偏限於思想的提出，而是把反貨幣思想首次實踐出來。

　　一直以來，王莽被批評為不顧實際的空想主義者。他把土地兼併視為萬惡之首，而要解決財富不均，就得增加市場的成本，使交易難以進行，令商人無利可圖，藉此解決貧富差異。他認為，如此，則可

28　參見廖伯源：〈秦漢朝廷之論議制度〉，收於《秦漢史論叢》（臺北市：五南圖書出版公司，2003年6月），頁200。

以使社會安定下來。他取代了漢朝的皇帝，建立只有十五年的短命王朝。在此時期，他把古代各種形色（包括實物、金屬）的交易媒介都恢復起來，完全無視了中國經過了一千多年才能把它們淘汰並最終演化銅錢的現實。結果如何？甫一開始，人民都在抵制它們，市場也拒不受用，王莽三申五令強迫人們使用，更奇招百出，一方面把使用舊時的五銖錢列為刑事行為，又把新錢定為通行關口的證件，凡是持有新錢的才可以通關，而藏舊錢者，則遭到拘禁。[29]

本文注意到王莽推行了多種貨幣，而它們都是官方法的貨幣，都有強制性的法定比價，那麼就會引致「劣幣驅逐良幣」（Bad money drives good money out of circulation）的現象[30]，一開始人們都不願把良好的貨幣拿出來交易，因為它有升值的功能，而實物貨幣不易保存，人們都盡快把手上的劣幣花光，但商人明知劣幣會持續貶值，故此他們會升高物價，最後造成惡性的物價上漲。使原來單一且不振的商業更加低迷。又因貨幣制度混亂，也令農民的作物無法賣出，最後造成民變。後來，王莽政府的威權不再，也無法執行命令，市場也重新使用舊時的五銖錢，良幣又佔了上風，形成了反格雷欣法則[31]，使王莽政府發行的劣幣被排擠出市場，制度如此翻來覆去，人民對貨幣的信心也每況愈下。簡言之，反貨幣思想一旦形成政策，在全國上下

29 趙靖：《中國經濟思想史》（二），頁740。

30 劣幣驅逐良幣，又名格雷欣法則，是四百年前，由英國學者提出的經濟學理論。傳說古時在金屬貨幣年代，市場上有兩種不同質素，但名義價值相同的貨幣同時流通，一般人見到質素較優的銅幣，印製精美，印在幣上的頭像完好無缺，人們一旦手持良幣，覺得奇貨可居，有收藏價值，便把良幣好好保管，漸漸市場上不易見到良幣流通，而質素較差的劣幣，反成了廣泛使用的交易媒介，最後把良幣驅逐出市場。經濟學家麥克勞德（MacLeod）在《政治經濟學基礎》一書中，把這種「劣幣驅逐良幣」的現象歸納為貨幣定律。

31 若法律強制要求兩種（良幣、劣幣）法償價值完全相等，並強迫債權人要接受含量或重量不足的貨幣，付款者當然毫不猶豫地付出劣幣。

造成了災難。「於是農商失業，食貨俱廢，民人至涕泣於市道。及坐賣買田宅奴婢，鑄錢，自諸侯卿大夫至於庶民，抵罪者不可勝數。」《漢書・食貨志》（卷90，頁4112）王莽極端的反貨幣政策，不但不能保護農業，更使農商失業，增加了農民賣出作物的交易費用，生產力亦自然下降，最後食貨俱廢，民眾受貨幣政策混亂之害，對貨幣的觀感再度下降，使到貨幣的功用更是大不如前。

　　到了東漢王朝建立，社會普遍未有感受到貨幣經濟的好處。相反，他們的生活經驗卻令他們對貨幣制度更加厭惡，在時人的心目中，貨幣帶來的都是不良的影響。故此，東漢建立後良久，民間交易乃以西漢的古錢作為通貨，再加上布、帛、金、粟並用[32]，以作補充，值得慶幸的是，西漢前期留下為數不少且重量合理的銅錢，足夠作有限度的交易。直至漢光武帝建武十六年（西元40年），經大臣力排眾議，說服了原覺得發行銅錢為可有可無的皇帝，重新鑄造五銖錢。[33]不過，隨著人口由東漢建政時的二千萬人增長至最高時期的六千餘萬[34]，銅材的供應跟不上需求。從考古的資料可見，自五銖錢發行以來，政府一直把錢幣減重，不斷脫離其法定的名義價值，即是名義重量不變，但實際重量不斷減少。（見下表）

32　西嶋定生：《晉書食貨志譯注》，頁217。

33　宋敘五：〈讀全師《中古自然經濟》敬作補充〉，載於《邦計貨殖——中國經濟的結構與變遷：全漢昇先生百歲誕辰紀念文集》，頁45；徐承泰：〈建武十六年前東漢貨幣鑄造考〉，《華夏考古》2000年第1期，頁70-71。

34　西漢最高時期為六千萬，後來因戰亂減至東漢初年的三千萬，再恢復到東漢中晚期的六千多萬，見葛劍雄：《中國人口發展史》（福州市：福建人民出版社，1991年6月），頁124。

漢代五銖重量報告

時代	重量（名義重量：應為3.255公克）
西漢武帝	3.5 克
西漢中晚期	3.5 克
東漢前中期	3.0 克
東漢晚期桓靈二帝	2.4 克

洛陽區考古發掘隊：《洛陽燒溝漢墓》（北京市：科學出版社，1959年，頁216-221）。陳彥良（2009）綜合了大量的考古報告，結果類同。

　　久而久之，形成長期的信用下降，市場視新鑄的銅錢為劣幣，舊錢反而是良幣，除了王莽的新朝外，漢代對於新舊錢，不存在強利性的法定比價，即使在王莽政權將近滅亡之時，政府為應付高昂的監察費用（monitoring cost），使得舊錢也成了主要的交易工具，在競爭下，良幣一直佔有極大的優勢。良幣與劣幣的競爭，一直籠罩著漢王朝的社會經濟。不但如此，東漢以來，以及往後的政權，鮮有鑄造新錢，所鑄者也是減重的劣幣，故此，厚古錢而薄今錢，是中古時期的常態。如此混亂的貨幣利度，使得人們對貨幣的觀感以至其功用，也因而進一步轉差。

　　第五階段，是東漢晚期的張林（生卒不詳）與劉陶（生卒不詳）兩位官員。《晉書·食貨志》：「及章帝時，穀帛價貴，縣官經用不足，朝廷憂之。尚書張林言：今非但穀貴也，百物皆貴，此錢賤故爾。宜令天下悉以布帛為租，市買皆用之，封錢勿出，如此則錢少物賤矣。又，鹽者食之急也，縣官可自賣鹽，武帝時施行之，名曰均輸。」從上所見，漢章帝時，面對自然災害導致穀價上漲的困局，尚書張林卻指出物價上升是因錢賤之故。[35]他認為貨幣貶值是元兇，而

---

35 《晉書·食貨志》卷16（臺北市：鼎文書局，1980年），頁793。

解決的辦法是封錢，就是停止鑄錢，放棄金屬貨幣制度，改以布、帛為實物貨幣的物物交易制度。[36]他的建議，實屬因噎廢食。但此建議竟然獲得章帝的採納，可見在他們君臣二人眼中，貨幣的功用比不上布、帛之類的實物，這可視為自然經濟時代的重要標誌，也是一直以來政府對貨幣制度的破壞，令金屬貨幣的功用下降，不如實物交易，這也是造成反貨幣思想抬頭的原因。《後漢書・朱樂何列傳》云：

> 於是詔諸尚書通議。暉奏據林言不可施行，事遂寢。後陳事者復重述林前議，以為於國誠便，帝然之，有詔施行。暉復獨奏曰：「王制，天子不言有無，諸侯不言多少，祿食之家不與百姓爭利。今均輸之法與賈販無異，鹽利歸官，則下人窮怨，布帛為租，則吏多姦盜，誠非明主所當宜行。」帝卒以林等言為然，得暉重議，因發怒，切責諸尚書。暉等皆自繫獄。三日，詔敕出之。曰：「國家樂聞駁議，黃髮無愆，詔書過耳，何故自繫？」暉因稱病篤，不肯復署議。

漢章帝素有明君之稱，與其前任明帝，有明章之治之美譽，當然此評論是建基於農本思想的觀念之上。從經濟史的角度，萬一真的封錢不用，不但嚴重打擊商業，還會增加農民賣出作物的費用，嚴重破壞價格機制，銅錢的價值可從重量、含銅量來衡量，無端改為布、帛作通貨，市場必須要很長一段時間，才能減低信息費用，始能訂立有效的價格制度。在此之前，市場必然大亂。幸而有大臣亟力陳情，加上難以落實，終於不了了之。[37]

張林之後，又有劉陶。東漢晚期，桓帝（西元132-168年）時，

---

36 張家驤：《中國貨幣思想史》上（武漢市：湖北人民出版社，2001年10月），頁130。
37 《後漢書・朱樂何列傳》卷43（臺北市：鼎文書局），頁1460。

有大臣上奏，指物價上升是銅錢減重而引起貶值造成的，並提出增加通貨，發行大錢（面值高於名義價值）來挽救。劉陶馬上反駁，認為即使有良好的貨幣，對於物價上漲，也無補於事（「雖方尺之，何能有救」），並非黑即白地指出物價高漲，是因官吏腐敗，地方豪強的壓迫所致，而不是貨幣問題。《後漢書・杜欒劉李劉謝列傳》（卷57，頁1847）載：

> 時有上書言人以貨輕錢薄，故致貧困，宜改鑄大錢……陶上議曰：……臣伏讀鑄錢之詔，平輕重之議，訪覃幽微，不遺窮賤，是以蓲食之人，謬延逮及。蓋以為當今之憂，不在於貨，在乎民饑。夫生養之道，先食後（民）（貨）。……所急朝夕之餐，所患靡盬之事，豈謂錢貨之厚薄，銖兩之輕重哉？就使當今沙礫化為南金，瓦石變為和玉，使百姓渴無所飲，飢無所食，雖皇羲之純德，唐虞之文明，猶不能以保蕭牆之內也。蓋民可百年無貨，不可一朝有飢，故食為至急也。議者不達農殖之本，多言鑄冶之便，或欲因緣行詐，以賈國利。國利將盡，取者爭競，造鑄之端於是乎生。蓋萬人鑄之，一人奪之，猶不能給；況今一人鑄之，則萬人奪之乎？……雖方尺之錢，何能有救！其危猶舉函牛之鼎，絓纖枯之末，詩人所以眷然顧之，潸焉出涕者也。

劉陶更認為，即使沒有貨幣，對社會也沒有任何影響，關鍵在於糧食充足即可。其思維反映他是典型的農本主義者，認為百姓自給自足即可，既有豐富的農業，就用不著商業的發展，漠視商品交換是改善人類生活的關聯。邏輯上，也是答非所問。荒謬的是，他主張政府應放寬禁止磨蝕銅錢的禁令。銅，除了充當貨幣外，尚有其他用途，

不少人偷偷磨蝕銅屑，再混水摸魚地使用減重的銅錢；或以銅屑來私鑄，此舉無疑令銅錢持續減值。[38]劉陶的建議，其實是對磨蝕的行為坐視不理。更不幸的是，劉陶的建議為漢桓帝所接納。此後，不論是政府，或是民間，都無所不用其極地把貨幣減值，而市場也惡化到一發不可收拾的地步，最終爆發了大規模的民變。

由是觀之，漢末的君臣，不斷把貨幣矮化、妖魔化，更肆意破壞貨幣制度，並要將之廢除。他們的主張，是受到西漢中期以來，政府收回鑄幣權後，貨幣失去市場競爭力而劣質化影響的結果，人們根據生活經驗，難以感受到貨幣的好處，而只看到它的壞處。貨幣的功用下跌至新低點，人們便以為以自然經濟取而化之，即可解決問題。反貨幣思想漸由西漢時代的末流，成為東漢後期的主流。

再稍晚，即在漢代最後的階段，烽煙四起，天下大亂，以殘暴而聞名的軍閥董卓（西元134-192年）入主京都後，竟然拆掉有三百多年歷史的文物，並以此來鑄造銅錢。在他心目中，鑄銅鑄的功用，遠遠大於保留自秦始皇留下的金人和皇宮內器物。[39]「董卓壞五銖錢，更鑄小錢。」《後漢書・孝獻帝本紀》（卷9，頁370）；「悉椎破銅人、鐘虡，及壞五銖錢。更鑄為小錢，大五分，無文章，肉好無輪郭，不磨鑢。于是貨輕而物貴，穀一斛至數十萬。自是後錢貨不行。」作為機會主義者，董卓所發行的，並非法定的五銖錢，而是小錢[40]，即是錢的重量，比起法定的五銖錢大大縮減，但其名義價值仍然相同，更一反中國幣貨的傳統（與西方在貨幣上印製頭像有別），錢上沒有刻上任何的文字，形制粗劣，含銅量嚴重不足，此造成貨幣嚴重貶值，對本已奄奄一息的貨幣制度，予以致命一擊，令社會對貨

---

38 陳彥良：〈東漢長期通貨膨脹——兼論「中古自然經濟」的形成〉，頁26。

39 西嶋定生：《晉書食貨志譯注》，頁61。

40 《三國志・魏書》卷6（臺北市：鼎文書局，1980年），頁177。

幣的功用需求再度下降。後來，漢末軍閥劉備（西元161-223年）在今天的四川地區，發行了大錢，強制百姓以物資與政府交換實質價值低於名義價值的銅錢，以應付軍費，實與搶掠百姓無異。[41]除強制沒收物資以外，因新錢的重量減少，就可用原來的重量，發行更多的貨幣，並借此支付政府開支，還有可能使貨幣流通增加，而提升潛在稅收（bracket creep）。史書記載，當劉備推行了新貨幣政策後，數月之內使倉庫充實。[42]不久之後，孫氏在江東建立吳國，也效法了這個舉措，屢次發行大錢。[43]所謂大錢，原理為小錢的相反，銅錢的實際重量沒有減值，而是把名義價值增加，但本質上二者並無分別，同樣是欺騙人民的手段。另一方面，曹操（西元155-220年）以漢臣之名義，收拾董卓鑄小錢的殘局，於建安十三年（西元208年）一度恢復五銖錢，但流通面不廣，時間也很短，而且邊陲地區仍以實物交換為主。日本學者西嶋定生考證，五銖錢於黃初三年（西元221年）廢止。[44]及後，曹操之子，魏文帝曹丕（西元187-226年）在恢復貨幣後不久，又下令廢五銖錢。[45]總而言之，經歷了漢末、三國時代對社會經濟的踐踏，貨幣制度飽受衝擊，自此，穀、帛等實物排擠了金屬貨幣，長時間成為主要的交易媒介。

---

41 貨幣主義大師費里曼德（Milton Friedman, 1912-2006）的分析：「自遠古以來，當權者都試圖用增加貨幣數量的辦法作為進行戰爭所需資源的手段，或是作為建立不朽功績或達到其他目的的手段。」費里曼德：《貨幣的禍害》（北京市：商務印書館，2006年7月），頁201-203。

42 「零陵先賢傳曰：軍用不足，備甚憂之。巴曰：『易耳，但當鑄直百錢，平諸物賈，令吏為官市。』備從之，數月之間，府庫充實。」（《三國志‧蜀書》卷9，頁981。）

43 「孫權嘉禾五年，鑄大錢一當五百。赤烏元年，又鑄當千錢。」（《晉書‧食貨志》卷26，頁795。）

44 西嶋定生：《晉書食貨志譯注》（東京：東洋文庫，2007年），頁234。

45 另一說為黃初二年三月魏文帝恢復五銖錢，同年十月廢止；又參見吉田虎雄：《中國貨幣史綱》（北京市：中華書局，1934年），頁17。

此後，政權信用已經破產，在許多人心目中，貨幣的功用已比不上實物，自然經濟在社會佔了絕對的優勢。

三　貨幣主義者的反擊

隨著政府對貨幣制度的破壞，反貨幣思想也愈演愈烈。但同時，也有貨幣主義者提出有力的反駁。先是漢宣帝（西元前91-前48年）的鹽鐵會議上，民間的知識分子大力批評政府壟斷貨幣發行，並指出漢文帝時代，貨幣非國家化的種種好處，他們也主張鹽、鐵、錢的放任主義，建議取消專賣，恢復民可鑄錢的政策，在會議上與官方的代表針鋒相對，掌管財政最高官員桑弘羊，從國家安全的角度將之否定，更認為這會威脅中央的權威，並指出干預主義才能保障政府的收入，應付龐大的政府開支。[46]這兩大學說，干預主義一直佔據上風，直到帝國晚期，即十九世紀的前期，社會又進行一次大辯論，面對白銀因為鴉片貿易而大量外流，造成銀貴錢賤，放任主義又再一次回潮，與干預主義爭論不休，其援引的理據，多是汲取漢代的經驗。換句話說，漢代政治經濟學說的遺產，影響到二千年後的中國歷史。

當反貨幣主義者張林提出封錢（停止鑄錢）改用穀、帛的建議時，大臣朱暉馬上有異議，由於章帝為增加收入，已採用張林之建議，恢復了鹽鐵專賣政策，這打擊了商人的生存空間。[47]《後漢書・朱樂何列傳》（卷43，頁1460）載：「（朱）暉復獨奏曰：『王制，天子不言有無，諸侯不言多少，祿食之家不與百姓爭利。今均輸之法與賈販無異，鹽利歸官，則下人窮怨，布帛為租，則吏多姦盜，誠非明主所當宜行。』」及後，朱暉指出官吏不應該與民爭利，而專賣制度，均輸

---

46 趙善軒：《鹽鐵論》導讀（香港：香港中華書局，2014年1月）。
47 吉田虎雄：《兩漢租稅の研究》（東京：株式會社出版，1966年），頁131。

之法也是與民間競爭，變相製造貧窮，而以實物作為納稅單位，更會容易作假，使官吏易於尋租（Rent-seeking）。又，實物不同於金屬貨幣，因其量多而價少，也難於計算，使不法者有機可乘，不利於民生國計。從朱暉之言，可見放任主義者，並未因干預主義盛行而退場，他的建議其實是要恢復漢文帝的不干預政策。[48]然而，漢章帝對此無動於衷，更打算執行封錢令，但朱暉以死陳情，政令才得以暫緩。《宋書·孔琳之孫道存》載：

> （桓）玄時議欲廢錢用穀、帛，（孔）琳之議曰：洪範八政，以貨次食，豈不以交易之所資，為用之至要者乎。故聖王制無用之貨，以通有用之財，既無毀敗之費，又省難運之苦，此錢所以嗣功龜貝，歷代不廢者也。穀七三二帛為寶，本充衣食，今分以為貨，則致損甚多，又勞煩於商販之手，耗棄於割截之用，此之為弊，著於自曩。故鍾繇曰：「巧偽之人，競濕穀以要利，制薄絹以充資。」魏世制以嚴刑，弗能禁也。是以司馬芝以為「用錢非徒豐國，亦所以省刑」。今既用而廢之，則百姓頓亡其利，是有錢無糧之人，皆坐而饑困，此斷之之弊也。魏明帝時，錢廢穀用四十年矣，以不便於人，乃舉朝大議，精才達政之士，莫不以為宜復用錢。彼尚舍穀、帛而用錢，足以明穀、帛之弊著於已試也。[49]

漢末之後，進入了魏、蜀、吳三國鼎立時代。先是荀悅提出了恢

---

48 高敏：〈論文帝〉收於《秦漢魏晉南北朝史考論》（北京市：社會科學出版社，2004年），頁6。

49 （南朝）沈約（西元441-513年）：《宋書·孔琳之孫道存》（臺北市：鼎文書局，1980年）卷56，頁1560。

復五銖錢的建議，曹操一度恢復貨幣發行，但不能維持。魏明帝（西元206-239年）時，中國的北部貨幣混亂已有四十年，魏文帝廢除五銖錢亦有六年。太和元年（西元227年），大臣司馬芝指出用穀、帛為貨幣，比之銅錢更易弄虛作假，當時實物貨幣流通，不法之徒灌水以增加重量（或容量）[50]，使市場更為混亂，導致刑法系統的交易費用大增。不然，就要對違法行為視而不見，但又會破壞政府的威權，削弱施政能力，故他建議恢復行使五銖錢。值得注意，他並非倡議鑄新錢，而是行錢，由是推之，魏文帝時是禁絕五銖錢流通。鑄造新錢，一可增加國家收入，二可減省刑法的壓力，一舉兩得。之後的南北朝，朝廷一直圍繞著以穀、帛代錢，抑或復興五銖錢而喋喋不休，直到五百多年後的唐代，穀、帛仍是法定的貨幣，其路徑便是來自於漢代的反貨幣思潮。

四　結論

本文認為，政府的肆意破壞、經濟思想倒退兩大因素，是驅使在中古時期的前夕，貨幣經濟衰落，自然經濟冒起的主要原因，也導致到貨幣的功用大大下降，而貨幣思想的倒退，當然是與生活經驗息息相關，二者互為因果，造成了如斯格局。

一些學者不明所以，將物價上漲等同於通貨膨脹。[51]從本文可知，自東漢晚期以來，貨幣數量與流通量大大減少，物價上漲不是因為貨幣增加，而是貨幣制度混亂，使交易費用上升之故，當然還涉及到天災、戰亂導致的有效需求下降，更重要的是當時的貨幣一直減重

50　西嶋定生：《晉書食貨志譯注》，頁251。

51　胡寄窗：《中國經濟思想史》（中）（上海市：上海財經大學出版社，1998年），頁192。

（等同貶值），劣幣充斥下，而引發的物價上漲，而非一般意義下，因貨幣量增加的通貨膨脹。[52]根據本文分析，自東漢晚期以來，發生了長期的通貨緊縮，雖然有些記載中可見，從實物對銅錢的比價中看不到跌勢，反而有升勢，只是因為除了金屬貨幣，當時流行以實物貨幣交易之故。貨幣最大的用處，是用以減低交易費用，偏偏漢末三國時期的貨幣量持續下跌[53]，造成交易困難，而通縮增加了市場的交易費用，漸漸商人與商業活動減少，消費也日趨減少，人們唯有轉入自給自足的生活模式，中古自然經濟也就在此軌道下鞏固下去。

　　本文最大的貢獻是以功用理論修正了全漢昇對於中古自然經濟成因的觀點，本文認為全氏把鑄造銅像視為使到鑄造貨幣的銅材不足之說，也即是過去學者多認為導致中古自然經濟的原因，必須要作出全面的修正。我們考察了兩漢貨幣思想史的發展，得知西漢初年的賈誼提出了干預主義的貨幣主張，而稍後的晁錯更提出反貨幣思想，但受惠於放任貨幣政策激勵了鑄造商的投入，貨幣的質量與數量因而大幅增加，使到西漢從戰後亂局走進了貨幣經濟社會，故此賈誼、晁錯的學說沒有在漢文帝時代受到重視。然而，景帝時卻因為放任貨幣政策而令到地方勢力興起，中央受到地方的軍事威脅，在皇帝的眼裡，政治的穩定比起經濟繁榮為之重要，景帝及武帝不斷收回貨幣的權力，干預主義逐漸取代放任主義成為了兩漢的路徑。

　　同時，本文觀察到漢武帝壟斷了貨幣權以後，銅錢的質量不斷下

---

52 張五常認為，在有優、劣兩種貨幣的制度下，買物者當然是要用劣貨幣，但至於賣物者肯不肯收劣貨幣，葛氏是沒有考慮到的。當然，賣家是要爭取優貨幣的，但若買家不肯付，怎麼辦？一個解決的辦法，就是同樣的貨品分開以優、劣二幣定出不同的價格，達到了市場的平衡點，那麼買賣雙方對任何一種貨幣都沒有異議。見氏著：《葛氏定律與價格分歧——評一國二幣》，收於《中國的前途》（香港：花千樹出版社，2000年3月再版）。

53 西嶋定生：《晉書食貨志譯注》，頁238。

降的事實，加上發行量不足以應付需求的增長，更重要的是政府享受
到壟斷式的干預主義有利於增加收入，以應付財政開支，此引證了亞
當史密、費里曼德等人的理論，就是視貨幣貶值以作為達到政治目的
的本質，在在此前提下，民眾手持貨幣的價值也不變下降，久而久
之，影響了社會對貨幣經濟的印象，貨幣的功用再度下降。藉此前
提，可合理地解釋西漢晚年以來的反貨幣思潮興起的原因，當王莽強
行恢復實物交易的法定地位，貨幣經濟受到空前的打擊。

　　本文指出，東漢建立後實物與金屬貨幣同時成為政府的支付手
段，以及民眾的交易媒介，此時進入了自然經濟與貨幣經濟雙軌並行
的時代，金屬貨幣相當大部分的功能被實物取代了。隨著政治秩序的
恢復，貨幣經濟與商品交易也一度復興，但東漢莊園經濟也同時興
起，形成了較為內向的經濟模式，此與西漢初年貨幣經濟發達的盛況
已不可同日而語。經歷了長時間的打擊，在許多東漢士民的心目中，
金屬貨幣已變得可有可無，不及更有使用價值的實物貨幣，銅錢的功
用愈來愈不受重視，廢除金屬貨幣的聲音，在東漢朝廷上揮之不去，
直至覆滅前軍閥董卓的亂政，重創了原來已經奄奄一息的貨幣經濟制
度。雖然貨幣主義者並未有完全放棄，金屬貨幣也不曾徹底消失於歷
史舞臺，但自然經濟在中古時代佔據了上風，主導了三國以後的歷史
發展。

　　漢末三國以降，佛教興起，全漢昇認為鑄造佛像令到銅材緊缺是
導致自然經濟化的原因，本文對此作出修正，銅材用於鑄造佛像而非
貨幣的真正原因是經歷了長期干預與壟斷的貨幣政策，以及軍閥粗暴
的掠奪，社會對貨幣的觀感下跌至谷底，貨幣不如宗教在亂世安慰人
心的實用，民眾對貨幣的功用不如佛像。總而言之，本文利用功用說
補充了全漢昇先生於七十多年前，指漢末以來人們大規模地鑄佛像，
而影響貨幣供給之說。事實上，由於佛教盛行，信眾日多，意識形態

改變的情況下，他們對佛像的需求大幅上升。同時，貨幣制度混亂與反貨幣思想的興起，也左右了人們對貨幣的信心，此消彼長，貨幣的功用便不如佛像，與其說是受到佛教的影響，不如說是貨幣被自然經濟排擠到邊陲位置。此情況要到唐代中葉始能擺脫中古性，實不能忽視漢代政治經濟種下的後果，使到中國經濟在中古時代走上了內向的道路。

The defeat of Monetary economy in the Han and Three Kingdoms period

Abstract

The Han Dynasty saw two completely different economic institutions in play which left a legacy for the subsequent empires that lined up over the next 2,000 years. Respectively, these two institutions were the monetary economic institution, which dominated the first phase of the Western Han Dynasty (BC 202-AD 9), and the natural economic institution that sprouted in the late Eastern Han Dynasty (AD 24-220). The monetary economic institution was synonymous for the entire Han Dynasty with the modern laissez-faire economic system, whereas the natural economic institution was closely akin to economic interventionism. The interventionism as practiced in the Han Dynasty was unique in that it was not meant to stimulate the economy, as practiced in the modern time by many states, but was an endeavor to deal a heavy blow to commerce with an aim for the state to monopolize profits of most, if not all, sorts. It was believed that such endeavor could ultimately knock the society rigidly into an agricultural shape. The monetary economic institution as practiced in early Han was a direct descendent of the once flourishing commercialized economy prevalent in the periods of the Spring and Autumn and Warring States (770-221 BC) in which the use of currency was already the default means of expenses, income and saving. Whereas the natural economic institution was a system of barter. Self-sustaining as it was, it managed to suppress the demand for commodities. Ever since the mid-Eastern Han, the State went so far as to stop the issuing of any currency and resorted to the barter system as default for wages, tax paying and awards. From then on, the natural economic institution had played the predominant role until the mid-Tang Dynasty. Briefly put, though the monetary economic institution in early Western-Han Dynasty was a huge success, it nonetheless was discontinued to give way to interventionism which constituted a trail of path dependence for a very long time.

Keywords: Monetary economy, Natural economy, Utility, Chuan Han-sheng, Coase theorem

This paper attempts to argue that it was the combinatory effects of the state-willed devastation and the fall back of economic thoughts that account for the decline of the monetary economic institution and the subsequent rise of the natural economy. This paper also believes that the fall back of economic thoughts was intimately tied to the then daily life experience.

參考資料

一　傳統文獻

（漢）司馬遷（撰）　《史記》　臺北市：鼎文書局　1981年

（漢）班　固（撰）　《漢書》　臺北市：鼎文書局　1979年

（漢）桓　寬（撰）　《鹽鐵論校注》　王利器（校注）　北京市：
　　中華書局　1992年

（晉）陳　壽（撰）　《三國志》　臺北市：鼎文書局　1980年

（南朝）范　曄（撰）　《後漢書》　臺北市：鼎文書局　1979年

（南朝）沈　約《宋書》　臺北市：鼎文書局　1980年

（唐）房玄齡（撰）　《晉書》　臺北市：鼎文書局　1980年

（清）賀長齡等（輯）　《皇朝經世文編》　中研院漢籍電子文獻

二　近人著作

朱紅林　《張家山漢簡二年律令集釋》　北京市：社會科學文獻出版
　　社　2005年10月

宋　杰　《中國貨幣發展史》　北京市：首都大學出版社　1999年

宋敘五　《西漢的商人與商業》　香港：新亞研究所　2010年10月
　　　　《西漢貨幣史》　香港：香港中文大學出版社　2002年9月

胡寄窗　《中國經濟思想史》　上海市：上海財經大學出版社　1998
　　年

彭威信　《中國貨幣史》　上海市：上海人民出版社　1998年

馬持盈　《中國經濟史》　臺北市：臺灣商務印書館　1990年

陳　直　《漢書新證》　天津市：天津人民出版社　1959年

陳仲安、王素著　《漢唐職官制度研究》　北京市：中華書局　1993
　　　年9月

張五常　《經濟解釋》　香港：花千樹出版社　2002年7月
　　　《中國的前途》　香港：花千樹出版社　2002年3月

莊小霞　〈走馬樓吳簡所見「奉鮭錢」試解——兼論走馬樓吳簡所反
　　　映的孫吳官俸制度〉，《簡帛研究二○○八》　桂林市：廣西
　　　師範大學出版社　2010年9月　頁268-273

梁庚堯　〈歷史未停滯：從中國社會史分期論爭看全漢昇的唐宋經濟
　　　史研究〉，《臺大歷史學報》第35期（2005年6月）　頁1-53

許倬雲　《漢代農業》　桂林市：廣西師範大學出版社　2005年8月

劉翠溶　《漢代的商人地位》　臺灣大學學士學位論文　1963年

黃惠賢、陳鋒　《中國俸祿制度史》　武漢市：武漢大學出版社
　　　1996年

趙　靖　《中國經濟思想通史》　北京市：北京大學出版社　1991年

趙善軒　《司馬遷的經濟史與經濟思想》　臺北市：萬卷樓圖書公司
　　　2017年1月

葛劍雄　《中國人口發展史》　福州市：福建人民出版社　1991年6月

鄒紀萬　《兩漢土地問題研究》　臺北市：臺灣大學出版中心　1981
　　　年6月

錢　穆　《國史大綱》　香港：香港商務印書館　1996年6月

錢公博　《中國經濟發展史》　臺北市：文景出版社　1976年

譚文熙　《中國物價史》　武漢市：湖北人民出版社　1999年

全漢昇　1941年　〈中古自然經濟〉，見中央研究院歷史語言研究所
　　　編《歷史語言研究所集刊》第十本　收於《中國經濟史研
　　　究》　臺北市：稻香出版社　1991年　頁73

宋敘五　〈從司馬遷到班固：論中國經濟思想的轉折〉　宣讀於中國

經濟思想史學會第十屆年會，2002年10月於西財經大學
2002年

徐承泰　　〈建武十六年前東漢貨幣鑄造考〉　《華夏考古》2000年第
1期（2000年）　頁70-71

莊小霞　　〈走馬樓吳簡所見「奉鮭錢」試解──兼論走馬樓吳簡所反
映的孫吳官俸制度〉見《簡帛研究二〇〇八》　桂林市：廣
西師範大學出版社　2010年9月　頁268-273

陳彥良　　2008年　〈江陵鳳凰山稱錢衡與格雷欣法則：論何以漢文帝
放任私人鑄幣竟能成功〉，《人文及社會科學集刊》第20卷第
2期（2008年6月）　頁205-241

　　　　　2008年　〈四銖錢制與西漢文帝的鑄幣改革：以出土錢幣實
物實測資料為中心的考察〉，《清華學報》第37卷第2期
（2007年12月）　頁321-360

　　　　　2011年　〈東漢長期通貨膨脹──兼論「中古自然經濟」的
形成〉，《清華學報》第41卷第4期（2011年12月）　頁669-
714

三　外文著作

中国史研究会編　《中国専制国家と社会統合》　京都：文理閣
1990年

山田勝芳　《秦漢財政収入の研究》　東京：汲古書院　1993年

加藤繁　《中國經濟史概說》　臺北市：華世出版社　1978年
　　　　《中国貨幣史研究》　東京：東洋文庫　1991年

佐原康夫　〈漢代貨幣史再考〉，収入《殷周秦漢時代史の基本問
題》　東京：汲古書院　2001年

西嶋定生　《晉書食貨志譯注》　東京：東洋文庫　2007年

Adam Smith　1976　*The wealth of nations.* Oxford :Oxford University Press.

F.A. Hayek　1990　*Denationalizationof money: the argument refined.* London:The institute of economic affair.

Lin, Man-houng　2006　*China Upside Down: Currency, Society, and Ideologies, 1808-1856.*　M.A Cambridge: Harvard University Press.

澳門四百年來（1553-1999）
的經濟階段

鄭潤培

澳門大學教育學院

一　經濟繁榮的白銀貿易

　　「澳門」之名在明代已出現，當時還稱為蠔鏡澳、濠鏡澳、香山澳。明代嘉靖三十二年（1553）葡人入居澳門之前，原屬香山縣的一條小漁村，居民不多。[1]由於澳門地理位置優越，位於中國東南部沿海地區，接近中國大城市廣州，加上澳門能為北上的貿易船作為中途站，佔有了優良的航行地理位置，而且澳門水域風平浪靜，為中國對外貿易的提供有利條件，所以葡人東來，便以該地作為貿易基地。[2]自葡萄牙人佔領後，澳門逐漸成為中國對外通商的口岸，也是西方各國在東方進行貿易的中轉港口。自明朝中葉起，對外貿易開發迅速發展，其中以一五五七至一六四一年為澳門對外貿易的全盛時期。[3]

　　縱觀澳門歷史，從澳門開埠到十八世紀二〇年代，在澳門經濟中

1　葡人入居澳門的年份，有1553年及1557年兩種說法，澳門史學者戴裔煊認為兩種說法都沒錯，只是著眼在建居及入住的分別。見戴裔煊《明史・佛郎機傳箋正》（北京市：中國社會科學出版，1984年），頁69。

2　王寅城、魏秀堂合著：《澳門風物》（珠海市：珠海出版社，1998年4月），頁237。

3　《澳門史略》（香港：中流出版社，1988年），頁77。

佔主導地位的,主要是具有一定壟斷性的轉口貿易,澳門實際上也處
於一種特殊轉口港地位。這種特定形式的轉口貿易一直是澳門最基
本、最重要的經濟活動形式。澳門經濟的興旺、凋落,也完全以這種
轉口貿易的盛衰為轉移。明代澳門的這種轉口貿易,以澳門在中國對
外貿易中特殊地位以及葡萄牙擁有的海上霸權為條件,使澳門基本壟
斷了中國——印度果阿——葡萄牙里斯本、中國——日本長崎、中
國——菲律賓馬尼拉——墨西哥——秘魯這三條航線中國一方的轉口
貿易,成為遠東最重要的國際貿易港口。

第一條航線自澳門經印度果阿到葡萄牙里斯本,全長一一八九〇
海里。從澳門出發之商船載生絲、絲織品、黃銅、陶瓷製品等到果
阿,賣掉一部分貨物後,裝上印度的胡椒、象牙、蘇木等商品,駛往
里斯本。回程時,把玻璃製品、毛織品、白銀等商品運回果阿。最
後,商船帶回大量白銀返抵澳門。這航線主要是生絲與白銀的貿易。
自一五八〇年至一六三六年的五十餘年,葡萄牙商人獲取的利潤率為
百分之一五〇。[4]

第二條航線是由澳門到日本長崎。商船將中國的生絲、黃金、麝
香、茯苓等貨物換取日本出產的白銀。葡人獲利平均高達百分之百。[5]

第三條航線是從澳門到菲律賓的馬尼拉,再到墨西哥。從澳門運
往菲律賓的商品以生絲和絲織品為主,還有棉花、糖、銅、瓷器等,
主要是換回由墨西哥運往馬尼拉的白銀。

在巨大轉口貿易利益的帶動下,澳門整體經濟也處於高度繁榮之
中。從一五七三年至一六四四年的七十二年間,開展國際貿易而流入

---

4 鄧開頌、謝后和:《澳門歷史與社會發展》(珠海市:珠海出版社,1999年10月),
頁45。

5 鄧開頌、謝后和:《澳門歷史與社會發展》(珠海市:珠海出版社,1999年10月),
頁46。

澳門的白銀總數超過一億元。大量白銀流入中國內陸，成為民間流行
的支付手段。[6]到明末清初，隨着荷蘭的興起，葡萄牙海上霸權的喪
失，明末清初時期的中國政治動亂以及清初的遷海禁海，澳門失去了
原有的優越條件，曾經擁有的貿易航線逐步易手。由於轉口貿易的式
微，整體經濟也趨於衰落。但在一段時間內，以轉口貿易為帶頭行業
的格局未變。到一七一八年清廷獨許葡人從事南洋貿易，澳門又獲得
了一定的特權條件，壟斷了中國與南洋之間的轉口貿易。整體經濟也
一度恢復了短暫的繁榮。到一七二三年，清廷調整政策，重新允許中
國商民對南洋的貿易，再加隨後的四口通商，澳門原來享有的特殊優
惠條件已喪失殆盡，以轉口貿易為帶頭行業的整體經濟也陷入貧困的
境地之中。[7]

　　澳門貿易衰落的原因，可歸納為下列幾項。一是行政腐敗與內部
不和：一六二六年葡人新任澳門總督上任後，便與參議院鬧翻，施政
不顧澳門葡人的意願，造成行政混亂。其後繼任者無才幹，加上官員
貪污，侵吞商品。當遇上貿易下降，加上荷蘭船隊入侵，就無力應
付。二是對廣州通商特權的喪失：葡人與中國人之間因貿易造成不少
爭執，中國在一六三一年關閉廣州港對葡萄牙船的貿易，葡人轉而依
賴廣州商人提供中國商品。三是葡萄牙國勢日衰，荷蘭人與英國人相
繼興起，葡人日漸失去海外貿易的控制權。四是基督教勢力在日本日
益壯大，日本幕府將軍懷疑是葡萄牙人在背後支持，出於政治考慮，
停止葡人與日本的易貿關係。五是馬六甲在一六四一年落入荷蘭人手
中，而一六四〇年葡萄牙爆發了反西班牙的公開叛亂，最後導致西班
牙人控制下的馬尼拉斷絕了與澳門的通商關係。澳門繁榮的主要泉源

6　鄧開頌、謝后和：《澳門歷史與社會發展》（珠海市：珠海出版社，1999年10月），
　　頁46。

7　楊道匡、郭小東：《澳門經濟述評》（澳門：澳門基金會，1994年1月），頁149。

也就枯竭了。[8]

二　另類貿易的興起（1849-1949年）

　　鴉片戰爭後，中國對外貿易重心北移，澳門面臨眾多開放口岸的激烈競爭，其中對澳門經濟影響最大的，就是香港的開埠。香港無論在金融、船舶維修、郵政系統、與廣州之交通及港口條件等，都比澳門優勝。所以香港進出港口的船隻噸位，從一八四八年的二二點八萬多噸增長到一八六四年的二百萬噸，增幅達八點七倍。而澳門在十九世紀七〇年代，平均每年船隻進出港口的噸位僅是七千六百多噸，到了七〇年代更下降到平均每年二八〇〇多噸。[9]

　　經濟不景氣使澳葡政府唯一收入來源的葡海關收入大減。一八四五年十一月，葡萄牙海事及海外部部長曾在國會上指出，澳門貿易不振，使得政府無法維持日常開支。[10]為了與香港在貿易上的競爭，葡萄牙擅自宣佈澳門為自由港。清政府以曉諭華商遷出澳門來應對，加上五口通商及香港開埠，結果導致澳門本土居民外流，經濟更加蕭條。

　　正常貿易一沉不起，澳門只好發展另類貿易來支持地方經濟，這就是苦力貿易及鴉片貿易。一八四四至一八四五年間，一些以澳門為基地的商人，從中國招募大批華工苦力輸往外國，因為苦力貿易者可以從苦力買賣上賺取百分之兩百多的利潤，所以「豬仔館」愈來愈多。特別是香港於一八六八年禁止苦力貿易後，澳門就成為世界販賣

8　張天澤著、姚楠、錢江譯：《中葡早期通商史》（香港：中華書局，1988年），頁158-169。

9　查爛長：《澳門教育史轉型、變項與傳播：澳門早期現代化研究》（廣州市：廣東人民出版，2006年1月），頁108-114。

10　薩安東著，金國平譯：《葡萄牙在華外交政策（1841-1854）》（葡中關係研究中心，澳門基金會，1997年6月），頁79。

苦力的最大港口。在一八七三年廢除苦力貿易前，二十五年內，估計
澳門輸出苦力達五十萬人。[11]苦力貿易不僅為澳門帶來了人口及航
運，更為澳葡政府帶來了豐富財政來源，十九世紀六〇年代，每年收
入達二十萬元，相當一八四五年葡海關收入的五倍。[12]

　　鴉片貿易方面，澳門是向中國走私鴉片的集散地，早在開埠不
久，葡人就通過澳門將鴉片輸入中國。初期，鴉片的輸出不多。到一
八八三至一八八五年，三年間由澳門向內地走私鴉片數量分別佔當地
輸入量的百分之四十五、百分之六十五、和百分之六十二點七。[13]鴉
片走私給澳門帶來繁榮。直至一八八七年清廷在澳門正式設立拱北海
關，並嚴禁鴉片走私，情況才有改變。到了民國初年，鴉片仍是澳門
收入主要來源，佔正常貿易中近一半的比重。[14]

　　二十世紀初，澳門已正式淪落為香港的附港，鴉片貿易在世界輿
論壓力下日漸式微。澳葡政府只可依賴賭博業及娼妓業來維持地方經
濟繁榮。澳門賭業在開埠初期已經存在，到民國初期更興旺發展，賭
博稅收日漸增加。一九三七年，澳葡宣佈採用投標方式讓私人公司承
辦全澳賭場業務，使賭博開始進入集團化的階段，一九三七年泰興娛
樂公司，當年向澳葡政府交賭稅達葡幣一八〇萬元，賭稅成為政府收
入主要來源。至於娼妓業方面，早在鴉片戰爭後不久，澳葡就視為一
種合法產業，一八五一年九月，澳葡政府公告娼妓業規範條例，允許

11 施白蒂著、姚京明譯：《澳門編年史——十九世紀》（澳門：澳門基金會，1998年3
　　月），頁89、193。

12 爛長：《澳門教育史轉型、變項與傳播：澳門早期現代化研究》（廣州市：廣東人民
　　出版，2006年1月），頁134。

13 姚賢鎬：《中國近代對外貿易史資料》第二冊（北京市：中華書局，1962年），頁
　　859。

14 查爛長：《澳門教育史轉型、變項與傳播：澳門早期現代化研究》（廣州市：廣東人
　　民出版，2006年1月），頁164。

在指定地區開設妓寨。在鴉片及賭博業的繁榮下，娼妓業也隨之旺盛不已，開辦者獲利豐厚。一九三〇年九月十七日，連澳門的警察廳廳長也要求「申請批准在數處設立妓院」[15]二十世紀三〇年代的澳門，市面經濟基本由黃、賭、毒維持，正常貿易退居次要地位。

除了上述行業外，澳門仍有傳統的手工業和漁業。澳門傳統手工業以造船、神香、爆竹、火柴為主，其中神香、爆竹、火柴是此時澳門著名的三大工業，每廠工人數千，產品出口外地。一九三〇年出口額佔澳門出口總值的百分之三十七點八。一九一二至一九二一年，澳門是中國的第二產漁港。一九二〇年澳門總人口有十四‧五萬，而漁業人員佔澳門總人口百分之二十八，可見漁業興旺。[16]不過，從稅收的重要性來看，漁業絕對比不上賭業及銷售鴉片業，如一九二二年彩票及賭博業的專營稅為一二一點六萬元，一九二一年鴉片專營稅為三〇〇點二萬元，而漁業專營稅只為三點六萬元。是賭稅的百分之二點九六。[17]

澳門這種經濟格局形成後，基本改變不大。抗日戰爭時期大量難民的流入，商業及金融業雖有發展，而更特別興旺的是黃、賭、毒這類特殊行業。日本投降後，澳門的貿易與港口地位又回復到戰前弱勢，工業仍然是傳統手工業為主。澳門經歷過一般經濟繁榮期，由早期的絲綢貿易到後來的另類貿易，卻未能保持，日漸衰落，除了是因為對外貿易條件與環境改變之外，澳葡施行的政策也是一個主要的因素。葡國通過澳門吸取大量經濟利益，澳葡政府幾乎把所有結餘上交

---

15 施白蒂著、金國平譯：《澳門編年史——二十世紀》（澳門：澳門基金會，1999年1月），頁241。

16 查爛長：《澳門教育史轉型、變項與傳播：澳門早期現代化研究》（廣州市：廣東人民出版，2006年1月），頁175、178。

17 查爛長：《澳門教育史轉型、變項與傳播：澳門早期現代化研究》（廣州市：廣東人民出版，2006年1月），頁177。

葡國庫房，或用來維持在遠東擴張費用的開支，包括天主教傳教士的活動，導致本地資本積累等於零，使城市建設資金不足，也經常受到忽略，沒法產生帶動整體經濟的乘數效應。[18]

三　經濟困難的五〇年代

一九五〇年，韓戰爆發，未幾，聯合國實施禁運政策，美國對香港、澳門貿易實行貿易管制。美國規定只允許澳門砲竹在美國銷售，並規定銷售額為八十五萬美元，其餘商品一律不准進入美國市場。澳門傳統手工業如神香、火柴、臘鴨等失去了美國市場，而造成工廠倒閉，工人失業。火柴廠由五家減為一家，出口額由一九五〇年的五四九萬元銳減至一九五四年的九十二萬元。全澳的工廠也由一九四七年的一六六家減至一九五七年的一〇七家，產值只有二六〇〇〇萬元，工人一四〇〇〇人。對外貿易總額亦由一九四九年的四五二二二萬元下降至一九五六年的一四一五〇萬元，下降百分之三六〇多。[19]

一九五七年，葡萄牙國內通過法例，允許澳門的產品免稅進入葡屬地區，對澳門開放了葡屬地區的市場，於是吸引一些工業廠家到澳門投資，新的紡織工業先後發展起來，澳門經濟發展走出新的一步，開始轉為穩定。據統計，一九五八年出口的紡織品佔出口總額的百分之十九，僅次於漁業和砲竹業，其後不斷增加。一九五六年紡織品出口值為五二四萬元，至一九六二年增至三─四九萬元，六年之間增長五倍。建築業也獲得恢復，一九五九至一九六二年全澳建築樓宇一七

---

18 楊允中：〈澳門四百年經濟演變的啟示〉，劉本文主編：《澳門經濟研究文選》（1990-2010）（澳門：澳門經濟學會，2010年），頁40。

19 《澳門經濟貿易統計匯編》（1956-1986年），南光（集團）有限公司業務研究部，1988年印。

七棟，面積達到二三六〇〇平方米，打破歷史紀錄。人口也由一九五六年的十八萬增至一九六二年的二十七萬。中國大陸對澳門供貨額亦由一九五六年的三四六〇萬元，增至一九六二年的七二一五萬元。一九六二年澳門對外貿易總額恢復至三二一四五萬元。

　　不過，六〇年代澳門雖有現代工業的興起和發展，但限於地理位置比不上香港，港口設備落後，珠江的大量泥沙沉積在附近水域，港口條件不足，而腹地的商貿區域及工業化水平程度仍低，使經濟的前景有限。澳門政府只能以旅遊業帶動博彩業，博彩業帶動了旅遊業來推動經濟發展。

四　經濟起伏式發展的六、七〇年代

　　這時期澳門的經濟發展，主要由一九六二年澳門旅遊娛樂公司投得賭博專營權帶動。澳門旅遊娛樂公司的成立，促進了澳門旅遊博彩業的發展，從而帶動澳門交通和其他經濟的發展，使澳門經濟進入了一個快速增長的時期。

　　葡萄牙政府根據澳葡政府的建議，於一九六一年二月十三日頒佈第一八二六號法令，准許澳門以博彩業作為一種「特殊的娛樂」，並決定通過競投批出專營權，在澳門地區設立幸運博彩，目的是為了澳門的經濟發展。

　　澳門旅遊娛樂有限公司成功投得博彩專營權，專營者要繳納一種「特別博彩稅」。其他條件還有：在專營期間要保證建立及維持港澳之間的快速航船運輸；致力浚疏澳門航道及其他的港口發展計劃；提交每天的博彩總收入以供審查；負責支付工資給調派到專營公司的一些政府官員；繳納保證金以作為保證履行專營責任的一種形式；專營公司的會議備忘錄及合股公司的章程條款要經政府批准。特別博彩稅

在任何情況下都不能少於專營公司總收入的百分之二十五。在合約期間，此稅率每年按總收入的增長情況而提高。每年的稅款要按月繳納。

　　專營公司與政府旅遊司合作並分擔費用來促進澳門旅遊業的發展，並由它負擔澳門旅遊諮詢處的日常開支，特別如設在香港、東京、倫敦、悉尼、三藩市、曼谷、新加坡及馬尼拉等地諮詢處的開支。另外，專營公司要在澳門組織和安排國際水平的展覽會及演出，以及葡萄牙文化交流。這樣一來，旅遊業也藉此迅速發展，一批新型的博彩娛樂場、酒店和餐飲場館先後建立，香港和澳門之間的海上和空中客運航班也開通了，使港澳交通狀況得到根本的改善，到澳門旅遊的外地旅客激增。一九六〇年來澳旅客僅七十萬人次，到一九六五年達到一二六萬人次，一九七二年突破二百萬，一九七九年突破三百萬人次。

　　澳門政府之所以推動並用法律保障博彩業的發展，主要原因是從賭博稅中可得到很多的經濟利益。澳門旅遊娛樂有限公司成為澳門政府財政的主要支持者。從博彩稅在澳門總稅收中所佔的比重和佔直接稅的比重中看出這一點。據統計，博彩稅佔澳門總稅收的比重是：一九七五年佔百分之十九點五；一九七六年佔百分之二十四；一九七七年佔百分之二十六點二；一九七八年佔百分之二十六點六；一九七九年佔百分之二十七點三。[20]博彩稅佔澳門直接稅的比重是：一九七五年佔百分之四十四點九；一九七六年佔百分之四十八點八；一九七七年佔百分之五十一；一九七八年佔百分之四十七；一九七九年佔百分之四十六點九。[21]

20　中國社會科學院經濟研究所港澳經濟研究中心：《港澳經濟》（廣州市：港澳經濟雜誌社，1985年第10期）。

21　中國社會科學院經濟研究所港澳經濟研究中心：《港澳經濟》（廣州市：港澳經濟雜誌社，1987年第3期）。

　　旅遊博彩業的發展，使政府的財政狀況大為改善，也給澳門各行各業的發展帶來了前所未有的機會。與旅遊業有關的酒店、餐飲、零售、的士行業率先跟隨旅遊得到快速的增長，就業的擴大也間接拉動內部需求，使澳門的整體經濟出現了良性循環的勢頭。巨額的博彩專營稅收入，使澳門政府可降低對其他行業的稅收要求，使澳門的各種稅率遠遠低於周邊的地區，給各行各業的發展創造了一個低稅的環境。

　　在這種情況下，從六〇年代開始，香港的一些廠家便將部分的加工工序，甚至整個訂單轉移到澳門，澳門的現代工業開始發展起來，向以紡織製造業為主的多元化工業過渡。澳門毛紡織業便是從一九六四年開始投產的「澳門針織廠」帶動以後，頗具規模的毛針織廠相繼開設。一九六六至一九六七年毛針織廠達十家左右，年生產毛線衣五萬多打。一九六九年，紡織品出口佔總出口量值的百分之七十一點六；漁業反而降為百分之九點二，砲竹、神香、火柴傳統工業僅佔百分之七點一，其他產品佔百分之十二。[22]外銷市場範圍從葡國、歐共體，擴展到北美。一九六六年澳門產品運銷歐洲市場貨值增至四〇七〇萬元，比一九六三年的二二八〇萬元，增加百分之四十四。

　　可是，澳門受到中國文化大革命影響，一九六六年爆發了「一二三」事件，市面發生流血衝突，澳葡政府要實施戒嚴，出動軍隊鎮壓。事件最後獲得平息，但打擊了投資者的信心，造成澳門經濟不景氣，資金外流，市場蕭條，人口減少。一九六八年人口由原來的二十四萬減至二十萬，一九六七年來澳門的旅客銳減至三十四萬人次，一九六八年建築樓房僅七一〇〇平方米，比一九六六年減少兩倍多，一九六七年對外貿易總額僅為四一七六〇萬元，比一九六六年減少百分之十二。

---

22 彭琪瑞：《香港與澳門》（香港：香港商務印書館，1986年版），頁261。

到了七〇年代，澳門經濟才逐步回昇。受外部經濟因素的刺激，港資、外資在澳門的投資增加，出口加工業得到高速擴展，形成了製衣、紡織、玩具生產為龍頭的勞動密集型的工業架構，並逐漸提高生產技術，提高產品檔次。一九七一年，澳門針織品打入了法國市場，年銷法國毛針織品六十二點五噸，價值二五二五萬元。以後又打入歐美市場而不斷發展，一九七七年毛針織廠增至數十家。一九七六年毛針織品輸出突破一億元大關，一九七九年增至一點九億元。一九七五年，香港寶法德玩具集團來澳投資設廠後，澳門的玩具業進入了新階段，成為繼製衣業和毛針織業之後的第三大出口工業。由於產品類多，質量高，因此具有很強的競爭力，出口銷路很好，出口值年年增加。一九七九年玩具出口值為一七九四萬元。

在一九六九至一九七五年這六年中，人口增加，旅遊旺盛，外貿好轉。據統計，一九七〇年的人口達到二十五萬，一九七二年旅客增至二二八萬人次，一九七二年建成樓房一一八幢，面積達到三萬五千平方米。一九七五年對外貿易總額增至一六七二三一萬元，比一九六九年的六三五三七萬元增加一點六倍。一九七一至一九八一年的十年間，澳門的經濟增長率平均每年達到百分之十六點七，是世界經濟增長最快的地區之一。[23]

五 澳門在八〇年代的經濟騰飛

八〇年代澳門工業進入全盛時期，博彩旅遊業和工業的發展帶動了澳門經濟的多元化。工業中的製衣業和針織業已形成一定規模，玩具、電子、人造花等工業也逐漸湧現。經過幾十年的發展，澳門取得了舉世公認的成就。

---

23 徐永勝：《澳門經濟概論》（澳門：澳門基金會，2000年9月）。

在七〇年代後期，出口工業、旅遊博彩業和建築業已經成為澳門的三大經濟支柱。博彩稅佔澳門總稅收的比重繼續增加，在八〇年代以後佔百分之五十以上。[24]不過，旅遊博彩業，雖然在澳門政府財政收入中佔有重要的地位，但在整個澳門經濟中的地位卻呈現下降了。例如，一九八四年的七十八億元的生產總值當中，出口工業佔第一位，旅遊業佔第二位，建築業佔第三位。詳見下表：

一九八四年澳門經濟結構狀況表

行業	金額（澳門幣：億元）	比重（百分比）
出口工業	28.78	36.9
旅遊業	19.50	25.0
建築業	6.79	8.7
商業	6.24	8.0
銀行業	3.51	4.5
行政服務	2.42	3.1
能源	1.48	1.9
漁業	0.94	1.2
其他服務	8.34	10.7
合計	78.00	100.0

資料來源：黃漢強：〈澳門經濟、政制與社會〉，載《濠鏡》（澳門：澳門社會科學學會，1986年第1期）

從整個八〇年代的經濟發展看，出口工業、旅遊博業和建築業三個主要行業，就以出口工業、旅遊博業為主，持續興旺，建築業卻呈

---

24 中國社會科學院經濟研究所港澳經濟研究中心：《港澳經濟》（廣州市：港澳經濟雜誌社，1987年第3期）。

下降趨勢，而金融業方面能保持多年平穩發展。見下表：

澳門主要行業比例結構（1981-1987）

	1981	1982	1983	1984	1985	1987
建築地產業	15.6	7.7	7.1	7.3	7.8	5
出口加工業	28.1	32.9	35.4	35.9	34.9	29
旅遊業	21.9	24.7	23.4	23.6	23. 4	26
金融業	5.0	5.0	5. 0	5.0	5.2	6

資料來源：澳門政府統計暨普查司（轉引自《論澳門產業轉型》）及徐永勝《澳門
經濟概論》（澳門：澳門基金會，2000年9月）

　　從就業人口來說，也是以出口製造業及旅遊博彩為主，輔以建築業、一般商業、金融及其他行業的經濟體系。據統計，一九八四年全澳門主要就業人口為十七至十八萬人，佔總人口的百分之四十四。其中從事製造者約八萬人，佔就業者的百分之四十四；建築業八千人；旅遊博業九萬五千人；飲食業一萬人；運輸業七千人；公務員八千人；金融業二千五百人；教師二千二百人；醫生二千人；漁民八千人；小販一萬人；店員四千人；文員五千人；水客四千人。[25]

　　按三個產業的經濟劃分法，則澳門經濟是以第三產業（包括：金融、商業、旅遊、運輸、通訊、水電、科技、教育等服務行業）為主，其次是第二產業（包括：製造業、採礦業和建築業），第一產業（包括：農、林、牧、副、漁業）則微乎其微。

---

25 黃漢強：〈澳門經濟、政制與社會〉，《濠鏡》（澳門：澳門社會科學學會，1986年第1期）。

一九八三年經濟統計表

項目	金額（澳門幣：億元）	比重（百分比）
第三產業	40.01	51.3
第二產業	37.05	47.4
第一產業	0.94	1.3
合計	78.00	100.0

資料來源：黃啓臣、鄭煒明《澳門經濟四百年》（澳門：澳門基金會，1994年6月）。

　　到了一九九一年，澳門按就業結構來劃分，那麼第三產業已達到百分之五十六點七；第二產業佔百分之四十二點四；第一產業僅佔百分之〇點六二。[26]

　　以出口工業而言，自七〇年代以來，澳門工業已向多元化不斷發展了，而且速度也是相當高的。據統計，一九八三年工業總產值增長百分之十五；一九八四年增長百分之十一點四；一九八六年增長百分之二十點一八；一九八七年增長百分之三十點一六；一九九〇年增長百分之三點三七。[27]

　　製衣業是當時澳門工業之首。無論是產值還是出口值，均居澳門製造業的第一位。其產品包括各種纖維的針織布、梭織布服裝、胸圍、頭巾、手帕、圍裙、枱布、床套、被褥等。在製衣業出口產品中，以牛仔褲及恤衫最受國外市場歡迎，其中長牛仔褲出口值佔製衣業出口值的百分之十五至百分之二十左右。毛針織業是澳門工業的第二根支柱。其工廠數量及出口貨值約佔澳門工業的第二位，舉足輕重。

---

26 楊允中：《澳門與現代經濟增長》（澳門：澳門經濟學會，1992年8月），頁71。

27 黃啓臣，鄭煒明：《澳門經濟四百年》（澳門：澳門基金會，1994年6月）。

　　澳門出口製造業的特點有四：一是產品百分之九十以上銷往海外；二是紡織品成衣佔出口的產品比重大，多年來保持百分之七十左右；三是外銷市場以歐洲及美國為主；四是產品以勞動密集為主。[28]

　　進入八〇年代，澳門經濟獲得了全面的發展。全澳的加工製造業、旅遊業、房地產業、金融業空前發展，人口激增，一九八八年人口近五十萬。一九八〇年澳門共有各種工廠一三八四家，整個國民經濟高速度發展。據聯合國經濟合作與發展組織統計，一九七六至一九八一年，澳門的生產總值平均年增長率為百分之十六點七，是當時世界經濟增長率最高的地區之一。一九八四年，澳門的國民生產總值（GNP）達到七十八億元，相當於十億美元；一九八三至一九八四年澳門的按人口平均國民生產總值（GNP）為二八〇〇美元，在全世界一八〇個國家和地區中排列第五十二位，在東南亞排第五位，僅次於汶萊、新加坡、香港和臺灣。一九八六年人均國民生產總值上升至三八六〇美元，一九九〇年人均國民生產總值達到六三〇〇美元，一九九一年突破萬元大關，達到一一七〇〇美元。一九九二年又增至一一三〇〇美元，居世界第十四位。[29]可以說是澳門經濟騰飛的年代。

　　這時期的澳門經濟騰飛原因，大概可歸納以下因素：

（一）中葡關係改善使澳門局勢穩定

　　葡萄牙一九七四年「四‧二五」民主革命勝利，結束了專制獨裁統治，宣佈放棄海外殖民地。一九七六年四月二日通過的葡萄牙新憲法指出：澳門領地不屬於葡萄牙共和國的國家領地，享有內部的自治權，並頒佈了《澳門組織章程》，以法律形式確定澳門帶有內部自治

28　鄧開頌、謝后和：《澳門歷史與社會發展》（珠海市：珠海出版社，1999年10月），頁198。

29　《廣州日報》1992年12月6日。

色彩的政制。一九七九年二月，中葡建立外交關係，中葡關係大為改善。雙方都力圖保持和發展澳門的經濟繁榮。這種穩定的局勢極有利於澳門經濟的發展。外資來澳門投資建設日益增加。外資在澳門建設工廠，大大加快了澳門現代工業化的步伐，並且帶來了先進的技術和現代化的管理辦法。促進了澳門工業的改造和更新，提高全澳的勞動生產率。

同時，澳葡政府實行自由經濟政策，有保障自由競爭的法律，促進自由競爭的外匯自由兌換制度，貨物進出口和客商出入境的自由制度，以及對經濟的不干預政策，大大方便了澳門的進出口貿易和金融業的發展，使澳門成為投資環境最好的地區之一。

（二）中國大陸實行對外開放政策的促進

一九七八年以後，中國大陸走上了改革開放的道路，實行開放政策，並在毗鄰澳門的地方設置珠海經濟特區，大大增強澳門與中國大陸內地的聯繫。在中國大陸和香港經濟增長的推動下，來自中國大陸和香港的投資增加，中資已是澳門最大的外來投資者，成為穩定澳門經濟的重要力量。一方面，大批的汽車、電器、紡織品等商品通過澳門而轉運入內地；另一方面，中國大陸內地的物資源源不斷供應澳門。據澳門當局統計，一九八一年澳門由內地進口貨值總額達十三億三〇五〇萬元，比一九六二年的七二一五萬元增加十七點四四倍，平均每年遞增百分之十六點六。這樣，澳門經濟的發展既有了強大的原料供給地；又有廣闊的市場，所以增長快速。

（三）工業產品的出口獲得優惠待遇

在七〇年代後，由於澳門直接或間接參加了「關稅及貿易總協定」及其屬下的「多種纖維紡織品協定」，的正式出口成員。因此，

澳門出口的紡織品得到先進工業國家的優惠待遇，保證了澳門紡織品
進入國際市場的權利，使之在競爭劇烈的國際市場中保持一席地位。
一九七一年，歐洲共同市場國家制定了對發展中國家製造業產品進口
的一般優惠措施，並為日本、瑞典、新西蘭、澳大利亞、美國、加拿
大等國家所採納。這些國家對澳門的非成衣製品的關稅額免及限額十
分寬大，大大促進了澳門各種非成衣製品生產的發展，尤其是玩具
和人造花的生產。一九八二年，澳門的出口產品總值的百分之十九點
六享受這一優惠待遇。刺激了澳門的出口加工工業和對外貿易的發
展，澳門現有的紡織品、製衣工業和玩具工業就是在這種背景下建立
起來的。

（四）充足而廉價的勞動力

一九七六年以來，澳門人口增至近五十萬，淨增十萬。這十萬淨
增的勞動力，多是中國大陸內地移民的青壯年，為澳門提供了充足而
廉價的勞動力，形成了低工資的優勢。九〇年代，澳門每小時的勞工
價格為〇點六四美元，比香港的一點四〇美元低二分之一多，比南朝
鮮、臺灣也低。它使得澳門的產品成本相對減低，從而增強了在國際
市場上的競爭能力，使其產品易於傾銷。

（五）城市基礎設施日益改善

七〇年代以來，澳門城市設施如運輸、通訊、倉儲、水電供應、
金融信用系統等均有很大的改善。例如在運輸方面，改建了內港，建
設了新港，使港口航道水深保持在七米左右，於是水運暢通無阻，每
天有二十多艘貨船日夜往返澳港之間，充分利用了香港的深水港和國
際航運設施。澳門與內地的運輸也十分便利。通訊系統已採用最新的
技術，建立了衛星地面通訊站，可與世界八十多個國家和地區直撥電

話，通訊十分便捷。這些對於發展澳門現代化的經濟都是十分有利的
和必要的。

（六）創造了一個低稅環境

博彩業發展迅速，政府博彩稅的收入由一九七八年的四一〇〇
萬，增加到一九九三年的四十二點二二億，增加了一〇三倍，平均每
年增長百分之三十六點二。一九九五年更增至五十二點五億，不僅直
接支撐了本地生產總值的增長，而且為澳門各行各業的發展創造了一
個低稅的發展環境。

澳門旅遊娛樂有限公司是澳門政府財政的主要支持者。從博彩稅
在澳門佔直接稅的比重中看出這一點。一九八〇年佔百分之四十二
點八；一九八一年佔百分之四十四點六；一九八二年佔百分之四十
五；一九八三年佔百分之六十六點五；一九八四年佔百分之六十六點
六；一九八五年佔百分之六十三點六。[30]又據統計，一九八八年博彩
業的稅額為九點四五億元，佔全年澳門財政收入的百分之三十二點一
四。[31]

六　澳門在九〇年代的經濟下降

到九十年，基本形成了旅遊博彩業為主導，旅遊博彩業、出口加
工業、金融保險業、建築地產業四大經濟支柱齊頭並進的經濟格局。
不過，博彩業稅仍然是澳門政府主要稅收來源。

---

30 黃漢強主編：《澳門經濟年鑒》（1984-1986）》（澳門：華僑報社），頁317。
31 楊允中：《澳門與現代經濟增長》（澳門：澳門經濟學會，1992年8月），頁57。

一九八八至一九九七年博彩稅與財政收入的對比關係

年份	財政收入	博彩專營稅收入	博彩專營稅收入佔財政收入（百分比）
1988	2941.35	945	32
1989	3866.15	1432	37
1990	5997.82	1936	32
1991	7661.73	2533	33
1992	10699.82	3427	32
1993	12202.36	4223	35
1994	12811.23	4619	36
1995	16172.48	5341	33
1996	14711.26	5035	34
1997	15000.60	6124	40.83

單位：百萬澳門元

郭小東：《澳門財政研究》（廣州市：廣東經濟出版，2002年4月，頁183）。

　　但一九九三年之後，澳門經濟增長開始放緩，本地生產總值的增長率逐年回落，一九九六至一九九八年，經濟連續出現百分之負〇點五，百分之負〇點一，百分之負三‧五的負增長，經濟衰退從地產建築、出口加工行業逐漸擴展到旅遊博彩業，四大經濟支柱均存在不同程度的不景氣。[32]一九九九年的經濟形勢也未見樂觀。澳門經濟衰退的原因，大概有下列幾種說法。（一）香港回歸所造成的不穩定性；（二）亞太金融風暴；（三）中國大陸採取宏觀調控政策；（四）澳門

---

32 何超明：《澳門經濟法的形成與發展》（廣州市：廣東人民出版社，2004年10月），
　　頁225。

治安惡化；（5）推動澳門經濟增長的力量下降。上面四項說法都有一定的理據。但相對比較全面的看法是第五點，澳門經濟陷於低潮的根源是推動經濟增長的力量下降。

第一個失去的推動力是出口加工業。出口加工業喪失了的地位，依賴配額和普惠制的出口加工業的發展模式已經受到挑戰。一九九六年澳門與最大的出口輸出國美國就紡織品及成衣出口問題發生貿易糾紛，部分毛針織類產品被削減配額。一九九八年，美國海關對澳門輸美的成衣，採取了新的限制作法，並實施新的產地來源證規例。一九九九年美國海關又對提出了連串措施，包括對十個類別的產品的產地來源嚴加甄別等。玩具出口也因廠商轉移加工基地或失去關稅優惠而下跌。

第二個失去的推動力是旅遊博彩業。這行業的高速增長潛力也發揮到極限，繼續保持前幾年的增長勢頭已不可能，作為澳門經濟支柱的博彩業繼續快速增長的空間收窄。從來澳旅客數量與博彩業收益的關係看，開始出現博彩業收益與旅客數量增長背道而馳的情況。一九九六年來澳旅客數量達八百一十五萬人次，比一九九五年增加百分之五點一，但博彩業收益不僅沒有增加，反而下降百分之九。一九九七年由於亞洲金融風暴，入境旅客比一九九六年急降百分之十四點一二，僅為七百萬人次。[33]從周邊地區博彩業發展的態勢看，澳門賭業在亞太地區一枝獨秀的局面也出現轉變，亞太地區的南韓、馬來西亞、菲律賓、澳大利亞等地已經開設賭場，臺灣及東南亞其他地區要求開設賭場的呼聲越來越高，澳門博彩業面臨的競爭會越來越大。一九九八年博彩業收益下降百分之十九。[34]從社會效果看，博彩業雖然

---

33 郭小東：《澳門財政研究》（廣州市：廣東經濟出版，2002年4月），頁114。
34 郭小東：《澳門財政研究》（廣州市：廣東經濟出版，2002年4月），頁114。

已成為澳門經濟中不可或缺的重要組成部分，但也成了澳門眾多社會矛盾和衝突的焦點，需要作出變革，才可進一步發展的。

第三個失去的推動力是人口和外來投資的增長方面。從人口看，雖然澳門的人均本地生產總值較高，但總和經濟實力和經濟規模仍很小，澳門經濟當時的規模對於人口的承載力也極為有限，增加人口的可能性不大。從投資環境看，澳門的比較利益優勢已日漸減少，外資投資澳門的動力下降。這些情況表明，澳門經濟增長的動力在衰退，一九九三年開始出現增長放緩，一九九六年、一九九七年、一九九九年連續三年更出現負增長。

其實澳門的經濟衰退早在亞洲金融危機前就已經出現，澳門經濟衰退的主因源於宏觀經濟結構的轉變，中國大陸的宏觀調控、澳門治安不靖只是引發衰退的導火索，亞洲金融風暴使依賴外部因素的澳門經濟受到嚴重打擊，其結果是使澳門衰退持續化、擴大化。

七　結論

自一五五三年葡人入居澳門至一九九九年澳門回歸中國大陸，澳門經歷了多個變化，形成現今經濟模式。從九〇年代開始，澳門社會各界就開始為澳門未來的經濟路向提出意見。特別是在澳門面對九〇年代經濟下降，而快將回歸，如何解決經濟發展路向，便成為當時一個熱烈的討論的問題。參考澳門經濟的歷史發展，經過轉口貿易、另類貿易及現代化工業的發展，能夠持續繁榮興盛，能夠支持政府財政的就只有博彩旅遊業。大多澳門學者都同意澳門政府制定發展策略時，應以博彩業為龍頭，帶動服務業和其他行業共同發展。

澳門以博彩業為經濟發展龍頭，主是要澳門這行業擁有壟斷性優勢。由於政策約束，中國大陸內地和港臺地區都不許開賭，要想理直

氣壯公開賭博，只有去澳門，客觀上形成澳門博彩業的地域壟斷。而
且澳門賭業有百多年歷史，雖然經營管理與外國現代賭業尚有一定距
離，但歷史經驗的積累也是一種無形資本，不難找到能手。[35]這就發
展出今天，澳門經濟以賭博旅遊為主，帶動服務業文化產業來發展經
濟的格局。

---

35 程惕潔：《博彩社會學概論》（上海市：社會科學文獻，2009年2月），頁115、122。

論晚明軍兵月餉

楊永漢

香港樹仁大學

一　緒論

　　在討論軍兵月餉之前，首先要釐清明代「軍」與「兵」的分別。明代的「軍」是與民籍、匠籍並行[1]，而不受普通政府官吏所管轄，因此「軍」在身分、法律及經濟上都會得到特別的待遇。「兵」在戶口上是屬於民籍，是在國家有需要時招募，人人皆可應徵，故沒有軍的待遇。人民一旦入軍籍，整個家系世代均隸屬軍籍。軍戶需居於所指定的衛所，甚至全家系了，亦要在原籍勾族人填補。軍籍的來源有從征、歸附、謫發[2]，除《明史》有清楚記載外，孫承澤《春明夢餘錄》亦有記載：

1　（清）張廷玉：《明史》，卷77〈食貨一〉（北京市：中華書局排印本，1974年）：「凡戶三等：曰民、曰軍、曰匠。民有儒、有醫、有陰陽；軍有校尉、有力士、弓、舖兵；匠有廚役、裁縫、馬船之類。」，頁1878。

2　同前書，卷90，〈兵志二〉，頁2193載：「其取兵，有從征、有歸附、有謫發。從征者，諸將部兵，既定其地，因以留戍。歸附，則勝國及僭偽諸降卒。謫發，以罪邊隸為兵者，其軍皆世籍。」又吳晗：〈明代的軍屯〉，見氏著：《讀史劄記》（北京市：生活・讀書・新知三聯書店，1961年），頁92-94，對軍與兵的分別，有詳細的闡釋，此處不贊。

　　明初之兵有從征、有歸附、有謫發著籍。從征者諸將所素將之
　　兵，平定其地，因留戍者也。歸附者勝國及諸僭偽者所部兵，
　　舉部歸義者也⋯⋯。謫發，諸罪隸為兵。[3]

　　「從征」是諸將平定地方後，留守戍居的兵種。此處應屬於明初
跟隨太祖起義的軍隊，包括徐達、湯和等人的軍隊，《太祖實錄》有
如下的記載：「濠城自元兵退，軍士多死傷。上乃歸鄉里募兵，得七
百餘人以還。[4]」上述七百餘人，募兵成團後，當留駐濠城，用以防
衛。相信「從征」軍當以此類為主。

　　「歸附」多為元軍或元末群雄的投降部隊，歸附了朱元璋，入籍
軍戶。此類例子多見於《太祖實錄》，如乙未年（1355）五月巢湖水
軍雙刀趙等擁眾萬餘來降；丙申年（1356）三月破陳兆先營，得兵三
萬六千人；同月，下集慶，得軍民五十餘萬；丙午年（1367），三月
拔高郵，俘將士二千餘人，悉遣戍泗陽辰州；吳元年（1367），克益
都，濟寧、濟南、般陽諸城，收其軍進取等，都是歸附的例子。

　　「謫發」是指獲罪而被判充軍的軍，在《大明律》中沒有記載洪
武年間的充軍條例，而弘治以後，就出現充軍的條例。以萬曆十三年
（1585）為例，充軍的條例有：永遠充軍二十七條款、極邊煙瘴邊遠
沿海口外充軍三十八款、邊衛充軍一百廿二款、附近充軍五十六款，
總計有二百四十三款。[5]律例中條目繁多，在流罪中改為充犯死罪減
為充軍等，是免去死罪，改判充軍，這些軍戶被稱為「恩戶」，表示

3　（清）孫承澤：《春明夢餘錄》（香港：龍門書店，據古香齋本影印），〈兵部・兵
　　制〉，頁623。
4　《明實錄・太祖實錄》，卷1〈癸巳年六月丙申〉條（臺北市：中央研究院歷史語言
　　研究所校印本），頁8。
5　懷效鋒點校：《大明律》，〈真死罪充軍例〉（遼寧市：遼瀋書社，1990年），頁303-
　　330。

受到額外開恩，得免死罪。至於「永遠充軍」者，其家屬子孫亦要勾補為軍戶，以充實軍戶數目。若「真犯死罪免死充軍」者，亦入軍戶，但只勾補其子孫為軍戶，不及其他親屬。至於「雜犯死罪並徒流等罪照例充的軍」者，則止於其身，不需勾補。《明史·兵志三》記太祖沿邊置衛所，主要是用土著和有罪謫戍者為軍[6]，這些軍戶，是屬於「謫發」一類。

明代軍戶的其中一種來源是「垛集法」，一般學者對從征、歸附及謫發的解沒有太大分歧，但「垛集法」一項，有不同的詮釋。《明會典·兵部三十七》載：

> 洪武二十四年（1391），令垛集軍故，戶止一丁者，勾有丁貼戶起解。額軍去原籍遠者解京，該府遣人押送……。垛集軍、正軍貼戶；造冊輪流更代，貼戶止一丁者，免役。當軍之家，免一丁差役。[7]

這裡所指的「垛集」。應流行於明初，且曾流通全國，王毓銓《明代的軍戶》指出，垛集的方法，見記載的包括湖廣、北平、保定、永平三府、陝西、山西、遼東、廣東、福建、浙江等地。[8]洪武三十五年（即建文四年，1402），更定「垛集法」，以每戶凡三丁以上者，垛集一兵；二丁者，則一丁為正，一丁為貼，凡二戶垛一兵。貼戶只可一丁免役，當軍之家可免丁差役[9]。這裡最好證明，垛集是民

6　《明史》卷91，〈兵志三·邊防〉，頁2242。

7　（明）申時行等：《明會典》，卷154，〈兵部三十七·勾補〉（北京市：中華書局，1989年10月，重印萬曆朝重修本），頁786。

8　見氏著：〈明代的軍戶〉，收在《萊蕪集》（北京市：中華書局，1983年），頁346-347。又收在氏著：《王毓銓史論集》（北京市：中華書局，2005年8月），頁654-655。

9　雍正本《廣東通志》，卷23，〈兵防·軍額〉，轉引自于志嘉：《明代軍戶世襲制度》（臺北市：臺灣學生書局，1987年），頁10。

戶,是以民戶補充缺額的軍戶,與軍戶有別。

明代對戶籍管制是非常嚴格,入籍後,基本上永世不得改籍。垜集軍是因軍事需要而成,從民戶中抽丁組成。故必須在軍與民之間作一決定,而垜集法中的單丁戶免役,可算是兩者之間的平衡點。[10]除上述四種取兵之法外,據《明史‧兵志三》及《太祖實錄》記載,還有如下的方法:

(一)「溫、台、慶元」三府軍士及蘭秀山無田糧之民凡十一萬餘人,隸各衛為軍[11]。

(二)籍山東、北平故元五省八翼漢軍十四萬一百十五戶,每三戶令出一軍,分隸北平諸衛[12]。

(三)簡拔嘉定、重慶府民為軍,得五千六百四人等[13]。

除此以外,還有強民為軍、另置佃軍、婿軍、同姓軍、重隸軍等。當然,上述的集民成軍,並非常制,或佔軍隊數目的少數。

「兵」則非經常制,是自願充當,與家族子孫沒有關係,數目與駐守地方亦沒有嚴格規定。基於上述的區分,故在明代文獻中,對軍、兵的稱謂,有嚴格的分別,例如在官員上疏討論軍事用費時,甚少將「軍餉」兩字連用,一般以「兵餉」、「遼餉」、「鮮餉」等字眼稱呼軍事用費。自「土木之變」後,京軍幾全軍覆沒,募兵制始蓬勃,戚家軍、俞家軍皆募兵而來。

---

10 于志嘉:《明代軍戶世襲制度》對垜集法有詳細分析,可參考。

11 《明史》,卷91,〈兵志三‧海防〉,頁2243。

12 《太祖實錄》,卷63,〈洪武四年(1371)六月庚申〉條,頁1204。

13 同前書,卷78,〈洪武六年(1373)正月癸丑〉條,頁1425。

明代的「衛所制」，是中國兵制史上重要的制度，類似唐代「府兵制」。最大的特色是軍旅駐守全國，戰事發生，軍士出征，使兵不專將，將不專兵，減低將士弄權的可能性。其次是由政府提供耕地及種子，軍士自供自給，減低政府軍費支出，在戶籍上自成一類。故太祖曾自詡「不費民間一粟以養兵」，《明史・兵志二》有如下記載：

> 明以武功定天下，革元舊制，自京師達於群縣，皆立衛所。外統之都司，內統五軍都督府，而上十二衛為天子親軍者不與焉。征伐則命將充總兵官，調衛所軍領之；既旋則將上所佩印，官軍各回衛所，蓋得唐府兵遺意。[14]

衛所制推行成功，無疑是減低明政府的軍費負擔。可是，昇平日久，衛所制破壞，加上軍屯不能有效實施，一旦軍事發生，政府可能要面對不能預算的支出。所以，衛所制只是很短的時間發揮作用。這正好反映在晚明時期，政府因軍事問題，財政長期拮据的因由。

二 九邊軍費

《明史・兵志》：

> 元人北歸，屢謀興復。永樂遷都北平，三面近塞。正統以後，敵患日多。故終明之世，邊防甚重。東起鴨綠，西抵嘉峪，綿互萬里，分地守禦，初設遼東、宣府、大同、延綏四鎮，繼設寧夏、甘肅、薊州三鎮，而太原總兵治偏頭，三邊制府駐固

---

14 《明史》，卷89，〈兵志一〉，頁2175。

原，亦稱二鎮，是為九邊。[15]

明初設遼東、宣府、大同、延綏四鎮，繼設寧夏、甘肅、薊州三鎮，後又設山西、固原兩鎮。嘉靖年間，再設昌鎮、真保鎮。雖然稱九邊，其實是超過九兵鎮。

因為要防止邊患，各鎮均駐有重兵。軍屯最初支付軍需費用，洪武末年至永樂初年，全國直接參加屯墾的軍隊達到一百二十萬人，墾地八千九百三十萬畝，每年收歸政府的屯糧高達二千三百四十五萬石。可是在徵收子粒方面，發展至後來，極不合理，即「不問肥瘠」、「不查等則」、「一概取盈（子粒定額）」[16]。土地肥瘠懸殊，卻一律徵子粒六石，其實難以實行，故子粒之派徵數目屢有改變。[17]其後邊患日熾，主兵、客兵人數增加，軍屯實不足支付軍費。正統以後，軍費由太倉庫支付。太倉庫成立於正統七年（1442），初意是將京師府庫每年用剩的銀兩貯入，以備國用，但中葉以後成為國家財賦的主要收放機構，更是軍餉主要支出部門。

萬曆中期，各邊僅主兵就有六十萬人左右，如薊州鎮，隆慶時，主兵原額為三萬人，萬曆初連客兵在內達十六萬五千餘人。各邊額數，弘治（1488-1505）、正德（1506-1521）間，每年約四十三萬兩；嘉靖（1522-1566）時的最高額，每年為二百七十餘萬兩；萬曆（1573-1620）時，每年則達三百八十餘萬兩，相當於明朝每年田賦收入的總數[18]。

---

15 《明史》，卷91，〈兵志三〉，頁2235。

16 龐尚鵬：〈清理宣府屯田疏〉、〈清理甘肅屯田疏〉，轉引自王毓銓：《明代的軍屯》，收在氏著《王毓銓史論集》（北京市：中華書局，2005年8月），頁1067。

17 同前書，頁1067-1068。

18 https://zh.wikipedia.org/zh-tw/，瀏覽日期：2018年5月14日

「表一：萬曆朝太倉銀庫歲入歲出比較表」可以看出，太倉的存庫，大部分時間不足支付歲出銀數，估計所欠銀數，是支付各邊軍費。

表一　萬曆朝太倉銀庫歲入歲出比較表

年份	西元	太倉銀庫歲入銀數	太倉銀庫歲出銀數	歲出入餘約數
元年	1573	2,819,153	2,837,104+	（17,951）+
五年	1577	4,359,400+	3,494,200+	865,200+
六年	1578	3,559,800+	3,888,400+	（328,600）+
九年	1581	3,704,281+	4,424,730+	（720,449）+
十一年	1583	3,720,000+	5,650,000+	（1,930,000）+
十四年	1586	3,890,000+	5,920,000+	（2,030,000）+
十七年	1589	3,390,000+	約4,349,000+	（1,000,000）+
十九年	1590	3,740,500+	4,065,000+	（324,500）+
二十年	1592	4,512,000+	5,465,000+	（953,000）+
二十一年	1593	4,723,000+	3,999,700+	723,300+
二十八年以前	1600	4,000,000	4,500,000	（500,000）+
三十年	1602	4,700,000+	4,500,000+	200,000+
三十二年	1604	4,582,000+	4,582,000	0
三十三年	1605	3,549,000	3,549,000	0
四十五年	1617	5,830,246+	4,219,029+	（329,029）+
四十八年	1620	5,830,246+	6,086,692+	（256,446）+

資料來源：節錄自全漢昇師，李龍華：《明代中葉後太倉歲出銀兩的研究》（頁205），〈表七：明代中葉後太倉銀庫歲入銀數比較〉。

萬曆一朝，超過五百萬兩的太倉歲出，包括十一年（1583）、十四年（1586）、二十年（1592）及四十八年（1620）。所列的年份，全部出現赤字，則不能支付全部軍費。當然，邊鎮的軍費支出又不止此數，可謂內外緊逼，徵調困難。

《明史・劉體乾傳》：

> 帝嘗問九邊軍餉，太倉歲發及四方解納之數。體乾奏：「祖宗
> 朝止遼東、大同、宣府、延綏四鎮，繼以寧夏、甘肅、薊州，
> 又繼以固原、山西，今密雲、昌平、永平、易州俱列戍矣。各
> 鎮防守有主兵。其後增召募，增客兵，而坐食愈眾。各鎮芻餉
> 有屯田。其後加民糧，加鹽課，加京運，而橫費滋多。」因列
> 上隆慶以來歲發之數。又奏：「國家歲入不足供所出，而額外陳
> 乞者多。請以內外一切經費應存革者，刊勒成書。」報可。[19]

　　上列記載，正好反映，邊填主客兵數目不斷增加，原先屯田所
得，又橫加稅項，以致不能應付本鎮支出。屯田的徵收，附加其他的
稅項，如民糧、鹽課、京運等，則除屯田原有歲納外，增加徵派。從
〈表一〉已清楚知道，萬曆朝的中央政府，極其量能應付五百萬兩以
下的軍費，已無力支付更大額的支出。
　　衛所制破壞，兵種改變，亦是邊餉激增原因之一。弘治十四年
（1501），當年韃靼達延汗大舉攻佔寧夏，中央才發現軍兵人數出現
問題。兵部議覆侍郎李孟暘請實軍伍疏：

> 天下衛所官軍原額二百七十餘萬，歲久逃故，嘗選民壯三十餘
> 萬，又籤衛所舍人、餘丁八十八萬，西北諸邊召募土兵無慮數
> 萬。請如孟暘奏，察有司不操練民壯、私役雜差者，如役佔軍
> 人罪。[20]

19　《明史》卷214，〈劉體乾傳〉，頁5663。
20　《明史》卷91，〈兵志三〉，頁2250。

衛所軍兵人數不符,改募士兵。卻又出現私下勞役軍兵的事情,民間動亂,已經出現,例如瓊州黎人之亂、江西民變等。另外,韃靼的軍隊於弘治十七年(1504)攻佔大同。

至於其後兵種的改變,《隆慶泉州府志》紀錄頗詳實:

> 太平日久,軍政不修,逃放日多,清勾無法,於是存視制額僅五分之一,屯因失額,操因失伍。及至有事時,乃抽選軍戶以兼團練,謂之「餘丁軍」;招集市井無賴,謂之「募兵」;調於各省,謂之「客兵」;又增派民戶丁糧於舊制外,以為一鄉防守,謂之「民兵」與「鄉兵」。兵增於衛所之外,餉增於本折之外,皆一時權變,非國家經常之規矣。[21]

《泉州府志》對衛所以外的軍兵,大多不以正面言辭形容,估計當時新成立的軍旅,紀律偏低。

《明史》卷九十一〈兵志三〉:

> 隆慶中,張居正、陳以勤復請籍畿甸民兵,謂:「直隸八府人多健悍,總按戶籍,除單丁老弱者,父子三人籍一子,兄弟三人籍一弟,州與大縣可得千六百人,小縣可得千人。中分之為正兵、奇兵,登名尺籍,隸撫臣操練,歲無過三月,月無過三次,練畢即令歸農,復其身。歲操外,不得別遣。」命所司議行。然自嘉靖後,山東、河南民兵戍薊門者,率徵銀以充召募。至萬曆初,山東徵銀至五萬六千兩,貧民大困。[22]

---

21 梁方仲:〈明代民兵〉收在《明史研究論叢》(臺北市:大立出版社,1982年),頁254。

22 《明史》卷91〈兵志三〉,頁2251。

隆慶中的張居正徵兵，已不是依衛所舊規，而是以每戶人口男丁數字為依歸。至萬曆時，山東遠赴薊門的徵兵銀已達五萬六千兩。

一般紀錄，晚明九邊軍兵數目約八十萬名，在《明實錄》中有一記載數字，應是較確實的九邊軍數，泰昌元年（1620）載：

> 欽賞九邊軍士銀每名二兩薊遼昌易四鎮賞銀八十六萬六千二百四十四兩宣大山西三鎮賞銀四十二萬八千四十四兩延綏寧夏二鎮賞銀一十五萬五千六百八十四兩固原甘肅二鎮賞銀二十七萬二千七百四十六兩。[23]

薊、遼、昌、易四鎮共四三三一二二名軍兵；宣、大、山西三鎮共二一四〇二二名軍兵；延綏、寧夏二鎮共七七八四二名軍兵；固原、甘肅二鎮共一三六三七三名軍兵，總計九邊軍兵人數為八六一三五九名。有此數字，容易理解晚明邊餉的收支與困難。

三　軍兵月餉

萬曆中期，各邊主兵六十餘萬，較萬曆初的十六萬五十餘人，多出約百分之二百七十。短短二、三十年間，人數急劇膨脹，中央難於調節。單以主兵計算，支出約三百八十萬兩以上。若以盧象昇的計算方式，盧象昇〈入山會剿疏〉：

> ……且主兵之餉稍厚者每月不過一兩二錢，而客兵每名本折行坐等糧，通計月支之數約費三兩六錢有奇。[24]

---

23 《熹宗實錄》卷2，泰昌元年丁巳條。
24 （明）盧象昇：《盧象昇疏牘》卷1（杭州市：浙江古籍出版社，1985年）。

　　如此，則主兵年餉約支出八六四萬兩，才能滿足一兩二錢之額。
倘平均月餉約一兩，支出亦應在七二〇萬兩之數。如此，則中央撥三
百餘萬當軍費，各鎮亦依軍屯所出，承擔其餘的三百多萬。軍屯納糧
又可改徵折色，如折銀、折布、折鈔等都是折色的一種，也是軍費來
源之一[25]。此種情況，是指沒有戰爭發生時的現象，倘一旦戰事出
現，所費當在上列總數之上。

　　至於客兵的支出，從京師附近赴防遼東的安家銀五兩，若至就近
地方則三兩，《薛恭敏公奏疏》〈請勦奴酋酌議兵食第二疏〉載：

> 臣召一壯丁，須得安家銀五兩，盔甲器械銀三兩，鞍馬之費又
> 須十四五兩，而月餉不計與焉。……調兵安銀近者三兩，遠者
> 四五兩。[26]

據徐光啟記載：

> 今之募兵，人以二十金為率，又有扣減，而弓刀衣甲皆在其
> 中，實不下十餘金耳。[27]

即募兵先得二十金，應是安家、弓刀衣甲之數，亦在內，有扣減，故
是不足二十金的。因此，孫承宗以遼人守遼土為原則，避免調用客
兵，減低支出。

---

25 有關子粒折銀的情況，可參考王毓銓：〈子粒折銀及例不蠲免〉，《明代的軍屯》，收
　　在氏著《王毓銓史論集》（北京市：中華書局，2005年8月），頁1077-1101。
26 陳子龍輯：《明經世文編》（雲間平露堂本，中華書局影印本，1987年），《薛恭敏公
　　奏疏》，頁4866-4867，〈請勦奴酋酌議兵食第二疏〉。
27 〈兵事百不相應疏〉，《明經世文編》，《徐文定公集》，頁5393。

《明經世文編》徐文定公集〈申明初意錄呈原疏〉：

> ……臣嘗言養兵之要有三：曰少、曰飽、曰好；惟其少所以飽
> 也，惟其飽所以好也，惟其好所以少也。嘗議選練之格，選用
> 之初，須年二十以上、四十以下，力舉五百斤以上，穿戴盔甲
> 四十斤以上，又須精悍趫捷、有根著、有保任。不合格者不取
> 也。合格者謂之隊兵。隊兵之中，能習演一藝以上精熟可用者
> 即為鋒兵。鋒兵每月給餉二兩一錢，安家衣鞋銀二十兩。其能
> 舉六百斤以上者，每加百斤，每日加銀一分。隊兵未習藝者，
> 先給月餉一兩五錢，待藝成照例加給。其鋒兵再令教習，有各
> 藝皆精超出儕類者，以漸加增。至每日一錢而止，謂之壯士。
> 壯士之中又拔其尤，如弓矢于三十步外，三寸之的百發百中
> 者；鳥銃于六十步外、三寸之的百發百中。又一銃連發九，凡
> 略與射矢同疾者；大砲能於三五百步外立的命中，又裝打迅
> 疾，連中數次者；放鎗刺劍俱能于方寸之的，百發百中者；其
> 餘各技，悉立一比較之法而百試不失者，謂之上士。其餉亦以
> 漸增，加至每日二錢而止。其日食二錢者，仍歲給安家銀十
> 兩。若選募之日就可充壯士、上士者即與應得餉給，如此精卒
> 總合四等。」[28]

建議鋒兵，月給二兩一錢，安家衣鞋銀二十兩；隊兵，月餉一兩五錢；
壯士，每日一錢；上士，每日二錢。日食二錢者，歲給安家費十兩。
這樣的計算方法，較繁複，而且容易出現流弊，最後也沒有接納。

　　《明清史料》〈兵部行「宣府總兵張全昌揭」稿〉：

28　（明）陳子龍輯：〈申明初意錄呈原疏〉，《明經世文編》，《徐文定公集》，頁5399-
　　5401。

……營官原支廩給銀數。都司……每月各支廩給銀八兩。守
備……每月各支廩給銀六兩。千總……每月各支廩給銀三兩六
錢。把總……每月各支廩給銀三兩六錢。衝鋒材官……每月各
支廩給銀二兩四錢。紅旗百總……每月各支銀二兩。管隊……
每月各支銀一兩八錢。健丁…鋒兵糧銀一兩二錢。[29]

上引文是晚明軍士支薪的實況：都司餉銀八兩，守備銀六兩，千
總銀三兩六錢，紅旗百總銀二兩，管隊銀一兩八錢，健丁、鋒兵等糧
銀一兩二錢。最低薪的健丁及鋒兵等可以月本色支餉。

楊嗣昌〈赴遼兵加餉並查新舊各兵稿〉有載：

……新舊兵例分為五等：一等月給銀二兩。二等月給銀一兩八
錢。三等月給銀一兩五錢。四等月給銀一兩二錢。五等月給銀
八錢。[30]

上列資料可知，兵例的中位數應是一兩五錢，隨等級而有增減。崇禎
十年（1638）《盧象昇疏牘》卷六〈請增標營兵餉疏〉載：

……及查標鎮諸兵餉額，臣標馬兵月支一兩六錢，亦有支一兩
五錢者。步兵月支一兩四錢，亦有支一兩者。宣大兩鎮總兵官
各有馬健丁五千，月支一兩八錢，又加折米銀四錢，每兵共月
支銀二兩二錢。兩鎮舊標兵共各馬步五千，馬兵月支銀一兩三

29 《明清史料・辛編》第二本〈兵部行「宣府總兵張全昌揭」稿〉。
30 （明）楊嗣昌《楊嗣昌集》（長沙市，岳麓書社，2008年），卷3〈赴遼兵加餉並查
新舊各兵稿〉，頁61。

錢。步兵月支銀一兩一錢。[31]

從上述資料可知，一般的兵士，其月餉當在一兩至一兩六錢之間。

御史吳履中曾在崇禎三年（1630）說出當年兵餉的困局：

> 江西道試御史吳履中上言：「……國家歲入計一千四百六十餘
> 萬，而遼餉五百萬不與焉。捐助罰贖事例及鹽課稅額所增，復
> 不下數百萬，而尚憂不足。」[32]

指出崇禎三年（1630）左右的歲入一千四百六十餘萬，遼餉不計入
內。如此龐大的收入，尚憂不足以支付軍費。

遼事日盛，主要用來對付後金軍士的糧餉支出，亦產生變化。軍
士、馬等的數目直接影響軍餉之支出，見「表二：國初、萬曆、崇禎
元年（1628）九邊軍、馬、銀數比對表」。

表二　國初、萬曆、崇禎元年（1628）九邊軍、馬、銀數比對表

	官軍（員名）			馬額（匹）		
	國初	萬曆	崇禎元年	國初	萬曆	崇禎元年
薊州鎮	1,250	34,658	109,665	10,700	6,399	*46,773
密雲鎮	9,605	33,569	數屬薊州鎮	2,032	*3,120	數屬薊州鎮
永平鎮	22,307	42,871	數屬薊州鎮	6,083	15,091	數屬薊州鎮
昌平鎮	14,295	19,039	20,561	3,015	*5,625	*6,448
易州鎮	29,308	34,697	68,717	1,199	*4,791	*2,873

---

31 （明）盧象昇：《盧象昇疏牘》卷6。

32 《明實錄》，《崇禎長編》三年（1630）九月乙巳條。

	官軍（員名）			馬額（匹）		
	國初	萬曆	崇禎元年	國初	萬曆	崇禎元年
宣府鎮	151,452	79,258	79,951	55,274	*33,147	*40,132
大同鎮	135,778	85,311	76,526	*1,654	*35,870	*36,819
山西鎮	25,287	55,295	53,523	*6,551	*224,764	*23,859
廷綏鎮	80,196	53,254	49,631	45,940	*32,133	*11,675
寧夏鎮	71,693	27,934	31,406	22,182	14,657	*12,185
甘肅鎮	91,571	46,901	51,980	29,318	*21,680	*32,603
固原鎮	126,919	90,412	44,035	*32,250	*33,848	*23,838
下馬關		數屬固原鎮	數屬固原鎮		數屬固原鎮	數屬固原鎮
總數	759,661	586,099	1,172,094	216,198	231,125	237,205

	京運年例銀（兩）			客兵年例銀（兩）		
	國初	萬曆	崇禎元年	國初	萬曆	崇禎元年
薊州鎮	50,000	216,126+	426,871+		208,766	
密雲鎮	15,000	160,075+	365,391+		233,961	
永平鎮	28,672+	122,721+	289,866+		119,136	
昌平鎮		96,373+	140,232+		47,066	
易州鎮		59,000	146,595			
宣府鎮	50,000	125,000	128,156		171,000	171,000
大同鎮	50,000	269,638	296,638		181,000	181,000
山西鎮	20,000	133,300	133,300		75,000	73,000
廷綏鎮	100,000	357,265+	433,739+		20,250	
寧夏鎮	40,000	25,000	133,795+		10,000	
甘肅鎮	60,000	51,497+	197,588+			
固原鎮	48,871+	63,721+	145,823+			

		42,372+	42,372+			
下馬關		42,372+	42,372+			
總數	462,543	1,722,088	2,853,366	0	1,064,179	425,000

	撫夷（兩）			賞單銀（兩）		
	國初	萬曆	崇禎元年	國初	萬曆	崇禎元年
薊州鎮		15,000	15,000		13,800	14,227
密雲鎮						
永平鎮						
昌平鎮						
易州鎮						
宣府鎮						
大同鎮						
山西鎮						
廷綏鎮						
寧夏鎮						
甘肅鎮						
固原鎮				*588+	*199+	
下馬關						
總數	0	15,000	15,000	588	13,999	14,227

備註： 1. 在「馬額」行列下，有（*）者包括：馬、牛、騾、驢、駝數。
　　　 2. 在「賞軍銀」行列中，有（*）者包括：犒賞銀。

資料來源：《度支奏議》第1函，第4冊，〈堂稿三〉，〈召對面諭清查九邊軍餉疏〉，
　　　　　頁7-19。

　　從表二看出軍的整體人數在萬曆時期稍降，可是從數額看一特別
現象，即西北各區軍數減少而東北增加，顯示部分軍士須調往東北對
付後金。到達崇禎元年（1628），官軍額數竟高萬曆高出百分之百。

京運年例銀在萬曆時為一七二二○八八兩，崇禎時為二八五三三六六兩，較萬曆高出百分之六十五。若以人數加百分比與銀數增加百分比作比較，則崇禎時各區的銀數是較萬曆期間為少。

明初各區沒有客兵，相信是衛所制推行得宜及戰事稍息有關。綜觀此事，在崇禎元年無論官軍、馬額及銀數均大幅提高，顯示在軍事上須要大量支出，亦反映到當時的軍情。

至於官軍的月餉計算方式，以關門軍兵為例，天啟二年（1622）數不過七萬，每兵每月領米五斗，一月該支三萬五千石，一年該支四十二萬石。關門馬匹不過八千，每匹給料九斗，一月該支七千二百石，一年該支八萬六千四百石，加以駝騾車牛等項，亦不過十萬，以二萬匹計，亦不過二十五萬石。[33]

上列是支糧，前方軍餉有「銀」、「糧」二種，普通馬兵每月銀一兩六錢，米一斛：步兵銀一兩四錢，米一斛。至於支銀方式，以登州的支餉為例，[34]登州新定六營自崇禎三年九月至十二月止計算，官兵員役共八千七百九十六（8,796）員，馬騾三三八○匹。四月內支月廩餉馬乾船稅共米豆折銀九萬六百四十七（90,647）餘兩，扣克一八○二兩餘，由青州府解過銀一萬九千三十三（19,033）兩餘。崇禎四年（1631），據登撫新定六營中有官丁匠役八千七百九十七（8,797）員，後增二千九百一十八（2,918）人，共有一萬一千七百一十五（11,715）人，馬騾牛五千四百一十六（5,416）匹，戰船一百零六（106）隻，每月廩餉有二萬二千二百三十二（22,232.9176）兩以上，草乾三千五百二十兩八錢（3,520.8），閏歲該四萬五千七百七十兩四錢（45,770.4兩）。用上述數字計算，則每丁月餉一點八九兩左右。每月船租一○六○兩，閏歲則一三七八○兩，每月米五三六石，

33　《督餉疏草》卷1，〈津門召買數多積商因災梗令疏〉，頁58。

34　《度支奏議》第23函，第1冊，〈新餉司〉卷9，（原書題目缺），頁9-12。

閏歲該米六九三六八石，原折銀每石八錢，後因米價騰貴，折一兩，共支六九三六八兩。為方便對照，參考「表三：崇禎四年（1631）登州新定六營兵餉月例表」。

表三中官丁匠役的五三三六兩銀是每月米的折銀數；三一二九・六兩是每月豆數的折銀數。若以本色計算，即每丁月支米〇點四七石、豆〇點五三石。

表三　崇禎四年（1631）登州新定六營兵餉月例表

項目	數目	月支銀（兩）	每員／匹／隻 月支銀（兩）	
官丁匠役	11,715員	22,232.91	1.89	
		5,336.00	0.47	
		3,129.60	0.26	
			0.65	
馬騾牛			10	
戰船	106隻	1,060.00		

崇禎初期，遼事戰爭正熾熱，各鎮多兵餉告急，各鎮除主兵外，尚有客兵。各鎮主客兵的歲額可參考「表四：崇禎初年（1628-1631）各鎮歲額支出表」。各項細分項目支出，則可參考「表五：崇禎初年（1628-1631）各鎮主兵歲額支出細分表」及「表六：崇禎初年（1628-1631）各鎮客兵歲額支出細分表」。

表四 崇禎初年（1628-1631）各鎮歲額支出表

地名	年份	主兵				客兵
		糧額（石）	料額（石）	草額（束）	銀額（兩）	銀額（兩）
大同鎮	崇禎四年	26,005+	25,412+	373,476+	885,691+	208,500
宣府鎮	崇禎元年	164,108+			116,130+	197,600
山西鎮	崇禎元年	37,174+	28,766+		538,296+	85,000
寧夏鎮	崇禎四年	51,502+	98,391+	1,712,048+	26,244+	20,000
甘肅鎮	崇禎三年	211,948+		1,693,957+	472,874	20,000
	崇禎四年	211,948+		1,693,957+	472,874	20,000
固原鎮	崇禎三年	266,702+	1,004+	168,968+	460,880+	24,787
易州鎮	崇禎二年				205,000+	50,000
	崇禎三年				205,000+	50,000
井陘鎮	崇禎二年				125,151+	3,870+
	崇禎三年				125,151+	3,870+
薊州鎮	崇禎元年				542,565+	
	崇禎二年				417,193+	
密雲鎮	崇禎元年				510,426+	
	崇禎二年				423,070+	
昌平鎮	崇禎元年				148,055+	
	崇禎二年				148,055+	
總數		969,387+	153,573+	5,841,406+	6,058,655+	699,627+

備註：1. 宣府鎮之糧額包括料額，銀額乃折色銀。
　　　2. 薊州鎮在崇禎元年及二年之銀額已包括主客兵額數。
　　　3. 密雲鎮在崇禎元年及二年之銀額已包括主客兵額數。
　　　4. 昌平鎮在崇禎元年及二年之銀額已包括主客兵額數。

資料來源：《崇禎存實疏鈔》第1函，第2冊，卷1下，頁108-202。

從表四紀錄來看，崇禎初年各鎮的主兵、客兵支付銀數，約在六百七十萬兩之上，此數尚未包括草額、料額及糧額。

表五　崇禎初年（1628-1631）各鎮主兵歲額支出細分表

	大同鎮	宣府鎮	山西鎮	寧夏鎮	
	（四年）	（元年）	（元年）	（四年）	
1. 舊管					
糧額（石）	9,956+	123,372+	95,589+	54,781+	
料額（石）	8,631+	166,048+	73,036+	77,221+	
草額（束）	312,573	0	113,089	328,912	
銀額（兩）	99,368+	25,417+	143,513+	10,989+	
小麥額（石）					
2. 新收					
糧額（石）	11,601+	54,041+	52,084+	133,342+	
料額（石）	5,164+	31,077+	28,109+	107,808+	
草額（束）	169,242	122,734	681	661,809	
銀額（兩）	767,077+	1,222,231+	1,065,466+	168,564+	
小麥額（石）					
3. 開除					
糧額（石）	15,197+	98,176+	24,606+	142,369+	
料額（石）	6,192+	102,663+	22,446+	116,799+	
草額（束）	186,497	122,734	67,753	751,349	
銀額（兩）	761,900+	1,243,803+	1,184,487+	162,098+	
小麥額（石）					

4. 實在					
糧額（石）	6,360+	79,237	123,067+	45,754+	
料額（石）	7,603+	94,462+	78,699+	68,230+	
草額（束）	295,318	0	46,017	239,372	
銀額（兩）	104,545+	3,845+	24,492+	17,455+	
小麥額（石）					
	補到寧夏鎮	甘肅鎮		易州鎮	
	（四年）	（三年）	（四年）	（二年）	（三年）
1. 舊管					
糧額（石）	69,673+	116,547+	64,467+	509+	674+
料額（石）	86,030+	106,032+	76,820+	219+	369+
草額（束）	337,135	3,426,813	2,805,054	0	0
銀額（兩）	6,715+	78,835+	95,535+	7,279+	17,572+
小麥額（石）					
2. 新收					
糧額（石）	91,251+	239,940+	284,619+	1,881+	431+
料額（石）	93,234+	140,580+	148,772+	6,190+	822+
草額（束）	774,761	3,465,635+	3,564,618	0	0
銀額（兩）	155,933+	370,524+	567,242+	217,355+	203,417+
小麥額（石）					
3. 開除					
糧額（石）	106,143+	393,020+	307,144+	1,716+	715+

料額（石）	102,044+	169,792+	184,742+	6,039+	868+
草額（束）	788,838	4,087,394	3,835,556	0	0
銀額（兩）	151,659+	353,824+	376,545+	207,062+	211,271+
小麥額（石）					
4. 實在					
糧額（石）	54,781+	64,467+	41,943+	674+	390+
料額（石）	77,220+	76,820+	40,850+	370+	323+
草額（束）	323,058	2,805,054	2,534,116	0	0
銀額（兩）	10,989+	95,535+	286,232+	17,572+	9,718+
小麥額（石）					
	固原鎮	井陘鎮		薊州鎮	
	（三年）	（三年）	（四年）	（二年）	（三年）
1. 舊管					
糧額（石）	35,640+	0	0	41,624+	42,245+
料額（石）	27,431+	0	0	78+	78+
草額（束）	63,005+	0	0	0	0
銀額（兩）	77,142+	14,814+	16,902+	36,426+	3,570+
小麥額（石）		263+	214+		0
2. 新收					
糧額（石）	109,878+	0	0	22,110+	17,566+
料額（石）	32,016+	0	0	0	0
草額（束）	502,107+	0	0	0	0
銀額（兩）	234,332+	118,443+	105,862+	248,518+	238,494+

小麥額（石）		1,849+	2,041+		0
3. 開除					
糧額（石）	121,996+	0	0	50,541+	18,187+
料額（石）	42,148+	0	0	78+	0
草額（束）	238,290+	0	0	0	0
銀額（兩）	270,809+	117,199+	104,189+	284,654+	205,639+
小麥額（石）		1,898+	1,515+		0
4. 實在					
糧額（石）	23,522+	0	0	13,193+	41,624+
料額（石）	17,299+	0	0	0	78+
草額（束）	326,822+	0	0	0	0
銀額（兩）	40,665+	16,058+	18,575+	290+	36,4250+
小麥額（石）		214+	740+		

	密雲鎮		昌平鎮	
	（二年）	（三年）	（二年）	（三年）
1. 舊管				
糧額（石）	22,462+	29,372+	67,234+	55,300+
料額（石）	3,255+	8,541+	10,851+	7,235+
草額（束）	0	0	528,053+	390,452+
銀額（兩）	1,079+	4,298+	31,846+	27,407+
小麥額（石）		0		
2. 新收				

糧額（石）	120,859	100,370	83,714	108,903+	
料額（石）	14,201+	22,207+	7,874+	14,116+	
草額（束）	0+	0+	238,548+	457,378+	
銀額（兩）	105,426+	149,372	103,518+	104,462+	
小麥額（石）		0			
3. 開除					
糧額（石）	136,417+	107,280+	110,393+	96,969+	
料額（石）	11,097+	27,313+	13,753+	10,501+	
草額（束）	0	0	678,013+	319,777	
銀額（兩）	106,053+	152,891+	100,372+	96,411+	
小麥額（石）					
4. 實在					
糧額（石）	6,904+	22,462+	40,555+	67,234+	
料額（石）	6,362+	3,436+	4,972+	10,850+	
草額（束）	0	0	88,588	528,053	
銀額（兩）	452+	1,079+	34,992+	35,458+	
小麥額（石）					

備註：項目（4）由舊管加新收減開除。

資料來源：《崇禎存實疏鈔》第1函，第2冊，卷1下（題為錢糧百分缺乏疏），頁
　　　　　108-202。

表六　崇禎初年（1628-1631）各鎮客兵歲額支出細分表

	大同鎮	宣府鎮	山西鎮	寧夏鎮	
	（四年）	（元年）	（元年）	（四年）	
1. 舊管					
糧額（石）	7,503+	147,972+	6,863+	23,414+	
料額（石）	4,564+	94,918+	2,612+	14,140+	
草額（束）	255,303	1,297,111	741,892	220,379	
銀額（兩）	373+	41,502+	13,020+	891+	
小麥額（石）	0	0	0	0	
穀額（石）	0	0	0	0	
錢額（兩）	0	0	0	0	
2. 新收					
糧額（石）	7,472+	48,025+	1,203+	15,807+	
料額（石）	3,319+	44,327+	2,799+	6,531+	
草額（束）	103,466	867,236	224,533	128,208	
銀額（兩）	212,101+	376,267+	43,600+	10,597+	
小麥額（石）	0	0	0	0	
穀額（石）	0	0	0	0	
錢額（兩）	0	0	0	0	
3. 開除					
糧額（石）	9,512+	56,085+	355+	16,491+	
料額（石）	2,944+	58,073+	2,009+	6,824+	
草額（束）	66,444	908,591	73,255	137,427	

銀額（兩）	210,149+	365,863+	42,280+	11,488+	
小麥額（石）	0	0	0	0	
穀額（石）	0	0	0	0	
錢額（兩）	0	0	0	0	
4. 實在					
糧額（石）	5,463+	139,912+	7,711+	22,730+	
料額（石）	4,939+	81,172+	3,402+	13,847+	
草額（束）	292,325	1,255,765	893,170	211,160	
銀額（兩）	2,325+	51,906+	14,340+	0	
小麥額（石）	0	0	0	0	
穀額（石）	0	0	0	0	
錢額（兩）	0	0	0	0	
	補到寧夏鎮	甘肅鎮		易州鎮	
	（四年）	（三年）	（四年）	（二年）	（三年）
1. 舊管					
糧額（石）	26,051+	18,020+	16,030+	20,223+	5,606+
料額（石）	14,291+	22,514+	15,823+	8,897+	4,513+
草額（束）	233,449	82,080+	65,166+	512,976+	471,385
銀額（兩）	391+	187+	167+	0	3,001+
小麥額（石）	0	0	0	0	0
穀額（石）	0	0	0	0	0
錢額（兩）	0	0	0	0	0
2. 新收					

糧額（石）	26,620+	12,861+	12,042+	4,968+	0
料額（石）	11,647+	10,432+	9,045+	2,468+	0
草額（束）	308,104	0	0	2,045	0
銀額（兩）	10,000+	0	0	6,433+	6,000+
小麥額（石）	0	0	0	0	0
穀額（石）	0	0	0	0	0
錢額（兩）	0	0	0	0	0
3. 開除					
糧額（石）	29,257+	17,065+	14,010+	19,585+	12+
料額（石）	11,799+	13,674+	10,768+	6,853+	4+
草額（束）	321,174	24,495+	75,452+	43,636+	0
銀額（兩）	9,500+	47+	0+	3,431+	4,457+
小麥額（石）	0	0	0	0	0
穀額（石）	0	0	0	0	0
錢額（兩）	0	0	0	0	0
4. 實在					
糧額（石）	23,414+	14,300+	12,638+	5,606+	5,594+
料額（石）	14,140+	19,823+	19,180+	4,512+	4,509+
草額（束）	220,379	65,166	24,306+	471,385	471,385+
銀額（兩）	891+	167+	167+	3,002+	4,544+
小麥額（石）	0	0	0	0	0
穀額（石）	0	0	0	0	0
錢額（兩）	0	0	0	0	0

	固原鎮	井陘鎮		薊州鎮	
	（三年）	（三年）	（四年）	（二年）	（三年）
1. 舊管					
糧額（石）	44,301+	483+	384	24,811+	13,832+
料額（石）	63,284+	1,071+	1,659	26,167+	16,174+
草額（束）	1,972,175+	70,261+	62,499+	222,963	323,320
銀額（兩）	5,913+	2,847+	1,661+	422+	10,321+
小麥額（石）	0	1+	1+	0	0
穀額（石）	0	11,139+	11,700	0	0
錢額（兩）	0	362,834+	362,834	0	0
2. 新收					
糧額（石）	13,299+	0	144	17,965+	32,370+
料額（石）	12,524+	523+	257+	6,055	25,672
草額（束）	375,257+	15,728	4,896	16,002	121,068
銀額（兩）	21,342+	684+	3,866+	248,994+	149,797+
小麥額（石）	0	0	0	0	0
穀額（石）	0	1,462+	769+	0	0
錢額（兩）	0	0	200,000	0	0
3. 開除					
糧額（石）	17,195+	98+	220	30,895+	21,391+
料額（石）	28,007+	565+	409	16,791+	15,678+
草額（束）	278,363+	23,495	18,069	47,891	221,425
銀額（兩）	21,686+	1,870+	1,637+	245,792+	159,695+
小麥額（石）	0	0	0	0	0

穀額（石）	0	901+	6,769	0	0
錢額（兩）	0	0	300,000	0	0
4. 實在					
糧額（石）	40,405+	385	308	11,881+	24,811+
料額（石）	47,801+	1,029	1,507	15,431	26,168+
草額（束）	2,069,069+	62,494	49,326	191,074	222,963
銀額（兩）	5,569+	1,661+	3,890+	3,624+	422+
小麥額（石）	0	1+	1+	0	0
穀額（石）	0	11,700	5,700	0	0
錢額（兩）	0	362,834	262,834	0	0

	密雲鎮		昌平鎮		
	（二年）	（三年）	（二年）	（三年）	
1. 舊管					
糧額（石）	12,314+	18,166+	1,176+	2,768+	
料額（石）	2,870	2,057+	414+	206+	
草額（束）	912,285+	1,145,953+	271,108+	239,441+	
銀額（兩）	1,738+	4,196+	2,094+	1,822+	
小麥額（石）	0	0	0	0	
穀額（石）	0	0	0	0	
錢額（兩）	0	0	0	0	
2. 新收					
糧額（石）	49,355+	22,897+	7,824+	6,315+	
料額（石）	40,624	37,694+	1,137+	1,458+	

草額（束）	174,213+	405,822	17,809+	70,383+
銀額（兩）	91,898+	219,211+	59,412+	52,323+
小麥額（石）	0	0	0	0
穀額（石）	0	0	0	0
錢額（兩）	0	0	0	0
3. 開除				
糧額（石）	55,446+	28,750+	9,990+	5,907+
料額（石）	36,077	36,881+	569+	1,250+
草額（束）	334,634+	639,490	158,812+	38,716
銀額（兩）	93,488+	221,669+	57,237+	52,051+
小麥額（石）	0	0	0	0
穀額（石）	0	0	0	0
錢額（兩）	0	0	0	0
4. 實在				
糧額（石）	6,223+	12,313+	1,010+	3,176+
料額（石）	7,417	2,870+	982+	414+
草額（束）	751,864+	912,285	130,105	271,108
銀額（兩）	148+	1,738+	4,269+	2,094+
小麥額（石）	0	0	0	0
穀額（石）	0	0	0	0
錢額（兩）	0	0	0	0

備註：1. 項目（4）由舊管加新收減開除。

2. 甘肅鎮汰革老弱軍丁，因此有餘銀購草料。

資料來源：《崇禎存實疏鈔》第1函，第2冊，卷1下（題為錢糧百分缺乏疏），頁108-202。

從表五及表六的記錄，可看見所謂歲額，不單是銀額或糧額，也包括驟、馬等所用料額、草額，也包括軍士所用的食材小麥、穀額等。崇禎元年（1628）的官軍總人數已有一百一十七萬二千零九十四（1,172,094）員，不可謂不大。若以兵例中位數計算一·五兩計算，月支約一百七十五萬八千一百四十一（1,758,141）兩，年支則達二千一百零九萬七千六百九十二（21,097,692）兩，倘戰事發生，軍屯收入不穩定，則欠餉情況變得極之嚴重。故每看當時主邊將領請餉的奏疏，都感到中央的無力感。

試看看天啟年間情況。孫承宗曾於天啟年間上疏要求盡快發邊餉，可知當時的形勢，政府財政緊絀，欠餉的情況很嚴重：

> ……清查關城兵馬見在實數，的有可據……，大約見在官兵每月該支本色六萬石有奇，折色一十六萬五千五百有奇，見在馬匹除放青開支折色外，每月該草六十萬有奇。……臣已通融那借二萬，以待新餉司補還，盡哺嗷嗷之口。今乃五月已盡，尚有未給之糧。……而兵馬日增，餉料日益。據郎中白貽清發過各營兵馬匹三月分糧草等項銀，其一十六萬五千五百有奇，又發過四月初一日至五月十三日糧草等銀一十三萬六千五百有奇，是四月尚缺三萬，而五月之十六萬五千全分未給。目今合用銀二十萬，方可補四月五月之缺。[35]

見額官兵的月餉折色是一十六萬五千五百有奇（165,500+）兩，馬匹草料六十萬束。三月能發放，四月欠三萬，五月未發放。一個月的軍餉未發放，官兵生活應如何維持？真是一大問題。

---

35 孫承宗著，李紅權輯錄：《孫承宗集》（北京市：學苑出版社，2014年10月），頁883-884。

天啟三年（1623）六月十一日，再上疏催餉：

> 皇上急敕該部，搜括那借，立發銀四十餘萬兩，方可聊補目
> 前。仍將臣去年所請帑金尚餘二十五萬，急敕兵部解發，以濟
> 眾需。[36]

其後於七月初九再上〈催餉疏〉及〈關城缺餉疏〉[37]。如此，則知
道，連續最少兩月欠餉。孫承宗已是兵部尚書、大學士、太子太師，
尚且如此困難。其他將領的苦況，可想而知。

四　結論

　　衛所制的推行，無疑減低政府的軍費支出。可惜，明政府沒有好
好監管軍屯的進行，以致流弊叢生。到後來，基本上不能產生自給自
足的功能。正統以後，募兵制流行，養兵已成為風氣。在眾多文獻
中，分主兵及客兵。主兵是就近徵募，當中應包括軍戶中人，客兵則
從他處徵募，其安家及月例，應較主兵為高。因為人數關係，主兵的
支出遠較客兵為高。臨時招募的兵士，質素當成問題，冒功怕死，借
勢焚掠，幾同盜賊者屢見。軍兵如何接受訓練戰鬥力，如何遵守紀
律，盡看將領的本事。明末猛將盧象昇，以個人感染力，治軍從嚴，
幾乎每戰必勝，擅以少勝多，實乃明末最後依仗的將才，可惜逆於楊
嗣昌，在沒有救援下殉國。

　　萬曆初年的九邊官軍人數五十多萬，短短四十多年，軍官人數增
至一百一十萬以上，升幅達百分之百，支出亦隨之而大增。以至後

36 孫承宗著，李紅權輯錄：《孫承宗集》，〈懇乞急發餉銀疏〉，頁887。
37 兩疏見孫承宗著，李紅權輯錄：《孫承宗集》，頁893。

來，戰事日亟，軍兵人數，有增無減，軍費支出亦是有增無減。其後內亂頻生，軍費更如火急。直至明亡，軍事費仍是沒法解決的問題。

試論明末江西府縣的
「遼餉」加派

倪玉平　　劉文華[*]

湖北師範大學　北京師範大學歷史學院

　　明朝萬曆四十六年（1618），東北女真族首領努爾哈赤起兵反明，掀開明末遼東戰事的序幕，也導致明朝全國範圍內的「遼餉」加徵。萬曆末年的「遼餉」加徵分三次，第一、第二次每畝三釐五毫，第三次每畝二釐，一共九釐。「遼餉」加徵給民眾加上沉重負擔，是明末農民起義的重要原因。關於明代「遼餉」的加派，學界成果已經相當豐富，研究主要集中於中央層面，著重探討明廷加派「遼餉」的開始時間、徵收的實額及總量、支出與效益等，但對「遼餉」加派的具體實施，尤其是在地方層面的運作過程，尚缺乏全面深入細緻的探討。[1]

---

* 　倪玉平，湖北師範大學教授，博士生導師；劉文華，北京師範大學歷史學院2015級博士生，任職於中國第一歷史檔案館編研處。

1 　學界對於明末遼餉加派的研究成果主要有朱慶永：〈明末遼餉問題〉（《政治經濟學報》，1935年第1期），郭松義：〈明末三餉加派〉（《明史研究論叢》第2輯，南京市：江蘇人民出版社，1983年6月），楊廷元：〈「三餉加派」考實〉（《安徽師大學報》（哲學社會科學版），1983年第1期），楊濤：〈明末財政危機與三餉加派〉（《雲南師範大學學報》（哲學社會科學版），1985年第2期），陳支平：《清代賦役制度演變新探》（廈門市：廈門大學出版社，1988年版），唐文基：《明代賦役制度史》（北京市：中國社會科學出版社，1991年版），楊永漢：《論晚明的遼餉收支》（臺北市：天工書局，1998年4月），陳支平：《民間文書與明清賦役史研究》（合肥市：黃山書社，2004年4月），林美玲：《晚明遼餉研究》（福州市：福建人民出版社，2007年12月），方興：〈從「蘇松重賦」到「三餉均攤」〉（《中國經濟史研究》，2010年第1期）等。

遼餉加派之初，戶部以每畝九釐坐派到各省直，因中國疆域遼闊，各地差異巨大，貧富懸殊，一概九釐坐派，表面平均的背後，實難稱公平。故戶部只是按畝派九釐的標準將遼餉加派到各省中，而事實上賦予各省通融調劑的權力。江西一省「遼餉」加派額為三六一〇三六兩，總量居全國中游。本文擬以江西省為例，探討明末一省之內各府縣之間圍繞「遼餉」加派產生的爭端、博弈及最終的處置，以求教於方家。

一

清初的江西地方志詳細紀錄了明末「遼餉」（清代改稱「九釐銀」）加派的過程，記載了江西各府縣派徵遼餉的額數，根據相關地方志，可以做出如下表格：

江西九釐銀加派表

地區	地畝數（畝）	加增地畝銀（兩）	畝均（兩）	資料來源
饒州府浮梁縣	631741	3272.9	0.005181	康熙《浮梁縣志》卷四〈賦役志〉，《稀見中國方志彙刊》第26冊，頁87。
廣信府玉山縣	700035	4026.98	0.005753	康熙《玉山縣志》卷四〈賦役〉，《中國方志叢書》華中地方第761冊，頁230、231。
袁州府萬載縣	490901	5695.8	0.011603	康熙《萬載縣志》卷六〈財賦〉，《稀見中國方志彙刊》第26冊，頁896、903。

地區	地畝數（畝）	加增地畝銀（兩）	畝均（兩）	資料來源
撫州府	4984930	46466.56	0.009321	康熙《撫州府志》卷五〈賦役考〉，《清代孤本方志選》第二輯第15、16、17冊，頁338、460-463。
撫州府金溪縣	785066	5974.32	0.007610	康熙《金溪縣志》卷二〈賦役〉，《稀見中國方志彙刊》第29冊，頁33-36。
撫州府東鄉縣	724979	5238.7	0.007226	康熙《東鄉縣志》卷二〈戶賦志〉，《稀見中國方志彙刊》第29冊，頁268、276、277。
撫州府崇仁縣	735304	7147.42	0.009720	雍正《增修崇仁縣志》卷三〈食貨志〉，《清代孤本方志選》第一輯第18冊，頁650、651。
南昌府武寧縣	583119	3458.37	0.005931	康熙《武寧縣志》卷四〈田賦〉，《中國方志叢書》華中地方第794冊，頁207-211。
南昌府豐城縣	1457205	15892.9	0.010906	康熙《豐城縣志》卷五〈賦役〉，《稀見中國方志彙刊》第28冊，頁478-481、483。
南康府安義縣	277529	2898.29	0.010443	康熙《安義縣志》卷三〈賦役志〉，《清代孤本方志選》第一輯第14冊，頁251、258。
南康府星子縣	165264	760.88	0.004604	康熙《南康府志》卷三〈賦役〉，《清代孤本方志選》第一輯第15冊，頁197、204、236、258。

地區	地畝數（畝）	加增地畝銀（兩）	畝均（兩）	資料來源
南康府都昌縣	647934	4383.35	0.006765	康熙《南康府志》卷三〈賦役〉,《清代孤本方志選》第一輯第15冊,頁197、204、236、258。
臨江府新淦縣	674608	8189.20	0.012139	康熙《新淦縣志》卷六〈賦役志〉,《中國方志叢書》華中地方第886冊,頁298、301。
臨江府峽江縣	531405	7639.00	0.014375	康熙《峽江縣志》卷五〈田賦〉,《清代孤本方志選》第一輯第22冊,頁179、181。又清初成熟田地為356767畝,實徵加增九釐地畝銀為2526.72兩
臨江府新喻縣	1160848	11062.5	0.009530	康熙《新喻縣志》卷七〈賦役志〉,《稀見中國方志彙刊》第28冊,頁66。
贛州府雩都縣	100826	1584.7	0.015717	康熙《雩都縣志》卷四〈食貨志〉,《稀見中國方志彙刊》第30冊,頁627。
贛州府瑞金縣	280511	348.9	0.001244	康熙《瑞金縣志》卷四〈食貨〉,《稀見中國方志彙刊》第30冊,頁848-850。

　　上表涵蓋了江西省八個府的遼餉加派情形,通過上表可以看出,江西省各府縣畝均遼餉徵收額,高者約一分五釐（贛州府雩都縣、臨江府峽江縣）,低者僅一釐多（贛州府瑞金縣）,恰恰沒有畝徵九釐的。另外,一縣之內,科則不同的田地山塘所徵收的遼餉額也高低各有不同。大部分縣的一則田遼餉科派高於九釐,而地山塘則低於九

釐。由此可以看出,江西省並非按畝徵九釐派算「遼餉」。

確實,江西省的遼餉加派是照糧派徵。萬曆末年的袁州府知府黃鳴喬就說「不意江右有照糧之說」,「海內盡論畝而江右論糧」,「普天下皆遵旨照畝而江右獨照糧」[2]。因為袁州府照糧派徵遼餉,導致負擔格外沉重,很讓黃鳴喬不滿。不過,江西省府對於改照畝而徵為照糧而徵有自己的說辭,左布政使陳龍光解釋說:「查部文派額本照通省地畝每畝九釐坐派,當年司道議以照畝概將瘠土下則加數反多於正供,故取則壞,均之糧則,通省照糧起科。」[3]因為擔憂畝徵九釐,會導致「瘠土下則」不堪重負,於是改議照糧派徵;況且照糧派徵的辦法,也會分出等差,「餉額雖云照糧,要亦派不一則,有派一錢幾分者,有派二錢幾分,甚有至三錢零者,就中又見糧則未可概律,更寓通融平准」。[4]

同時,江西還對某些縣有特別舉措,如瑞州府高安縣遼餉「分釐未派」[5],南昌府奉新縣和贛州府定南縣,「初派遼餉,尚有同高安而免如奉新、定南者」[6]。在這三個縣中,特別是高安與奉新,屬於「上疲」之例,在開始加派遼餉時,都予以免派。可見江西布政使司在遼餉加派時,主動改照畝為照糧,照糧之中又有等則,而且還對高安、奉新、定南三縣採取特殊的免派措施,都顯示出江西省級政府在遼餉加派中的因地制宜和靈活的政策。但是,江西布政使司對瑞州府高安縣、南昌府奉新縣、贛州府定南縣免予加派遼餉,雖然有正當理由,但對於那些加派額頗重的縣來說,全省都要承受遼餉加賦,竟然

2　康熙《宜春縣志》卷10〈釐正賦額疏詳〉,《中國方志叢書》(臺北市:成文出版社,下同)華中地方第789冊,頁854、857、860。

3　崇禎《瑞州府志》卷11〈戶田志二〉,《中國方志叢書》華中地方第897冊,頁655。

4　崇禎《瑞州府志》卷11〈戶田志二〉,《中國方志叢書》華中地方第897冊,頁655。

5　康熙《分宜縣志》卷9〈藝文考〉,《中國方志叢書》華中地方第52冊,頁593。

6　崇禎《瑞州府志》卷11〈戶田志二〉,《中國方志叢書》華中地方第897冊,頁655。

還有某些縣能置身事外，負擔不均，莫此為甚，故爭端就隨之產生。

二

改為照糧加派遼餉之後，那些原本照畝派徵則遼餉額相對較少，改照糧之後負擔劇增的府縣大有意見。

萬曆四十七年（1619），袁州府的鄉紳耆老即上公呈給知府，謀求改變：

> 今遼左兵興，奉旨加派每畝不過三釐五毫，今改議不以畝而以石。如袁重賦，既不得從五升三合之例，今奉派加又不得與奉新、高安、定南免派之例，復不得奉明旨一畝三釐五毫之科……況新加祿米榜紙等銀，每石止派釐毫，民尚扼腕，今復重派，勢必流離。[7]

當時正處在第一次遼餉加派三釐五毫之時，袁州府紳耆抱怨本府本是重賦之地，正賦徵收比那些畝徵「五升三合」的地方高許多，已經難以承受；現在遼餉加派，既不能蠲免，又不能遵從聖旨「一畝三釐五毫」的徵派則例，反而按糧派徵，額數更多，民眾流離失所，在所難免。

針對按畝派徵肯定有很多人會認為那些田土瘠薄、出產寡少的地方難以負擔的說法，袁州府紳耆也很不以為然，大加駁斥：

> 且如三四百畝派糧一石，即云田至磽矣，然一畝豈無一斗之

7　康熙《宜春縣志》卷10〈釐正賦額疏詳〉，〈闔府鄉紳耆老等呈〉，《中國方志叢書》華中地方第789冊，頁863-865。

收，則三四百畝且有三四十石之入，較之袁田一石，即豐年收
谷不上十石，至年荒一望十九成空，多寡既已懸絕，肥磽當復
何似。[8]

簡言之，袁州府紳耆認為按糧加派如此不公，「通省受惠無涯，
而袁民受苦亦無涯」，他們建議：

懇以袁則之重，較他縣之輕，以袁田之磽，較他縣之肥，酌量
平攤十二府，毋致輕益輕，重益重，樂愈樂，苦愈苦……萬一
復慮他縣之告擾，則他縣田寬賦輕，每石分派不過毫釐，必且
相忘於無言之天。[9]

即將袁州府的過重負擔攤派一部分到江西省其他十二府中，並一
廂情願認為其他府縣「田寬賦輕，每石分派不過毫釐」，不會深究。
接受這一公呈後，知府黃鳴喬便上書司道請求減輕袁州府的遼餉
負擔：

派糧惟照畝最為均平，近日部文每畝派加三釐五毫，夫亦以畝
則無偏榮瘁，是以各省皆照畝加派，眾心帖然，而不意江右有
照糧之說也。夫十三府之糧有積田四百二十一畝科一石者，有
三百四十六畝科一石者，此袁州固不敢遽比也。今惟以吉、臨
與袁提而論之。按袁……民田一畝科糧一斗六升五勺，計田六

8　康熙《宜春縣志》卷10〈釐正賦額疏詳〉，〈闔府鄉紳耆老再呈〉，《中國方志叢書》
　　華中地方第789冊，頁867。

9　康熙《宜春縣志》卷10〈釐正賦額疏詳〉，〈闔府鄉紳耆老再呈〉，《中國方志叢收》
　　華中地方第789冊，頁868。

畝四分科糧一石，比臨江、吉安每畝以五升三合起科，計田十八畝始科一石者，實重二倍，業已具題奉旨以後永免加派，他年倘有移改，許執此陳情，此載在志書並勒石府門有年矣。近日因遼餉加派，安敢抗違！第念賦役之重，原二倍於吉臨，此袁民平時之獨苦也，加派論糧則又二倍於吉、臨，此袁民今日之尤苦也。

黃鳴喬對江西一省改照糧派徵遼餉表示不解，並將袁州府田賦狀況與本省中田賦負擔處於中等水平的臨江、吉安二府加以對比，袁州府計田六畝四分就科糧一石，而臨江、吉安二府要十八畝田才科糧一石，袁州府田賦負擔原本就比臨江、吉安重兩倍以上。遼餉按糧加派，則遼餉負擔也比臨江、吉安二府重兩倍。接著，黃鳴喬又以宜春縣為例，具體闡述按糧加派之下，該縣負擔加重了多少：宜春縣除地山塘外，有實田三六九一頃餘，每田五畝八分二釐六毫派糧一石，共派糧六三三四七石餘，如果按照吉安、臨江府每田十八畝派糧一石的科則，宜春止應派糧二一一一五石餘；現在遼餉照糧派徵，宜春應徵額數為四一一〇餘兩，如果按照吉安、臨江府科則，則止銀一三七〇兩。平時宜春已多四萬多石田賦之累，現在遼餉加派又多三千餘兩，而分宜、萍鄉與此類似，萬載則情況更嚴重。黃鳴喬總結說：

夫輕重相去不甚懸絕，猶可勉強支應，今計重至二倍，則鄉士民安得不嗷嗷求救哉！況環袁皆山，磽瘠十居其八，故田日以逋，民日以逃。今日不為之更始，恐後來必有不可支者。普天之下皆是赤子，何獨執論糧加派之說，別府皆蒙庇而獨困此一方民哉。海內盡論畝而獨江右論糧，使袁州之民向隅對泣。

對此，黃鳴喬建議：

> 將宜、分、萍三縣遵依部文照畝加派，庶民不甚怨諮，官不至
> 掣肘，而公私或可兩全，至若萬載一縣，原蒙題過以上疲論
> 者，合無仍照奉新、高安等縣全免加派，一則存昔日欽定免派
> 之遺意，不至於甚違旨，一則依此邑上疲經題之例，不至於獨
> 屯膏。[10]

　　黃鳴喬請求將袁州府宜春、分宜、萍鄉三縣的遼餉按戶部公文所
說的照畝加派，萬載縣與奉新、高安兩縣一樣同屬「上疲」，應該同
樣免除遼餉加派。黃鳴喬並沒有像本府紳耆那樣直接建議將原屬袁州
府的過重遼餉負擔分攤到其他十二府中，但減此則增彼，唯一的辦法
也只有攤派其他府縣而已。

　　接到袁州府的申文後，江西督糧道置疑道：「據稱先年題准永不
加派，而節年綾紗榜紙價何又照米加編，且並未告免，今乃有此請，
其減派銀兩，部額既不可缺，則又加諸何所，務宜從長酌議妥當」。
江西督糧道反詰袁州府，既有所謂的「永不加派」先例，為何近來的
綾紗榜紙價又照樣徵收，並沒有請求減免？對此，黃鳴喬解釋說：

> 袁州之所以蒙永不加派者，為賦重也。嗣後有綾紗榜紙之編，
> 竟不敢控告者，為數少也。袁民向稱淳樸，倘今日加派而肯依
> 部文照畝，則政平而亦不甚多，袁民亦俛首聽命，未必哀鳴如
> 此極也。惟普天下皆遵旨照畝而江右獨照糧，則外較而有偏輕
> 偏重之太懸，心既有所不平，內顧而有重復加重之極苦，力又

---

10 以上俱見〈乞恩查照碑刻永不加派之例〉，載康熙《宜春縣志》卷10〈釐正賦額疏
　　詳〉，《中國方志叢書》華中地方第789冊，頁854-858。

有所不勝，何惑乎宜、分、萍之嗷嗷赴訴哉。至若萬載，原與
高安共題准上疲者，查歷年逋糧，不分正額與綾紙諸編，無一
項不欠，無一年不欠，則雖有加而實與不加等，總之力疲而不
能輸也。高安既蒙蠲免，萬載自應並恤，一則遵永不加派之
旨，稍存其遺意，一則念俱是上疲之列，何至有異同。[11]

按黃鳴喬的說法，袁州府因為田賦額重，得以「永不加派」，而
原先綾紗榜紙的加編，因為數額較少，不便上控。如今遼餉按糧加
派，袁州加賦既多，且與本省其他府縣相比又輕重失宜，不均之至，
難以承受，不得已才「嗷嗷赴訴」。

江西布政使司對袁州府的回覆，今已不可見。不過，據地方志記
載「遼餉加派，部疏每畝不過三釐零，是在袁以五畝八分起科一石
者，猶止加二分也，省司改照糧石則一石加至六分矣，哀哀袁民控籲
無門，幸本府兩次申請，備極懇切，蒙藩司議從末減，宜春縣減一千
三百三十七兩五錢零，分宜縣減八百二兩四錢零，萍鄉縣減一千九十
八兩零，萬載縣減一千一百四兩四錢零。雖未得依照畝之例，比之原
派舊數，似稍蘇矣。」[12]可見布政使司對袁州府的請求作出積極回
應，極大減少了袁州府宜春、分宜、萍鄉、萬載四縣的遼餉額。以宜
春為例，原本加派四千一百一十兩，經調整後減少一千三百三十七‧
五兩，仍派徵二千七百七十二‧五兩，減徵幅度達到三分之一。至於
這些減徵的遼餉數額，據相關史料來看，應該是攤派到南安、贛州、

---

11 康熙《宜春縣志》卷10〈釐正賦額疏詳〉，《中國方志叢書》華中地方第789冊，頁
859-861。

12 康熙《宜春縣志》卷10〈釐正賦額疏詳〉，《中國方志叢書》華中地方第789冊，頁
861、862。

廣信、饒州四府。[13]

十餘年之後的崇禎五年（1632），袁州府再次運作減免遼餉加派。不過，這次是向朝廷直接呈遞公疏。公疏由袁州府在京的鄉宦鍾炌、袁業泗、張承詔、彭大科、袁一鳳、袁一鼇、袁繼咸等人起草，請求照畝均派。公疏稱按朝廷遼餉加派明文，是「計畝加餉」，而「臣鄉獨不然」。袁州府田五畝八分即科糧一石，遵旨按畝派徵每石應派五分二釐二毫，但實際上卻派徵一錢一分七釐，整個袁州府四縣共科糧二十一萬七千石，遵旨應派一千一百兩，實際卻派徵了二萬三千餘兩。公疏繼續控訴稱：

> 查通省賦役全書，鄰縣每糧一石有田多二百畝、百餘畝者，次七八十畝，又次二三十畝，最少亦不下十餘畝，即號稱極疲如高安一縣，尚以九畝成石，未有如袁獨重者。乃高安遼餉既邀分釐未派，而袁亦惟不得並高安，且不得與諸郡縣埒，肥瘠偏受，輕重懸殊。只緣初議派時，畝多糧少郡縣不利於論畝，倡為計糧科派之說，各懷桑梓私謀，罔顧偏害，當時司道只據一偏，不詳查各府縣田畝多寡，通盤打算，區別調劑，一概舍畝論糧，每石止派若干，袁州地僻人愚，一任派來，無能控籲……只為田多糧少郡縣代輸足額耳。[14]

袁州府鄉宦把改派的矛頭指向了所謂的「畝多糧少」郡縣，認為是它們的倡議，才導致省府採取論糧派餉的辦法。至於解決之道，

---

13 據地方志記載「南昌、袁州以派重求減，攤至南贛廣饒四府」，見崇禎《瑞州府志》卷11〈戶田志二〉，《中國方志叢書》華中地方第897冊，頁650。

14 〈減派遼餉公疏〉，載康熙《分宜縣志》卷9〈藝文考〉，《中國方志叢書》華中地方第752冊，頁591-598。以下引用公疏中內容皆出於此。

仍是請求按畝加派，把多出的遼餉額勻派到其他「田多糧少」的府縣中去：

> 伏乞皇上將臣疏嚴行撫按遵論畝明旨，並查賦役全書，袁郡是否與各縣懸絕，如果臣言不謬，將袁郡遼餉應派一萬一千外，其浮加一萬二千，合無於田多糧少郡縣酌量通融，裒多益寡，務使派法均平，民無偏累……乞敕撫按官凡遇國家有不得已加派，如王莊銀等項，或於曾奉明綸永不加派之處特免再加，或查各郡縣畝多畝寡之殊，斟酌均派，毋徒一概論糧，至成極重難負，流亡轉徙。

雖然公疏奉聖旨「這所奏知道了，該部速行撫按照畝均派」，但江西省採取照糧加派遼餉的方法已有十餘年之久，袁州府又提改回按畝加派，可執行性較小。疏中袁州府還牽扯到瑞州府高安縣，說「高安遼餉既邀分釐未派」，但事實上雖然開始加派遼餉時高安確實免派，但到崇禎五年（1632）時，情況早已發生改變（詳見下文）。

與袁州府同樣遭受「重賦」負擔的瑞州府屬縣也同樣請求削減遼餉加派。崇禎四年（1632），明廷下令第四次加派遼餉，畝派三釐，允許賦重難支的地方申請減派，瑞州府新昌縣人胡維霖即上書知府希望減免新昌縣遼餉加派，書中說：

> 竊見邸報近日加餉，奉旨內有委實災疲，勢難加賦地方，但著該撫按據實奏明請旨定奪……新昌蒙前院題次疲，蓋緣僻處萬山之中，火耕水耨，尚多鳩形鵠面，況旱則焦土，潦則沙淤，田之所出不足以供賦，而賣則無人承買，耕則無人認佃，故鬻兒賣女以輸官，郡縣公祖父母猶不免於參罰，此其瘠疲人所共

知。自有遼餉以來，縱不能邀恩減派，亦當與不疲之縣稍有差等，奈何論畝論糧，較之南昌諸邑反多數千，是原派之遼餉，人情久為不平，即剜肉醫瘡而肉無可刈，今新派每畝三釐，疲邑勢難重加，縱斃監斃杖，於餉亦無補。[15]

新昌處「次疲」之地，賦稅繁重。前三次九釐遼餉按糧加派，使得新昌遼餉負擔肯定比按畝加派九釐增加不少，正值第四次的三釐新派之際，新昌縣人胡維霖就上書知府申詳省府請求調整新派三釐遼餉的額數。可惜的是，請求的回饋結果如何，未見史料記載。

三

府縣之間加派不均會招致衝突爭端，那些原先免於加派的縣分更是成為眾矢之的。南昌府豐城縣加派的遼餉總額為一萬八千多兩，約佔整個江西省遼餉加派的二十分之一，如果按照畝加九釐計算，它本應加派約一萬三千兩左右，兩相比較，「多派」達五千五百五十五兩，多派遼餉數就已超過很多縣分的加派額數。然而，與豐城縣西北鄰境的瑞州府高安縣，卻沒有加派絲毫遼餉。地既接壤，而此重彼無，豐城縣難免心存嚴重不滿，於是相互扳扯衝突，甚至到了叩閽的地步。

康熙《豐城縣志》記載：「萬曆四十二年增遼餉每畝九釐，時高安賄藩書每畝灑銀四釐入豐城，邑人楊惟相疏奏除之。」[16]志中所載

---

15 胡維霖：〈公書啟郡公祖〉，《胡維霖集》之《白雲洞匯稿卷四》，《四庫禁毀書叢刊》（北京出版社，1997年6月），第165冊，頁50。

16 康熙《豐城縣志》卷5〈賦役〉，《稀見中國地方志彙刊》（中國書店出版社，1992年版，下同）第28冊，頁477。

增派遼餉的年代有誤，但卻將高安與豐城矛盾清晰地揭示出來。「豐城鄉宦楊惟相有飛灑漏派之疏，復有漏欠稽遲之疏，高安里民彭惟先等有欺謊受禍之疏，舉人朱恒敬有讒說殄行之疏，楊宦又有違犯抗遲之疏」。[17]雙方唯恐不能扳扯牽連，誇大其詞，甚至給對方捏造莫須有的罪名，以引起注意，佔得先機。先是豐城鄉宦楊惟相上疏控告高安「行賄飛灑」，而高安縣里民回擊上了「為鄰邑說謊欺君，疲邑無端受禍，謹直陳遼餉免派之由，乞敕嚴行勘究，以誅欺誑，以存孑遺事」一疏，對高安之所以免派遼餉的緣由進行了說明，認為都御史王佐特疏具題，「以高安比照陝西上疲，此豈私高安，不過念此窮民而寬恤其萬一也。故歷來徵倭徵播綾紗宗祿等項獨蒙免派，遵行已久。至萬曆四十六年奉旨加派遼餉，戶部咨行撫按惟旨，藩司議詳，都御史包見捷御史張銓參稽，七十五州縣或減或免，或輕或重不等，高安亦在免派，刊榜通行曉諭，何主謀營求之有。」高安免派遼餉，本是依照之前的慣例，並沒有什麼「行賄」、「營求」之事。反而是豐城「撫按持公道，誣以徇私，司道遵舊案，誣以吏弊，使公祖吏胥枉受其羅織，官受參罰，民供魚肉。」疏中反問「江西數百年來兩院司道俱憐高安疲困，卷案疊存，豈皆受賄？」然後進一步指明，豐城原先想把自己負擔的過重遼餉五千五百五十五兩灑派到全省各府縣當中，而江西糧儲道汪起鳳認為「加派各縣窒礙難行」，只願為豐城請免這五千五百五十五兩遼餉申詳到撫按。當時的江西撫按房壯麗等題減豐城遼餉，戶部不同意，要求江西撫按酌處搜括解決，「彼時無獨扯高安之議，無行賄飛灑之說」。此路不通之後，豐城才專門針對高安。疏中還「揭露」說楊惟相投奔閹黨，借閹黨之勢來強令高安負擔五千五百五十五兩的遼餉。

---

17 崇禎《瑞州府志》卷11〈戶田志二〉，《中國方志叢書》華中地方第897冊，頁656。

　　針對楊惟相疏中所說「高安地畝二萬三千餘頃，應派遼餉二萬餘
兩，於豐城爭有無，不爭多寡。」高安辯解說，高安實田為九千五百
二十五頃，比豐城少田二千〇六十二頃，楊惟相稱高安田畝二萬三千
〇六頃，只不過是朦朧將一萬一千餘頃原本並不派糧的荒山也包括在
內，以求聳人聽聞罷了。而且豐城地比高安多一百三十里，徵糧比高
安多四千餘石，但是每年派徵的折色銀兩，高安反而比豐城多六千六
百餘兩，每年派徵的兌米，高安也比豐城多一萬〇三百餘石，「是豐
城地廣田饒糧多而銀米反少，高安地窄田縮糧少而銀米反多，正賦役
全書首載糧例內稱通省賦繁則重，無如高安，民力疲困，委不能堪者
也。方將望恩求減，豈能額外復增乎？」[18]

　　高安辨稱自己「地窄田縮而糧米反多」，實在不堪重負，難以承
受遼餉加增。掌高安縣事瑞州府署印推官徐登瀛也解釋說：

> 遼餉一事，先奉欽允部文循徵倭徵播加派往例，江省獨高安賦
> 重民貧……至王撫臺陳按院題高安、萬載二縣照陝西上疲例，
> 然虛糧倍困，則高安尤甚於萬載也。四十六年加派遼餉，糧道
> 劉、撫院包、按院張備查徵倭徵播高安例免加派，大張榜文，
> 有何脫漏？即四十七年南昌、袁州以派重求減，攤至南贛廣饒
> 四府，及前災傷奉新等處，並未有扯及高安者，則高安之疲困
> 亦通省所共知矣。

　　徐登瀛亦稱，高安「賦重民貧」，遼餉免派是依照徵倭、徵播往
例，並且之前的遼餉調整也未派及高安，亦是由於高安的「疲困」，
之前楊惟相所謂「行賄漏派」之說自不待辯。不過，徐登瀛也表示，

---

18 以上俱見〈崇禎元年高安里民彭惟先袁躍等辨遼餉疏〉，載康熙《高安縣志》卷4
〈畝課二〉，《稀見中國地方志彙刊》第27冊，頁114-116。

「萬不得已,仰承憲檄之再三,令高安量派若干,以勉副普天率土之義」[19],願意承擔部分豐城縣的遼餉加派。

江西布政使司方面認為高安、豐城兩縣都失於意氣用事,誇大其詞,也承認高安免派,豐城求減都有其正當性與合理性,故要求兩縣於這五千五百五十五兩遼餉各承擔一半,為「朝廷軍需」大局,不得相互攻擊。接著布政使司闡釋了高安免派的緣由:

> 問高安何以先免派,該邑夙稱上疲,一苦國初之虛糧,再苦萬曆初履畝之縮丈,糧米折銀,夙為極重。先年撫院題請比耀州上疲七分考成,又為酌減雜派,著令永免一切加徵,徵倭徵播向俱免派,至四十六年部題援徵倭徵播以□□派餉,本省司道議遂徵倭徵播例以免派高安,明載其文,大張榜示,當年高安倭播之免派,不以為漏,即初派遼餉尚有同高安而免派如奉新、定南者,亦各不以為漏,此高安從前免派並非私漏之故也。

但是,時移勢變,今日高安應當酌量承擔遼餉:「遼事派餉數倍於往額,該邑即素疲,以來(按,來字疑衍)未有遼事百年之休息,以既有遼事十年之蠲除,於今因鄰邑議餉,輕重不倫,聽酌派於從公,仍取數於輕少,分義應在人心。」

布政使司又解釋了豐城縣為什麼會多派遼餉:

> 問豐城何以稱多派,查部文派額本照通省地畝每畝九釐坐派,當年司道議以照畝概將瘠土下則加數反多於正供,故取則壞,均之糧則,通省照糧起科,豐城獨以糧多派多,初非偏有飛

---

19 見〈掌縣事徐登瀛申文〉,崇禎《瑞州府志》卷11〈戶田志二〉,《中國方志叢書》華中地方第897冊,頁649-651。

灑，此豐城當日多派之故也。但餉額雖云照糧，要亦派不一
則，有派一錢幾分者，有派二錢幾分，甚有至三錢零者，就
中又見糧則未可概律，更寓通融平準。豐城派在每石一錢五
分，數本與他邑埒，獨其原來畝少糧多，因疲本在正糧，故改
照畝為照糧，豐城獨以為困，一縣派至一萬八千餘兩，通省所
無也。

　　江西布政使司還透露，因豐城多派五千五百五十餘兩，士民屢屢
呈減，江西省府方面曾經上疏請予減免，部議也同意減免，但需將無
礙銀兩酌抵，不過省府搜括無著，難以施行。但是，豐城加派遼餉應
予酌減，這是毫無疑義的。概括來說，江西布政使司認為，高安之前
獨享免派之利，現在應該與鄰縣協同共濟，適量分擔一部分豐城的過
重遼餉。

　　總之，布政使司認為「豐邑以獨重不平則鳴，至高安激於見牽，
轉議其不應減，則豐邑之不平；高安以疲免相安，忽鄰邑發議減此加
彼，則不服；至豐城拘端爭餉，而轉詰其以弊免，則高安愈不服。」
最後導致「議論日煩，蔓延無已，偏激拘爭，餉局安底？」朝廷急需
的遼餉在兩縣爭執之中，被置之不問而虛懸[20]。事實上，豐城、高安
都有不當之處：「夫初責以量受，後責以全受，豐城之過於持高安
也；不能為全受，並不肯為量受，高安之無以服豐城也。」最後，布
政使司強調：

---

20 據稱「前按院具題均認，蓋亦體貼物理人情之極致矣，而卒未能行，一擲數載，該
　部已失餉二萬餘兩矣」，看來，這5555兩遼餉的虛懸已經有四年之久。見《崇禎二
　年巡撫魏照乘巡按范復粹題允高安量分遼餉疏》，載康熙《高安縣志》卷4〈畝課
　二〉，《稀見中國地方志彙刊》第27冊，頁116-118。

如云減豐城者何以派高安，則院題部文豐城應減在案，今日以
所量派抵所量減，正部文所云總求不失原額，亦猶當年減南贛
回派與高安同免之奉新，兩不任受德怨，是又他不得藉口紛紜
者矣。在高安當思遲一日之恩，在豐城當思減一分實受一分之
賜，若高安執免派之往例，則通省皆有餉，誰自外於普天率
土。如豐城猶執照畝之原減，則通省皆論糧，尚何誣於？終事
急公是非之較參互，而至當出焉。[21]

豐城五千五百五十五兩過重遼餉的一半就應由高安縣來承擔，高
安不應執稱「免派」；豐城也不應堅持「照畝」，因為整個江西省都照
糧加派，豐城沒有理由例外。總之，江西布政使司對豐城高安兩縣爭
端，不厭其煩，苦口剖析，力圖調處，最終各打五十大板，要求共同
承擔這五千五百五十餘兩的遼餉加派，各分一半。

之後江西巡撫魏照乘、巡按范復粹據布政使司議上疏題請高安量
分遼餉，疏中簡明扼要的解釋了豐城、高安爭執始末：

蓋豐城、高安始終以餉起見者也，不關贓亦不關朱、楊二宦
也。在豐城欲推其所偏重，在高安又不肯認其所原無，在豐城
以為王土王民，此日並無得及寬徵，乃該縣之獨免者何故？在
高安以為徵倭徵播從來得免加派，而昔日之行賄者為誰？在豐
城糧本太重，故情急而語不擇音，在高安地本上疲，故患切而
計不及顧。或以意氣相加，或以戈矛相尚，此曰行賄，彼曰逆
黨，角口不勝，遂至叩閽，則情益激而詞寢非，職此故矣。明

---

21 以上布政使司議都見《布政司三刑館議》，崇禎《瑞州府志》卷11〈戶田志二〉，
《中國方志叢書》華中地方第897冊，頁651-659。

主必欲叩其後之所事,當事者始躊躇四顧,莫敢措手,餉銀擔閣,實由於此。[22]

戶部同意了江西撫按的建議,要求豐城、高安各承擔二七七七・八兩的遼餉,「於高安仍各示上疲之意,於豐城亦少免加派之苦」,並表明立場:「自有加派以來,臣部雖為之酌畫定式,而調劑率聽之省直,則以風土不齊,肥瘠不等,概難懸坐以取盈也。然加派之數止分多寡,不分有無,則以軍興孔棘,率土同仇,亦不至甘苦之懸絕也。」[23]具體加派事宜,戶部聽各省直通融調劑,除非出現爭端,一般不予干預,另外,遼餉加派之事,各省直除了貴州、北直八府之外,都應該承受,「止分多寡,不分有無」,不能有哪個府縣可以置身於外。

江西省的遼餉加派一開始就不僅改為按糧,並且按糧中再分等則,在這種情況下,仍有照糧偏重的地區,布政使司對此又加以調整,如「(萬曆)四十七年南昌、袁州以派重求減,攤至南贛廣饒四府」[24]。然而,調整之中又再被加派遼餉地區,並不會輕易就服從布政使司的指令,總要經過一番討價還價,相互博弈之後才會達成妥協。

贛州府代編南昌、袁州二府遼餉,就是一個例證。贛州府「奉布政使司明文為南昌等縣士大夫以苦樂不均,將彼處原派遼餉三千三百八十五兩加派贛府十一縣」,對此,贛州知府金汝嘉表示異議:

竊惟國家定賦,三壤為則,不得已而為苟且之計,固宜以賦為

22 《崇禎二年巡撫魏照乘巡按范復粹題允高安量分遼餉疏》,康熙《高安縣志》卷4〈畝課二〉,《稀見中國地方志彙刊》第27冊,頁116-118。

23 《崇禎二年巡撫魏照乘巡按范復粹題允高安量分遼餉疏》後所附戶部尚書畢自嚴題復疏,康熙《高安縣志》卷4〈畝課二〉,《稀見中國地方志彙刊》第27冊,頁118。

24 崇禎《瑞州府志》卷11〈戶田志二〉,《中國方志叢書》華中地方第897冊,頁650。

則，不應計畝也。蓋畝之所入如力之所勝，有千鈞於此，烏獲
以一人勝，懦夫累十百人而後勝，至不齊也。苟欲加於千鈞之
上，則亦惟千鈞為則，其必不析十百人與烏獲並衡也亦明矣。

贛州府是典型的「畝多糧少」之地，金汝嘉當然鼎力贊成「以賦
為則」，即按糧加派遼餉，反對照畝派徵。接著，他闡述贛州已不堪
加派的情形：

> 贛土於江右為下下，賦亦下下，顧賦綦薄而差則重，向來原無
> 贏餘，加派不堪，況可代編？！至以苦樂言，孰有苦於贛者，
> 以田言之……積數十百塍而得一石穀，所以贛之問產計直，不
> 曰田畝而曰穀擔，政以畝之所入者鮮也，可以畝多糧少□畝而
> 加乎……此即初加猶不可，而可再加乎？贛俗貧而性悷，其視
> 穀一擔米一桶不減夜□，往往變色而爭。計初派之數則穀之為
> 擔者幾三萬，此於窮民無異剜肉，無幾何時又使代人再輸此
> 數，人情安得不洶洶也。夫贛民之聊生也久矣，一番加派，僅
> 以栽藍種花供賦糊口，此舉若行，惟有賣男鬻女，此為苦乎？
> 樂乎？

贛州地處群山之中，山田出產不多，原先的遼餉加派就已成為沉
重負擔，再加上為南昌府縣代編，則愈加民不聊生。金汝嘉甚至警告
說：「況今之贛非無事之國也，閩廣流民聚居山谷，為作奸藪，漸見
蠢動，杞憂方切，況可以重斂毆之乎？將有不可言者，莫謂職今日不
言也。」[25]金汝嘉將此議上呈，最終，「省會臺司量為減處」，贛州代

---

25 以上金汝嘉論議見〈金太府汝嘉代編議〉，載天啟《贛州府志》卷7〈食貨〉，《中國
 方志叢書》華中地方第960冊，頁508-514。

編減少。這減少的代編遼餉銀，據記載是「減南贛回派與高安同免之奉新」[26]，即很有可能是攤派給原無遼餉加派的南昌府奉新縣了。

綜上所述，明末江西省在遼餉加派之初，布政使司就改按畝為論糧；在論糧中，又分等則，各府縣從每石派一錢幾分到二錢幾分，至每石派三錢零不等。但因各地情況不一，賦稅水平各異，地方利益導致紛爭不止，控告不已，布政使司酌量加以調劑，將過重部分攤派到相關府縣，使省內各府縣間的遼餉負擔趨向於公平。由此可見，中央政令頒佈後，江西各級地方政府根據實際狀況，斟酌損益，因地制宜，公平與靈活兼顧，鬥爭與妥協並存，顯示出晚明時期的地方行政體制，在某此方面仍然具有較強的調適能力和彈性。

---

26 崇禎《瑞州府志》卷11〈戶田志二〉，《中國方志叢書》華中地方第897冊，頁658。

試論清代米價變動及其成因

——一種經濟學之淺觀

林援森

香港樹仁大學新聞與傳播學系

引言

我們從以物易物的交易階段，到懂得利用貨幣作為交易媒介，以作為一種交易現象，其發展自然可理解為人類發展的一種進程及文明之展開。若從經濟學而言，更是劃時代的變化。針對以物易物與貨幣之間的差距，這是一種有趣的關係。當我們以物易物交換別人的東西，我們以個人需求交易所需為基本，各取所需；可是，一旦換成貨幣，以貨幣作為一種媒介，其實是一種複雜的經濟現象。物品或商品以貨幣來反映其價值，即以物價作為基本；基本而言，物價之釐定乃源自物品本身的供需關係，但貨幣作為一種交易工具，其本身亦是一種貨幣之商品，其本身亦有一種供求關係，如是物價之設定便發生著微妙變化。到底物價以市場供需，還是貨幣之價值，甚至貨幣供求來定價。本文擬以清代米價之變化作為中心，淺論其價格跟米糧供求、人口和貨幣之關係，望能對米價變化有其點滴之淺見。

理論說明：供需與貨幣

美國經濟學家格里高利·曼昆（Nicholas Gregory Mankiw）指出，市場（market）由某種商品購買者和供給者所組成。購買者決定了產品的需求水準，供給者則決定了產品的供給譜度。市場供給和需求均可建立各自的曲線；市場供給曲線和市場需求曲線畫在一起，其兩條曲線相交於一點；這個交點可稱為市場的均衡點（equilibrium），即市場價格。曼昆同時指出，分析市場均衡變動有三個步驟，首先確定影響事件移動者是供給曲線，還是需求曲線；第二是曲線的移動之方向；最後是使用供給和曲線圖分析曲線之移動，以對均衡價格和均衡數量的影響[1]。

供給和需求變動下均衡價格變動

	供給不變	供給增加	供給下降
需求不變	P 不變、Q 不變	P 下降、Q 上升	P 上升、Q 下降
需求增加	P 上升、Q 上升	P 不明確、Q 上升	P 上升、Q 不明確
需求減少	P 下降、Q 下降	P 下降、Q 不明確	P 不明確、Q 下降

P：價格，Q：產量

如文首所言，物價與貨幣同樣地有著不可分割的關係。十九世紀時，美國大部時間物價處理通縮[2]。一九二一年，德國一份報章價格

---

1 N. Gregory Mankiw (2011). *Principles of Microeconomics*（6th edition）. Cengage Learning. 曼昆（2003）。《經濟學基礎》（第二版）（北京市：生活·讀書·新知三聯書店），頁510-527。

2 N. Gregory Mankiw (2011). *Principles of Microeconomics*（6th edition）. Cengage Learning. 曼昆（2003）。《經濟學基礎》（第二版）（北京市：生活·讀書·新知三聯書店），頁488。

為〇點三馬克，但到了一九二三年上升至七千萬馬克，這不是供求關係那麼簡單，而是一種貨幣問題[3]。

有關貨幣之經濟學論述，早見諸於休謨（David Hume）和弗里德曼（Milton Friedman），經濟學中貨幣學派，一代一代之學者均討論貨幣與經濟和物價的關係[4]，論點豐富，汗牛充棟。針對貨幣如何起著影響之因素，曼昆指出，這是時間性問題。他又說，短期而言，利率可能更重要；但長期而言，貨幣供應更重要。

「長期而言，物價總水準調整貨幣需求等於貨幣供給水準[5]。」曼昆如是說。

研究方法

本文以清代米價為分析材料，試從米價變動看供求和貨幣的關係。相關資料以《清實錄》為基本，並以全漢昇老師相關米價研究文章，包括《明清經濟史研究》等。另外，亦參考梁方仲《中國歷代戶口、田地、田賦統計》所提供的相關數據。學者傅漢思之〈清代前期的貨幣政策和物價波動〉一文，以及龔勝生〈從米價長期變化看清代兩湖農業經濟的發展〉、馬學強〈清代江南地區的物價與居民生活：以上海為例〉，其相關文章亦提及相關資料。本文將相互參照，以建

3　N. Gregory Mankiw (2011). *Principles of Microeconomics*（6th edition）. Cengage Learning. 曼昆（2003）。《經濟學基礎》（第二版）（北京市：生活・讀書・新知三聯書店），頁488。

4　N. Gregory Mankiw (2011). *Principles of Microeconomics*（6th edition）. Cengage Learning. 曼昆（2003）。《經濟學基礎》（第二版）（北京市：生活・讀書・新知三聯書店），頁488。

5　N. Gregory Mankiw (2011). *Principles of Microeconomics*（6th edition）. Cengage Learning. 曼昆（2003）。《經濟學基礎》（第二版）（北京市：生活・讀書・新知三聯書店），頁488。

立起一條清代米價曲線，並以人口、儲糧及貨幣曲線，以試論其中的
關係，以期淺證出物價、人口、倉物供應和貨幣之間的關係。

分析

　　若言及一時一域的物價水準，今天而言，最理想的工具當然是通
脹率。但是，若分析歷史材料，則可能面對資料不全的難題，我們難
以建立一條資料完整的通脹曲線。因此，我們必須找出另一種可行的
替代工具。如果擬分析清代之物價水準，米價是一項合理的工具。因
為食物是生活必須品，中國人以米為主要食糧，其具一定的說明力。

　　談到米糧，文獻常見「蘇常熟天下足」，這是五代及北宋之後，
中國的經濟重心南移，形成蘇常地的特殊地位。蘇松一帶本乃魚米之
鄉，如上述，宋代見「蘇湖熟，天下足」之美譽。可是，到了明清時
期，則見缺糧之虞[6]，「蘇常熟，天下足」漸漸成為過去。蘇常產量其
實沒有減少，但人口增加了，需求自然大，如是供求變得不平衡[7]。明
朝以後，江南經濟亦出現變化，生產重心卻移往湖南湖北兩地，湖廣
地區更形重要。如是，清中葉以後，始見「湖廣熟，天下足」[8]。雍
正十二年湖廣運米至江浙每年一千萬石[9]。其產量之盛，可見一斑。

　　清一代產米地當然不只於湖廣地區，供應來源多，但中國人口於
乾隆時候出現急速上升的勢頭，但食糧亦可以應付，因為中國飲食種
源多了，正如全漢昇老師所言，美洲的馬鈴薯等之輸入，大大改善了

6　民國《吳縣誌》卷31，錄自《陶澍、林則徐疏略》（道光15年4月）。馬學強〈清代
　　江南地區的物價與居民生活：以上海為例〉http://www.sass.stc.sh.cn/eWebEditor/
　　UploadFile/00n/ull/20060626100130917.pdf
7　全漢昇：《明清經濟史研究》（臺北市：聯經出版事業公司，1994年6月），頁52。
8　全漢昇：《明清經濟史研究》（臺北市：聯經出版事業公司，1994年6月），頁52。
9　全漢昇：《明清經濟史研究》（臺北市：聯經出版事業公司，1994年6月），頁52。

食物供應之問題。然而,米食仍是中國人主要的食糧。清一代之米價基本而言,前半葉是穩定的,且維持在一個較低的價格水平,一般而言,一石低於二兩。但是,到了乾隆漸見波動,一石二兩是基本平均價,最高曾升至一石五兩。

如上文所述,本文以《清實錄》經濟資料為基本,並以全漢昇米價研究和梁方仲等資料,以建立米價、人口、米糧倉存等資料。

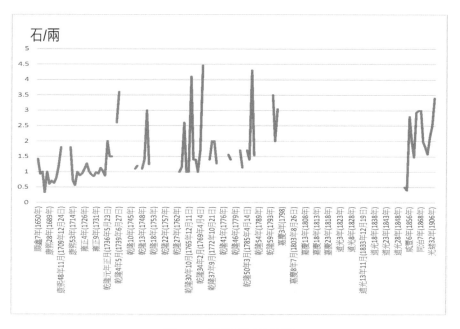

圖一　清代米價走勢

由於道光後數據略欠完整,因此本文以乾隆至道光初年為時間範圍,再微觀察,試行探討米價之走勢受到什麼因素所左右,或其關聯性。從下圖二見乾隆一代之米價是波動的,於三十七年以後始見平穩。但到了嘉慶和道光,數據其實略欠充分,但為了看到某種延續性,勉強延長曲線,以作較長期及不同世代變化之分析。同時亦配合比較人口、倉存(供應)、銀錢兌換之變動。

　　圖二至圖五為清代乾隆至道光年間的米價、人口、倉存（供應）、銀錢兌換之變動圖，其年份全相同，以便分析。詳見圖下。

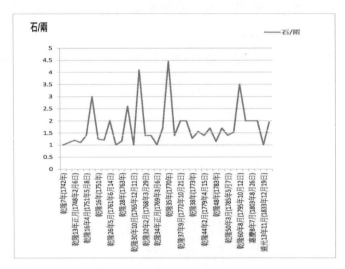

圖二　乾隆至道光之米價

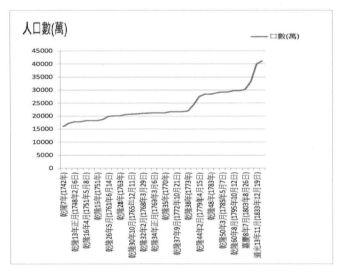

圖三　乾隆至道光之人口

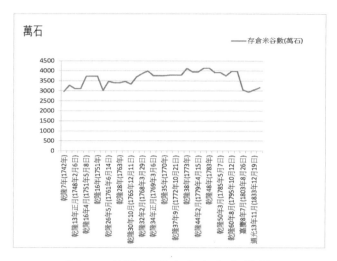

圖四　乾隆至道光之存倉米穀數

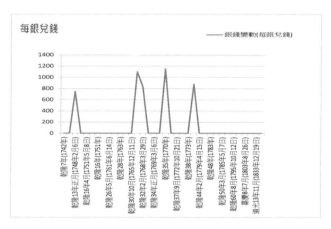

圖五　乾隆至道光之銀錢變動

從上述四圖可見，米價對人口之關係及彈性不算大，同樣情況見諸於倉存；但是，其對銀錢之走勢則較相近。如是我們相信同期之米價變化並非受到人口和倉存供應所影響，其影響偏向銀錢之變化。為了進一步了解其關係，本文利用上述同期的數據，以簡單之迴歸分析處理，試看關係值。

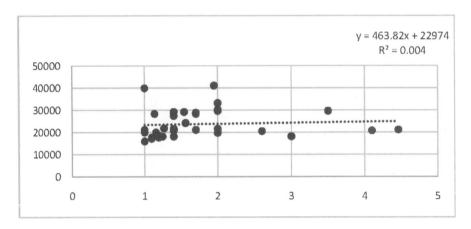

圖六　米價與人口迴歸分析

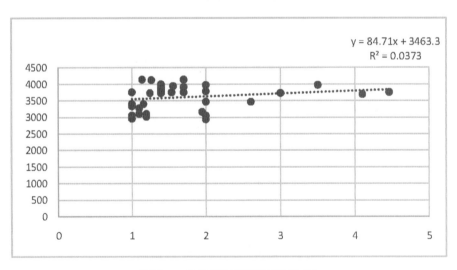

圖七　米價與庫存迴歸分析

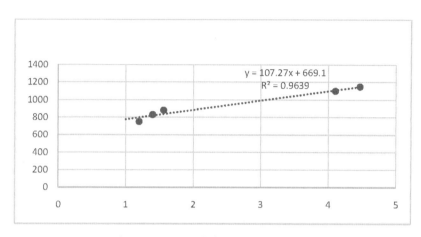

圖八　米價與銀錢迴歸分析

從上圖可見，R²值愈偏向1，意味關係愈密切。米價與人口之 R²
為○點○○四；米價與庫存之 R² 為○點○三七三；米價與銀錢之 R²
為○點九六三九，可見米價與銀錢之關係值最高。

但是，銀錢值之數據略少了一點，未必具參考性。為了進一步確
定兩者之存在及關係意義，我們以各朝代可見之數據，算出平均值，
按其基本值所算之平均值，再作一次相若分析。

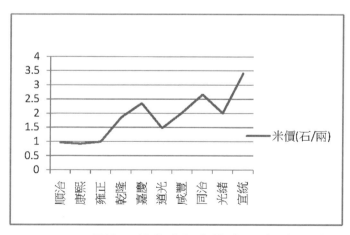

圖九　清代米價走勢（石／兩）

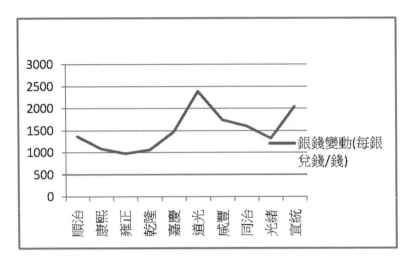

圖十　清代銀錢變動（每銀兌錢／錢）

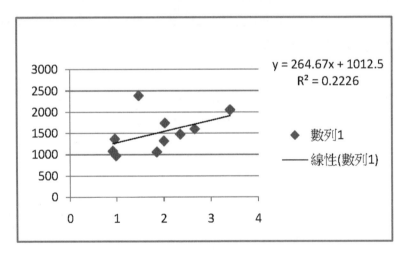

圖十一　清代米價與銀價迴歸分析

　　若圖九和圖十所顯示，大方向相若，先低後高，但道光年間則見背馳。米價與銀錢 R^2原為○點九六三九、以朝代平均值計算，則見下降，R^2為○點二二二六，但仍高於人口和倉存之參考值。可見，清代米價變化跟銀錢之變化，其關係是具意義的。

　　早於一五八六至一六四三年間，西班牙經菲律賓輸中國白銀一三三萬元[10]。明季從菲律賓輸入白銀七千五百萬元[11]。明季日本流出白銀二五〇〇〇萬西班牙銀元[12]。但到清代早期出現變化，以致白銀流入減少。康熙前半期，米糧價低，同時米價穩定，乃海禁所致，白銀沒法流入，平衡了錢價[13]。但是到了後期，西方強權開始闖入東方領域，同時漸次地跟清政府交往，貿易形成，加諸於後期因戰敗所簽定的條約，他們在中國領域中進行貿易，以致白銀流入增加，造成錢價波動。一七八五至一七八九年，以及一七九以年，共流入白銀三六七萬英鎊[14]。另據 H.B.Morse 估算，一七〇〇至一八三〇年間，中國共流入白銀九千萬英鎊至一萬萬英鎊之譜[15]。

　　十九世紀後，銀子更由進口變成出口。英國擬推銷羊毛至中國，但不成功，改為從印度輸出鴉片到中國，結果有效地打出貿易缺口，銀子流出七十八萬至八十萬兩[16]。一七〇八至一七五七年，英國流入中國白銀六五〇萬英鎊[17]。

　　從上圖可見，銀價兌錢的之購買力下降，直至光緒後期始見回升。同期米價若以銀為單位，其面價亦上升，以平衡銀價兌錢之購買力；今天而言，這是一種匯價關係。

　　轉引自馬學強〈清代江南地區的物價與居民生活：以上海為例〉一文，英國人斯當東於乾隆年間來華，他曾提及江南物價情況。他表示：「最近一個世紀以來，大量白銀從歐洲流入中國，因此中國物價

10 莊國土：〈16-18世紀白銀流入中國數量估算〉，《中國錢幣》（1995年3月）。
11 莊國土：〈16-18世紀白銀流入中國數量估算〉，《中國錢幣》（1995年3月）。
12 莊國土：〈16-18世紀白銀流入中國數量估算〉，《中國錢幣》（1995年3月）。
13 全漢昇：《明清經濟史研究》（臺北市：聯經出版事業公司，1994年6月），頁52。
14 全漢昇：《明清經濟史研究》（臺北市：聯經出版事業公司，1994年6月），頁52。
15 全漢昇：《明清經濟史研究》（臺北市：聯經出版事業公司，1994年6月），頁52。
16 全漢昇：《明清經濟史研究》（臺北市：聯經出版事業公司，1994年6月），頁52。
17 全漢昇：《明清經濟史研究》（臺北市：聯經出版事業公司，1994年6月），頁52。

顯著提高。……根據過去傳教士的帳目看，過去物價比現在低得多。
現在中國有些必須品的價格已經同英國差不多了。」可見，白銀流入
中國，造成貨幣總量變化，從而影響物價[18]，其觀點具一定共識。全
漢昇老師指出，十八世紀中國糧價波動是長期性的，白銀流入是重要
的因素[19]。本文可從數理角度以補充其觀點。

　　若研究銅錢和白銀關係，其是另一大課題。中國清朝前期和中期
的複本位的貨幣制度中，白銀是最重要的金屬貨幣[20]。清政府實際中
央貨幣政策重點則集中在銅錢上，較少涉及白銀[21]。銅錢則主要用於
零售市場和工薪支付。銅錢本身受到其供求所影響[22]。

　　瑞士漢學家師傅漢思指出，清代前期和中期市場高兌換率見三個
時期，分別是一六四四至一六八〇年、一六九一至一七一五年，以及
一七八六年至十九世紀中葉；兩個市場低兌換率的時期則見諸於一六
八〇至一六九一年和一七一五至一七八六年[23]。高兌換率乃過渡時
期、戰事和社會經濟受到了損害之秋；同時，除了美洲白銀經西班牙
之菲律賓流入，其亦增加日本之供應，其於一六八五至一七一五年
間，中國廣泛利用日本銅料[24]。其後，日本銅耗盡後，清政府轉移雲

18 馬學強〈清代江南地區的物價與居民生活：以上海為例〉http://www.sass.stc.sh.cn/
　eWebEditor/UploadFile/00n/ull/20060626100130917.pdf
19 全漢昇：《明清經濟史研究》（臺北市：聯經出版事業公司，1994年6月），頁52。
20 瑞士漢學家師傅漢思（張世福、張莉紅譯）:〈清代前期的貨幣政策和物價波動〉，
　載《中國錢幣》1995年第3期。
21 瑞士漢學家師傅漢思（張世福、張莉紅譯）〈清代前期的貨幣政策和物價波動〉，載
　《中國錢幣》1995年第3期。
22 瑞士漢學家師傅漢思（張世福、張莉紅譯）〈清代前期的貨幣政策和物價波動〉，載
　《中國錢幣》1995年第3期。
23 瑞士漢學家師傅漢思（張世福、張莉紅譯）〈清代前期的貨幣政策和物價波動〉，載
　《中國錢幣》1995年第3期。
24 瑞士漢學家師傅漢思（張世福、張莉紅譯）〈清代前期的貨幣政策和物價波動〉，載
　《中國錢幣》1995年第3期。

南銅礦[25]。據估計,在一六四四至一八四四年的二百年間,清一代錢局生產總數達為三‧三億串銅錢[26]。

結論

本文有關迴歸因應其數據之不完整,未必符合統計學之要求,但本文以為可以粗略看到不同因子之間的變化的點滴。若言本文之分析所得物價變化,一般而言,其應受到供求所影響;但觀乎清一代或者乾隆至道光年間,其變化其實更損益於貨幣之變化。本文以為這是有趣的觀察。

---

25 瑞士漢學家師傅漢思(張世福、張莉紅譯)〈清代前期的貨幣政策和物價波動〉,載《中國錢幣》1995年第3期。

26 瑞士漢學家師傅漢思(張世福、張莉紅譯)〈清代前期的貨幣政策和物價波動〉,載《中國錢幣》1995年第3期。

參考書目

南開大學歷史系編　《清實錄經濟資料輯要》　北京市：中華書局
　　　　1959年

全漢昇　《明清經濟史研究》　1994年6月

梁方仲　《中國歷代戶口、田地、田賦統計》　上海市：上海人民出
　　　　版社　1985年

傅漢思（張世福、張莉紅譯）　〈清代前期的貨幣政策和物價波
　　　　動〉，載《中國錢幣》第3期　1995年

龔勝生　〈從米價長期變化看清代兩湖農業經濟的發展〉，載《中國
　　　　經濟史研究》第2期　1996年

馬學強　〈清代江南地區的物價與居民生活：以上海為例〉　見
　　　　https://zh.scribd.com/document/7195745/%E6%B8%85%E4%B
　　　　B%A3%E6%B1%9F%E5%8D%97%E7%89%A9%E4%BB%B
　　　　7%E4%B8%8E%E5%B1%85%E6%B0%91%E7%94%9F%E6
　　　　%B4%BB-%E5%AF%B9%E4%B8%8A%E6%B5%B7%E5%9
　　　　C%B0%E5%8C%BA%E7%9A%84%E8%80%83%E5%AF%9F

略論北洋政府時期的
中央銀行制度

陳俊仁[1]

復旦大學歷史系

前言

　　中國的新式銀行業興起於晚清，外國銀行來華開業之後，它與傳統金融業的主要分別在於其制度不同。票號及錢莊的制度是在傳統的商業習慣及經濟社會環境中慢慢形成的，而本國銀行業的制度則仿效外國。銀行制度千頭萬緒，我們會集中討論其中一個重要的環節：中央銀行制。

　　根據現代的銀行學理論，中央銀行有五大功能，包括（一）執行國家的金融政策，發行紙幣及其他工具；（二）作為政府的銀行，經理國庫，提供中央票據清算，並作為銀行的銀行（Bank of Bankers），支持周轉不靈的銀行；（三）扶助銀行業，引導資金用於正確用途；（四）監督銀行業依法運營；（五）研究國家金融經濟。[2]

1　樹仁大學中國語言文學學士、新亞研究所歷史學碩士、復旦大學歷史學博士。
2　饒餘慶：《現代貨幣銀行學》（香港：香港商務印書館，1985年），頁105、106。

中國銀行的角色

　　無論是清末的大清銀行，還是民初的中國銀行，雖未有「中央銀行」之名，但已是實質意義上的中央銀行。在中央銀行的各種功能中，它們作為「銀行的銀行」可算是最弱的一環。由清末至北洋政府末期，銀行的平均倒閉率約為百分之四十五。[3]中央銀行顯然沒有負起協助其他銀行的責任，而高居不下的倒閉率自然影響整體銀行業的信譽和資本累積。要成為有效用的中央銀行，至少要有兩個條件，第一、央行必須要有雄厚的資力，在必要時協助其他銀行。第二、除法定的地位外，要有其他輔助的制度，包括保存其他銀行的儲備、設立票據交換所及擁有監管其他銀行的權力，才能使央行成為真正的銀行業中樞。

　　首先，中國銀行成立頭一年（1912）的實收股本只有二六六萬元，[4]而同年本國銀行業（不計算外資銀行）的總資本為二七一二萬元，中行所佔連十分之一也不到，又如何能協助其他銀行呢？到一九二〇年，全國銀行資本數字為八七八二萬元，每家銀行平均為九十萬元，而中行為一二二八萬元，超過平均數十二倍。[5]可是，中行對政府放款已佔去貸款額的四成至七成，[6]自然削弱它作為銀行業「最後貸款人」的能力。

　　輔助制度方面，有人於一九二一年倡議設立票據交換所，為銀行業清算票據的中心，但一直沒有進展，而政府亦沒有規定其他銀行須

3　陳俊仁：《中國近代（1897-1927）銀行史之研究——清末民初本國銀行業發展的整
　　體分析》（香港新亞研究所碩士論文，1990年，未刊），頁97。

4　黃如桐：〈北洋政府時期的中國銀行〉，見《平准學刊》第五輯上冊（北京市：光明
　　日報出版社，1989年），頁524。

5　見黃如桐前引文，頁524。

6　見黃如桐前引文，頁522。

繳交準備金。此兩者皆為一般中央銀行的職務。再者,中行沒有被政府賦予監督其他銀行的權力。中行成立時,銀行數目尚少,未必有此需要。及後,銀行業雖然發展蓬勃,但北洋政府與中行摩擦不斷,它自不會信任中行。就算一九二八年成立的中央銀行,亦不是一開始便擁有這些權力。故此,在銀行業內人士的觀念中,一般亦不以中國銀行為央行。[7]

再者,中國銀行的發展亦偏離了它作為中央銀行的角色。中國銀行自開辦後,一直受到政府的壓力,要無限量的支持國家的財政,此舉不但大大阻礙了銀行的發展,同時促成銀行的商業化。後來,中行漸漸擺脫政府的控制,碰上軍閥混戰加劇,故它在一九二二年,正式改變營業方針,轉而注重商業銀行業務。

中央銀行的商業化構成與其他金融機構的不良競爭,央行既有政府賦予的若干特權,再進而注重一般商業銀行業務,其他銀行自然處於不利的位置。再者,央行資金部分流向商業業務,會削弱它履行職務,如穩定金融、協助其他銀行等的能力,對整個銀行業的發展極為不利。本來中國銀行的資本已不足夠在這動盪的政治環境中,應付其中央銀行的職務,現在再加上商業化的影響,力量更嫌單薄。

雖然在制度上中國銀行並非完全的中央銀行,但是它憑著較雄厚的實力,亦曾盡力結及領導同業。

第一、一九一五年,中國銀行上海分行發起當地銀行正副經理聚餐會,最初參加者有中國、交通、浙江興業、浙江地方實業、上海商業儲蓄及鹽業等七家,使銀行界時有機會商討共同問題,一九一八年成立的上海銀行公會即孕育於此。[8]雖然中國銀行只擔任過公會第一

7　徐滄水:《上海銀行公會事業史》(臺北市:文史出版社,1985年重印1925年版),頁62。

8　姚崧齡:《張公權先生年譜初稿》(臺北市:傳記文學出版社,1982年1月),頁24。

屆會長，[9]但公會某些事務，如公棧、[10]公共準備金[11]均交中行辦理。

第二、一九二〇年，英、美、法、日四國新銀行團成立，準備向政府放款，本國金融業亦醞釀成立銀團，與之抗衡。翌年，三個本國銀團先後成立，包括：（一）購車借款銀團。由中行組織二十二家銀行，與交通部訂立合同，後因軍閥截留鐵路收入，交通部無法支付本息；[12]（二）上海造幣廠借款銀團。由中國、交通兩行領導上海銀行業及錢業組成，借款予財政部興建造幣廠，後廠長屢易，工程延誤；[13]（三）通泰鹽墾五公司債票借款銀團。由中行領導上海銀行、錢莊組成，承購鹽公司所發行債票，後該公司內部管理不善，本息一再愆期。[14]以上三次組織銀團的嘗試，因各自的理由而同歸失敗。

在整個北洋政府時期，在制度上，在實際作用上，中國銀行都不能算是完全的中央銀行。它沒有所需的權力和資本，加上政治和經濟動盪不已，政府支持又不足。中行雖極力承擔央行的責任，但整體效果並不令人滿意。前人對這問題論述不少，此處不再重複。[15]中國銀行沒有足夠的權力和資金控制通貨及信貸的增減。一般西方中央銀行用以收縮信貸，吸收過剩資金的方法，如再貼現政策（manipulation

---

9 徐滄水前引書，附錄，頁12。

10 徐滄水前引書，附錄，頁3。

11 徐滄水前引書，附錄，頁44。

12 姚崧齡：《張公權先生年譜初稿》（臺北市：傳記文學出版社，1982年1月），頁51，及《中國銀行二十四年發展史》（臺北市：傳記文學出版社，1974年），頁77、78。

13 前引姚崧齡：《張公權先生年譜初稿》，頁52、53，及《中國銀行二十四年發展史》，頁77、78。

14 前引姚崧齡：《張公權先生年譜初稿》，頁53、54。

15 有關此課題可參閱中國銀行行史編輯委員會編：《中國銀行行史（1912-1949年）》（北京市：中國金融出版社，1995年9月）；毛知礪：《張嘉璈與中國銀行的經營與發展》（臺北市：國史館，1996年9月）；Linsun Cheng, "Banking in modern China: entrepreneurs, professional managers and the development of Chinese banks, 1897-1937", Cambridge University Press, New York, 2003.

of discount rate）及公開市場業務（open market operation），在中國均無法實施，於是通貨偶一膨脹，市場便很容易出現投機活動，造成恐慌。相反在信用緊縮時，央行又無力給一般銀行融通的款項。這是歷年來中國金融紊亂不安，銀行倒閉率高的主因之一。

銀行同業組織

清末傳統金融業已發展出若干機制，某程度上代替了中央銀行的功能。以上海錢莊為例，它們連成各個「幫派」及「聯號」。所謂「幫派」乃依錢莊經理之籍貫而分，有紹幫、寧波幫、鎮江幫等。[16]所謂「聯號」，則依股東投資的關係而成，若同一股東投資數家錢莊，即稱為聯號。[17]集團內互通聲氣，平日在業務上合作，遇上風潮時，則互助幫助，共度難關。此外，錢莊亦有組織錢業公會，[18]公會以訂定洋釐、錢拆行市及貫徹匯劃制度兩項功能，影響金融市場至大。

在缺乏有效中央銀行的情況下，本國銀行業能否像傳統金融業般，建立起一些制度來補充中央銀行的不足呢？先談銀行的同業組織。隨著銀行業的發展，它們漸漸在各地成立其公會。最早成立的地方為上海、北京、天津，都是在一九一八年。其後，濟南（1919）、蚌埠（1919）、杭州（1920）、漢口（1920）及南京（1922）的銀行公會相繼成立。[19]這裡以上海銀行公會為例，探討銀行公會在同業中所發揮的作用。上海銀行公會創會成員有中國、交通、浙江興業、浙江

---

16 中國人民銀行上海市分行編：《上海錢莊史料》（上海市：上海人民出版社，1960年3月），頁453、482。

17 鄭亦芳：《上海錢莊（1843-1939）》（中央研究院三民主義研究所，1981年10月），頁41、42。有上海錢莊的聯號系統表。

18 有關錢業公會的發展，見鄭亦芳前引書，頁44、45。

19 阮湘等編：《第一回中國年鑑》（臺北市：天一出版社，1973年重印），頁826-829。

地方實業、上海商業、鹽業、中孚、聚興誠、四明、中華、廣東、金城等十二家大銀行，至一九二五年，前後再有十四家銀行加入。[20]公會成立至北洋政府末期，曾有幾項主要的活動：

（一）公會於一九一九年開始設置公共準備金，用意在於備各會員銀行不虞之需。準備金總額為三十萬兩，後增至四十萬兩。不過，準備金一直沒有動用的紀錄，似乎未曾發揮過其應有的作用，可能因為加入公會的都是一些實力較雄厚的中、大型銀行，求助於準備金的需要不太大。到一九二三年秋，公會鑒於上海銀根奇緊，以本身負有維持市面金融的職責，議決准許非會員銀行及錢莊前來商借準備金。旋因市場緩和，故議決後亦未見實行。[21]

（二）公會於一九二〇年發起銀行公會聯合會議，召集北京、天津、漢口、杭州、濟南、蚌埠、廣州等地銀行公會，每年開會一次，商討共同問題。不過，聯合會議為議事性質，它或對某些問題提出共同立場，或對政府作出呼籲，或研究統一業內的工作程式。除此之外，便沒有實行穩定金融及發展經濟的具體措施。[22]

（三）一九二一年秋，開始有人提倡上海銀行業應自辦票據交換所。上海的本國銀行一直都是透過錢業的匯劃總會進行票據清算，因為商人往往在錢莊開有戶口，莊票流行，銀行收到莊票後，不能直接向有關錢莊提現（因錢莊只在匯劃總會清算票據後，才以現銀送往別莊，補足金額），它又不能進入匯劃總會，只有委託錢莊代收。另一方面，當錢莊收到銀行所發出的支票時，亦不能向該銀行提取現款，它要在匯劃總會中，以公單與該銀行委託的錢莊對沖。換言之，銀行

---

20 徐滄水：《上海銀行公會事業史》（臺北市：文海出版社，1985年重印1925年版），頁10-12。

21 徐滄水前引書，頁41、45。

22 徐滄水前引書，頁129-132。

所收付的票據都要委託錢莊在匯劃總會中進行清算,才可省卻運送大量現銀的工夫。[23]銀行業對於設立統一之票據交換所本來甚為熱衷,但其時國內貨幣種類不統一,而錢銀業及外資銀行亦沒有一致意見,此事便被擱置。[24]

總而言之,銀行公會雖然加強了銀行界的團結,但並不能補中央銀行的不足,它的實際作用亦不及歷史悠久的錢業公會那麼大。除了同業組織外,銀行亦仿效錢莊結成集團。這些集團發揮了什麼作用呢?

銀行集團

有人按北洋時期銀行的發跡地區,把全國的主要銀行分為三大銀行財團,包括華北財團(中國、交通、新華信託儲蓄、金城、鹽業、大陸、中南、邊業、東萊等銀行),江浙財團(中行上海分行、上海商業儲蓄、浙江實業、浙江興業、中國通商、四明、中國實業、中孚等銀行),及華南財團(廣東、東亞、國民商業儲蓄、和豐、中興等銀行)。[25]這些銀行或因股東、監董相同,或因管理人員私交密切,以致被認為結成集團。不過,在民國初年,相信只有南三行加上中行上海分行,及北四行兩個集團,真正建立起較緊密的聯繫。

上海商業儲蓄、浙江興業、浙江實業及中國銀行上海分行又被稱為南四行。它們的負責人因思想接近而過從甚密,並互相支持。上海

---

23 馬寅初:《我國銀行間相互往來何以不甚密切》,見《馬寅初經濟論文集》第三集(上海市:上海商務印書館,1930年再版),頁187-192。

24 徐滄水前引書,頁65。

25 姜鐸:《略論舊中國三大財團》,見姜鐸、黃逸峰編:《中國近代經濟史論叢》(上海市:上海社會科學院出版社,1988年),頁175。

商業創辦時，便得浙江實業的李馥蓀及中行的張公權協助招股。[26]在金融動盪時，中行亦常支持其他銀行，而在一九一六年的停兌風波中，中行上海分行得其餘三間銀行的協助，成功抗拒停兌令。[27]及後，中行增加商股，亦得到它們的積極支持。[28]再者，這四間銀行的負責人多留學外國，思想較新，對推動上海銀行業的現代化有不少貢獻。[29]

　　南四行聯盟的作用主要在於遇有風潮時互相協助，而北四行的聯合目的則在鞏固實力，謀求行務發展。一九二一年，鹽業、金城及中南三家銀行協議聯營，成立聯營事務所。翌年，大陸銀行加入。雖然稱為四行聯營，但它們仍有各自的業務，只在有需要時才合作。聯營的項目當然包括聯合放款，一般都是一些五十至一百萬元的大額放款。[30]此外，四行聯營的主要業務有：

　　　（一）設立四行準備庫，作為中南銀行鈔券的後盾。準備庫標
　　　　　　榜十足現金準備，公開準備金數額，所以其鈔票信用甚
　　　　　　佳，發行額日增。由一九二三至一九二七年，數目上升
　　　　　　百分之二十三。準備庫的成立作用在於加強四行的信
　　　　　　譽，它在一九二六年前，以十足現銀為準備，發行鈔票
　　　　　　實際並無收益。[31]

26　姚崧齡：《陳光甫的一生》（臺北市：傳記文學出版社，1984年10月），頁17。

27　姚崧齡：《張公權先生年譜初稿》（臺北市：傳記文學出版社，1982年1月），頁27。

28　鄧先宏：《中國銀行與北洋政府的關係》，《中國社會科學院經濟研究所集刊（11）》，頁375。

29　姚崧齡：《中國銀行二十四年發展史》（臺北市：傳記文學出版社，1974年），頁375。

30　中國人民銀行上海市分行金融研究室編：《金城銀行史料》（上海市：上海人民出版社，1983年），頁87。

31　前引《金城銀行史料》，頁89-95。

（二）成立四行儲蓄會，以保本保息（七釐）以及分紅等為號
召，吸收存款。儲蓄會甚受社會歡迎，存款額由一九二
三年的四十多萬，上升至一九二七年的一千七百多萬，
佔全國重要銀行存款的比率由百分之〇‧二二上升至百
分之二‧四。儲蓄會所收存款大部分放予四行，它們因
此增加不少運營資金。[32]

以南四行及北四行為例，銀行集團的形成毫無疑問有助於集團內
成員的發展。可是在北洋政府時期，除了這兩個集團外，我們沒有充
分的證據顯示前面所舉的三組銀行有緊密的聯繫，並曾結成所謂三大
財團。相反，本國銀行業似乎常不互通信息，有時甚至引起損失。例
如，一九二五至一九二八年在天津，協和貿易公司就不斷以假貨棧單
向各大銀行進行抵押借款。由於當地銀行間不互通消息，無法掌握客
戶的信用狀況，結果當騙案被揭發，中南銀行已借出一百七十萬元，
交通、金城、中國等亦放出十萬至數十萬元不等。[33]這些銀行都被認
為是華北財團的成員，但它們業務上的聯繫，顯然並不密切。

結論

總結上文，在北洋政府時期中國銀行未能完全履行中央銀行的職
責，亦不願成為中央銀行。到南京政府成立，在政治及經濟上，便極
有需要另行成立中央銀行，以管理金融及監管銀行業。歷史經驗說明
銀行的同業組織及個別銀行集團，都不能補救不健全的中央銀行制

---

32 前引《金城銀行史料》，頁107-108。
33 曾衡三：〈天津金融大騙案紀實〉，見《人在江湖》（香港：中原出版社，1990年），
頁164、171。

度。無論南京政府領導下的中央銀行是否能稱職地執行它的任務,中央銀行制度的建立是銀行業的必然發展。

孫中山對建設廣東的探究

——從《實業計劃》到《三民主義》

張偉保

澳門大學教育學院

一 引言

　　近代中國經歷無數苦難，內憂外患接踵而來，加上政局動盪，軍閥混戰不斷，人民生活極其艱苦。廣東雖為革命策源地，但在民國初年經歷了龍濟光、陸榮廷、莫新榮、陳炯明、楊希閔、劉震寰等軍閥的腐敗統治，社會經濟殘破、治安惡劣、民生衰敗。[1]因此，孫中山在第一次世界戰爭結束之際，撰寫為中國未來工業發展的《實業計劃》。其中，關於廣東省的發展計劃，有很大的可行性。原因之一，是孫中山先生出生於廣東香山，所謂生於斯，長於斯，對家鄉具有深厚的感情。加上廣東為革命的策源地，對本省的認識自然較為確切。

　　孫中山對廣東經濟發展的構想，雖然從屬於全國，但如加以較細緻的分析，可見其規劃的都相當的可操作性。鑒於廣東民眾已飽嚐革命的破壞，故當時孫中山利用廣西軍隊打敗陳炯明的部隊後重返廣東，隨即規劃以恢復民生經濟為目的，對全省的治安、吏治加以整

治,並對工商業加以發展。為此,孫先生在演講《三民主義》中,涉及廣東的建設的規劃亦屬不少,今試將之整理,以反映孫氏對廣東經濟發展的構想。

　　本文第一節為引言,第二節為孫中山《實業計劃》與廣東經濟發展的規劃,第三節為《三民主義》演講中關於廣東經濟發展的課題,第四節為孫中山建設廣東的忠實執行者:陳濟棠的《三年計劃》,第五節為結論。

二　孫中山《實業計劃》與廣東經濟發展

孫中山上海故居,即《實業計劃》
的寫作地點

　　孫中山《實業計劃》是孫氏在第一次世界大戰結束時,進行「研究國際共同發展中國實業」[2]的重大構想。其所涉及的範圍遍及全國,並深具前瞻性。然而,孫氏亦了解相關研究因「材料單薄,不足為具體之根據,不過就鄙見所及,貢其粗疏之大略而已;增損而變更之,非待專門家加以科學之考察與實測,不可遽臻實用也。」[3]在整

2　孫中山:《孫中山全集》(北京市:中華書局,1985年),第六卷,頁247。
3　孫中山:《孫中山全集》(北京市:中華書局,1985年),第六卷,頁248。

個計劃中,「分三步進行:第一,投資之各政府,務須共同行動,統一政策。組成一國際團,用其戰時任組織、管理等人材及種種熟練之技師,令其設計有統系,用物之準度,以免浪費,以便工作。第二,必須設法得中國人民之信仰,使其熱心匡助此舉……第三步,即為與中國政府開正式會議,以議此計劃之最後契約。而此種契約,吾以為應取法於曩者吾與倫敦波令公司所立建築廣州重慶鐵路合同。」[4]

其中,第三計劃與廣東關係最大的包括:

(一)改良廣州為一世界港。包括整治珠江河道,擴大廣州至佛山的商業及工廠地段,多設碼頭、倉庫,通過填塞土地以供市街之用。在廣州建一宜人居住的花園城市。[5]

(二)改良廣州水路系統。主要是防止水災、改善航道和填築新地。其中,包括北江、西江、東江河道的全面整治、廣州與江門之間修建運河、廣州河口及澳門至銅鼓洲的填築。[6]

(三)建設中國西南鐵路系統。構築以廣州為中心的西南七路,以開拓湖南、廣西、貴州、雲南的礦產、商貿。[7]

(四)建設沿海商埠及漁業。與廣東相關的港口的整治,包括:汕頭、電白、海口等港口及汕尾、西江口(位於橫琴島北側)、海安、榆林港等漁業港。[8]

(五)創立造船廠。在合適的地點設立造船廠。

此外,第五計劃主要涉及糧食、衣服、居室、行動、印刷等工業。與廣東最有關係的是蠶絲、麻、綿、皮革等衣料工業;建材如

---

4 孫中山:《孫中山全集》(北京市:中華書局,1985年),第六卷,頁253。
5 孫中山:《孫中山全集》(北京市:中華書局,1985年),第六卷,頁302-310。
6 孫中山:《孫中山全集》(北京市:中華書局,1985年),第六卷,頁310-318。
7 孫中山:《孫中山全集》(北京市:中華書局,1985年),第六卷,頁318-324。
8 孫中山:《孫中山全集》(北京市:中華書局,1985年),第六卷,頁331-334。

磚、瓦、水坭；家具製造及印刷等行業。[9]

在〈結論〉中，孫中山特別提出「人類進化之主動力，在於互助，不在於競爭」，期望利用國際合作以增進人類的進步，且開發中國豐富的資源。孫先生特別警惕日本的野心。他說：「今則日本之軍國政策，又欲以獨力併吞中國。……彼日本之武力派，尚以戰爭為民族進取之利器，彼參謀本部當時計劃十年作一戰爭。」[10]又說：「中國人經受數世紀之壓迫，現已醒覺……日本即欲實行其侵略政策，中國人亦必出而拒絕之。」[11]如果日本能改絃易轍，參加列強成立的新銀團，參加和平建設，中國當誠意表示歡迎。[12]

三　《三民主義》演講中關於廣東經濟發展的課題

一九二〇年中，孫中山敦促陳炯明回粵討伐盤據廣東的桂系軍閥。十一月，陳炯明全面攻克廣東，一九二二年四月，孫中山獲選為非常大總統，並隨即「著手整頓內政」，制訂「一系列改革吏治、保障人民權利、發展經濟的法令和措施」。[13]同年五月，直系軍閥在直奉戰爭中獲勝，遂提出恢復約法和國會。在粵國會議員紛紛北上。陳炯明主張停戰，實行聯省自治，而孫中出主張繼續北伐，最終雙方產生激烈衝突。是年夏，孫氏自桂回粵，免陳炯明職。六月，陳炯明炮擊總統府，孫氏被迫離粵，退居上海。明年一月十六日，擁護孫中山的滇軍楊希閔部、桂軍劉震寰部擊敗陳炯明部，陳炯明退守東江。二月

9　孫中山：《孫中山全集》（北京市：中華書局，1985年），第六卷，頁382-389。

10　孫中山：《孫中山全集》（北京市：中華書局，1985年），第六卷，頁395。

11　孫中山：《孫中山全集》（北京市：中華書局，1985年），第六卷，頁395-396。

12　孫中山：《孫中山全集》（北京市：中華書局，1985年），第六卷，頁396。

13　尚明軒：《孫中山傳》全二冊（臺北市：文化傳播，2014年8月），下冊，頁619-623。

二十一日，孫氏回廣州設立大元帥府，任大元帥。[14]

三月十七日，孫先生在廣州歡宴軍政各界，與會者有廣州軍政商學工各界代表共達三百餘人，是孫氏重掌廣東政權後一次重要的公開活動。孫氏在宴會中發表重要演說，勾劃對廣東未來的發展的願景。他首先指出革命後至今已十二年，天天談建設，卻毫無成效。「今者陳炯明已去……故從事建設事業，當以廣東比較容易。」孫氏首先是要裁兵和舉借內債，認為「粵省能練三數師精兵，便可禦外侮，隨即實施化兵為工政策。惟施行此策……宜先酌舉內債，以從事裁兵。」[15]此外，當改善吏治，「用人當以資格論，實行考試制度」。又必須有效籌措軍餉，並在此基礎上禁賭。[16]外交方面，孫氏指出廣東與香港的關係有所改善，正探究「廣九、粵漢鐵路接軌」的利弊，以為如能成功，「各省貨物咸集於廣州，而後輸出香港放洋，則廣州定必頓成最大的貿易場。」[17]至於澳門外交，「因界務未清，時起衝突」，故計劃把問題交「第三者之海牙國際聯會公斷。」[18]他預期在解決上述問題後，便著手交通、實業、教育等事業的發展。他一方面計劃敷設廣東——四川鐵路和廣東——雲南鐵路，又計劃與南美洲某新共和國談判，利用外資開採廣東煤田。[19]他還語帶樂觀的說：「吾粵交通實業發達之後，可信更有餘資以給外人也。果按此一一見諸實行，廣東不難蔚為全國模範。各省自然聞風向附，和平統一之功可成。」[20]

---

14 https://zh.wikipedia.org/wiki/%E5%AD%AB%E4%B8%AD%E5%B1%B1，2016年9月27日摘錄。

15 孫中山：《孫中山全集》（北京市：中華書局，1985年），第七卷，頁205-206。

16 孫中山：《孫中山全集》（北京市：中華書局，1985年），第七卷，頁206。

17 孫中山：《孫中山全集》（北京市：中華書局，1985年），第七卷，頁207。

18 孫中山：《孫中山全集》（北京市：中華書局，1985年），第七卷，頁207。

19 孫中山《孫中山全集》（北京市：中華書局，1985年），第七卷，頁207。

20 孫中山《孫中山全集》（北京市：中華書局，1985年），第七卷，頁207-208。

　　一九二四年一月二十七日，孫中山為了將三民主義的精義更有效地宣揚，以公開演講的方式將其中要義作系統的陳述，由大元帥府秘書處黃昌穀將講稿筆錄[21]，再由國民黨元老、廣東大學校長鄒魯校讀[22]，再經孫先生核定，以省卻孫先生執筆撰文之勞，並儘快向以文字稿刊載，以廣收宣傳主義之效。其中，《民族主義》六講、《民權主義》六講在四月講完後，孫先生因身體不適，又認為《民生主義》的內容需要更充分的預備，遂將之延至八月始重新開講。《民生主義》演講了四次後，孫先生因需親赴韶關主持軍務，故需要暫停。稍後，孫先生要前赴北京，遂帶同有關參教書籍隨行，以便在北京繼續演講《民生主義》。可惜先生一生盡萃國事，終於在一九二五年三月十二日病逝，未能完成《民生主義》的演講。據當時隨行北上的書記員回憶，孫先生帶了大量關於居住、運輸、印刷的書籍，故估計這部分共有三講。而在完成這部分後，亦將有一次演講總結三民主義。因此，孫先生可能計劃在北京再演講四次。[23]

---

21 根據黃昌穀的回憶，「在三民主義演講之前，中山先生『召昌穀諭曰：我要把三民主義宣傳到全國國民，但沒有時間寫出來，想用演講式說出，你可不可替我筆記呢？』昌穀對曰『用這樣方法，可以省卻先生手書之勞，且收速成之效，自然是好極了！但是不知道我們筆記的文字，一方面是不是合於先生的原意，一方面是否能令全國國民一目了然呢？』先生曰：『我們試試吧！』」，轉引自張益弘《三民主義之考證與補遺》（臺北市：恬然書舍，1995年），頁55；為了較準確紀錄演講內容，鄒魯「還指定廣東高等師範幾個學生助理筆記，以供參正。」見張益弘《三民主義之考證與補遺》（臺北市：恬然書舍，1995年），頁58。

22 鄒魯校讀演講筆記的情況，可參看張益弘《三民主義之考證與補遺》（臺北市：恬然書舍，1995年），頁55-56。

23 孫先生在1924年11月13日離開廣東，「率昌穀等僚屬，經由香港、上海，假道日本赴天津，轉到北平。在此次旅行中，帶其預備繼續演講三民主義之參考資料甚多：有關做各式房屋的，有關做客貨車輛的，有關創設印刷廠的，有關五權憲法的。他老人家大概滿以為一到北平，即續講民生主義；並將三民主義講完之後，再講五權憲法。」引自張益弘《三民主義之考證與補遺》（臺北市：恬然書舍，1995年），頁54。

　　孫先生在已完成的十六講中，曾多次提及廣東的事務，反映孫氏對建設廣東的特別眷顧。原因也如上述，或許是孫先生對鄉梓的深厚感情。而且，現實上廣東是當時由國民黨完全控制的唯一省分，故期望其能成為「全國模範」，以奠定和平統一中國的基礎。孫先生在演說中提及廣東，當然也不一定與經濟發展有關[24]，以下僅就與此有關的課題排比於下，以便獲得整體印象：

資料頁數	內容摘錄	性質
頁30	各國派二十多隻兵船到廣州	外國軍事壓逼
頁32-34	廣東和外人爭關餘。海關由外人管理，中國的關稅，中國人不能自收自用。我們要用海關作武器，來保護本國經濟的發展。	外國政治壓逼、爭取關稅自主
頁59	理論上，珠江三角洲應是中華文化的重要發源地，因為珠江流域氣候溫和，物產豐富，人民很容易謀生。	文化、經濟
頁301-303	廣州挑夫易受鐵路發展影響，造成失業問題。如改用機器（火車）運輸大批貨物，費用減省，速度更快。其他耕田、織布、做房屋以及種種工作，也是有幾百倍或千倍的差別。	經濟、交通、機械化
頁346	廣州市的土地，在開闢馬路之後，長堤的地價急漲，每畝要值幾十萬。	經濟

---

24 例如，他認為「中國人對於家族和宗族的團結力非常強大。往往因為保護宗族起見，寧肯犧牲身家性命，像廣東兩姓械鬥，兩族的人，無論犧牲多少生命財產，總是不肯罷休，這都是因為宗族觀念太深的緣故。」他慨嘆「中國人的團結力，只能及於宗族而止。」孫氏根據「知難行易」學說，力求打破廣東人長久以來的錯誤觀念，提醒「我們必須分開甚麼是國家，甚麼是民族。」又如孫氏提及「現在廣東的酒席，飛禽走獸燕窩魚翅，無奇不有無美不具，窮奢極慾。」但孫氏以為「我們要解決民生問題，並不是要解決安適問題，也不是要解決奢侈問題。」以上兩例都不屬於民生主義的課題。參看孫文《三民主義》（臺北市：中央文物供應社，1988年），頁2-3、402。

資料頁數	內容摘錄	性質
頁348	用廣州作中國南部工商業的中心點	經濟
頁349	廣州人口是一百多萬	人口
頁362	統一後，要解決民生問題，一定要發達資本、振興實業，要利用機器發展： 1.交通（鐵路、運河都要大規模的建築） 2.礦產（要開闢） 3.工業（要趕快振興） 這些全國性規劃，自然也切合廣東的需要	經濟、機械化
頁370-372	廣東每年進口的（米）要值七千萬元，如果一個月內沒有米運進來，廣東便馬上鬧饑荒。這是因為：（1）中國農業不進步；（2）受外國經濟壓逼	經濟、外國經濟壓逼
頁379	廣東利用智利硝做肥料，以種植甘蔗，成本很高，宜改用電去製造人工硝	經濟
頁380-381	利用瀑布和河灘的水力來運動發電機，則電力的價錢很便宜，如廣東北部的瀧江發展水電，可以發生數萬匹馬力的電力，以供廣州各城市的電燈和各工廠中的電機之用，甚至把粵漢鐵路完全電化，都可以足用。	經濟
頁384	今年廣東荔枝發生蟲害，大量減產，要用專家門對於那些害蟲來詳細研究，想方法來消除。我們要用國家的大力量，倣效美國的辦法，來減少全國農業的災害，全國的生產才可以增加。	自然災害及改善方法
頁388	廣州挑夫與自動車的比較；粵漢鐵路兩旁多開車路，以改善各鄉村的交通	交通
頁389	以違反經濟原則，反對修築廣州澳門鐵路，並建議修築公路，行駛自行車。	交通

資料頁數	內容摘錄	性質
頁390	今年廣東發生大水災，幾百萬畝受災，損失達幾千萬元；建議廣東築高堤防險，並把河道和海口一帶來濬深，把沿途的淤積沙泥都要除去。防水災的治本方法，便先要造森林，以免除水禍。這是要靠國家來經營。	自然災害及改善方法
頁407	廣東嶺南大學研究改良蠶種，絲的收成是很多，所出絲的質量也很好，但這樣用科學方法去改良蠶種，只有少數人才知道，故需要推廣。	科研
頁413	廣東毫銀兌換銀元	經濟
頁418	廣東的海關，不是中國人管理，對於外國貨物便不能自由加稅，更不能實行保護稅法；而中國貨物經過海關，都由外國人任意抽稅。	外國政治壓逼

資料來源：孫文《三民主義》（臺北市：中央文物供應社，1988年）。

四　孫中山建設廣東的忠實執行者：陳濟棠

民國成立以後，廣東政局動盪，匪患頻仍，經濟蕭條，民生困乏。[25]當陳濟棠掌粵（1929）後，遂遵照總理遺教，實施地方自治，興辦學校，改良監獄。其中，尤以廣州的治理為中心。其後，全省逐漸統一。

為解決廣東的軍事、財政、經濟、民生等問題，以建設新廣東，陳濟棠首先以改善吏治、整頓交通、鞏固治安[26]為基礎。陳濟棠在平

25　丁身尊主編：《廣東民國史》（廣州市：廣東人民出版社，2004年4月），下冊，頁735。

26　丁身尊主編：《廣東民國史》（廣州市：廣東人民出版社，2004年4月），下冊，頁759。

定「廣州暴動」[27]後，獲李濟琛派任為「第四軍軍長兼西區綏靖委員」。[28]陳氏負責西區約十個月，到任初始即以廣州的治理為中心開展工作。陳氏首先努力肅清土匪，全力改善惡劣的治安，並「遵照總理遺教，實施地方自治，興辦學校……改良監獄，開闢各縣公路」，對地方治安、教育大力整頓。例如，在期內「興辦小學八百餘間」，整建「全廣州市下水道」，「分期修建各街道、興辦醫院」，「取消年達百餘萬元之生果捐」等。[29]陳濟棠十分注重社會治安，曾經全力肅清地方土匪，獲得良好的效果。一九三二年秋，西南政務委員會成立。陳氏乃擬訂「廣東三年施政計劃」提經第卅六次政務會議通過，交廣東省付諸實施。「該計劃之立案基礎，完全遵循『建國大綱』、『建國方略』、『三民主義』原則，並參酌地方實際情況擬訂。」[30]

陳濟棠曾概括整個計劃，並說：「余之經濟計劃乃總理實業計劃之部分。簡言之：目的在增加國家資本，一方面建設國家經濟，同時建設國民經濟。以合作經濟為基礎，以國家經濟之力量，發展國民經濟，沿社會主義途徑以達實現民生主義之計劃經濟。」陳氏並指出該計劃的十一個大原則，均極具特色。[31]陳濟棠並制定詳細的施行程序及進度表，以便讓全省市民的了解。

陳濟棠在一九三六年七月下野，《三年計劃》才沒法繼續下去。據估計，《三年計劃》所需投資總數約一億元。陳濟棠「除通過整理財政，吸收僑匯，甚至武裝走私等途徑籌措資金外，更抓住當時世界

---

27 1927年12月11-12日，由張發奎領導。

28 陳濟棠：《陳濟棠自傳稿》，頁30。同頁又載「西區包含廣州市、廣府屬及四邑、西江等地區。」

29 陳濟棠：《陳濟棠自傳稿》，頁30。

30 陳濟棠：《陳濟棠自傳稿》，頁42。

31 詳細內容參看廣東省檔案館編《陳濟棠研究史料》（廣州市：廣東省檔案館，1985年8月），頁138-142。

經濟危機，歐美國家競相削價出售機器設備的時機。」[32]

五　結論

　　本文主題是民國前期的廣東建設規劃。其中，以孫中山《實業計劃》和《三民主義》關於廣東的經濟發展規劃，以及陳濟棠對延續孫氏建設的《三年計劃》。《實業計劃》和《三民主義》以全國經濟發展為主，故尤重整體的研究。故此，一般而言，兩者均沒有特別針對個別省分作出規劃。然而，由於廣東省是孫先生的故鄉，對本省情況極為熟悉，所以《實業計劃》和《三民主義》對廣東的討論似較具體親切，例子亦較別省為多。至於陳濟棠提出的《三年計劃》以廣東省為對象，範疇則包括政治、經濟、社會及教育各個領域。總之，孫中山等對廣東的經濟發展，至今仍具有較高的參考作用。

---

32 黃菊艷：〈陳濟棠治粵時期廣東經濟結構的變化〉，《廣東史志》（2003年第2期），頁15。按：引文中所謂「武裝走私」，是指陳濟棠利用緝私船隻從香港運入大批太古糖，並以五羊牌重新包裝在國內銷售。人們譏稱為「無煙糖」（smokeless sugar），是因為糖廠尚未投入生產，而產品已經流入市場。其實，這種特殊經營手法，主要是為了積累投入省營企業的資金，絕非為私人圖利。根據當時廣東的財政狀況和法律規定，只可視為靈活變通，並不屬於「走私」範疇。這種安排，主要是廣東省政府為籌集新式糖廠的開辦經費而進行，建議者是著名農業經濟專家、嶺南大學農學院教授馮銳。關於廣東省營糖業的詳細情況，可參看李向峰《廣東省營糖廠產銷研究（1934.12-1936.9）》暨南大學碩士論文，2010年；Emiy M. Hill, *Smokeless Sugar: The Death of a Provincial Bureaucrat and the Construction of China's National Economy*, University of British Columbia Press, 2011等。

保守與進取

──戰時四川農民雙重行為的分析

羅志強

香港新亞研究所

近代中國農民收入微薄，生活程度極底，這是公認的事實。清朝年間，部分朝野人士注意到農民窮困源於人口壓力和耕作技術停滯。洪亮吉看到當時人口繁孳，「田與屋之數常處其不足」，饑寒顛沛皆為常事。[1] 包世臣認為生齒日繁並非主因，「士人鄙棄農事，不加研究，……故農無所勸，相率為游惰。」才是禍首。[2] 北洋政府亦察覺到農民只知拘泥祖傳成法，不知改良，洋貨乘隙而入；對於天災蝗禍，不懂預防，皆聽天由命。[3]

晚清以來，政府深信學習西方農耕技術，足以改善農民生活，但結果處處碰壁。文化差異是其中原因之一。張之洞任湖廣總督時，曾聘請美國康奈爾農科畢業生 Gerow Brill 氏任顧問。Brill 覺得中國人說話輕率，靠不住。政府答應撥出三十畝地建實驗農場，但農場長滿

1　羅爾綱：〈太平天國革命前的人口壓迫問題〉，《中國近代社會經濟史論集》上冊（香港：崇文書店，1971年），頁521。

2　包世臣：〈庚辰雜著二〉，《齊民四術》，農二。

3　中國第二歷史檔案館：《中華民國史檔案資料滙編》第3輯（農商）（南京市：江蘇人民出版社，1992年），頁318-319。

了果樹、玉米、棉花時，政府又說要收回給軍隊練兵。[4]張之洞對實驗農場的作用跟西方觀念有很大分別。張之洞認為農場應該要謀利，Brill 解釋實驗農場要有自由試種任何作物，有時花上數年時間而毫無成果，所以政府需給與資助而非求取盈利。[5]

農村傳統風俗習慣同樣制約農業科技的發展。鄉民普遍迷信鬼神，即使大城市南京郊區亦然。中央農業實驗所曾在當地推廣噴霧殺蟲劑，技術人員埋怨鄉民只肯燒香祈福，不理勸導。有些地方還將蝗蟲當作神靈，不許殺掉。[6]

上述情況，經過多年文明的薰陶和推廣機關積累的經驗，已進步了不少。據沈宗瀚回憶所說，他在民國二年入讀杭州省立甲種農業學校。兩年後，考入北京農業專門學校。沈氏憶述暑假寒假回鄉常與家人切磋農事，某日「叔父咸良來問水稻白穗原因，余即在田中拔白穗之莖，剝莖，出莖螟蟲示之，彼大驚服，遂以稻瘟神作祟之說為迷信。」[7]由此可見基礎教育對閉塞的農村所起的啟蒙作用。

或說農民多疑，抗拒外來新品種，這種情況在早期的確存在，但並非全完出於農民本身，而是推廣機關不願入鄉隨俗。一九二二年，金陵大學李潔齋空口遊說南京附近的烏江農民改種斯字美棉。當時農民不敢相信斯字美棉是良種，甚至謠傳美棉拔盡地力，於是將已領未種的棉種丟棄，已種者均把苗拔掉，雖費盡唇舌都不得要領。美國人郭仁風（J. B. Griffen）用搖鈴方式集合農民，再三解釋美棉好處，可

4　M. Curti& K. Birr, *Prelude to Point Four: American Technical Missions Overseas, 1838-1938* (Madison: University of Wisconsin Press, 1954), pp.28-29.

5　*Prelude to Point Four*, p.48.

6　蔣傑：《京郊農村社會調查》（南京，1937年），頁46；李景漢：《中國農村問題》（上海市：上海商務印書館，1931年），頁115。

7　沈宗瀚：《克難苦學記》（臺北市：正中書局，1994年1月），頁57。

是這種江湖賣藝式的農業推廣，也沒有釋去農民疑竇。[8]農民懷疑新品種的成效，絕不為奇，因為農戶的耕地實在太小，自不輕易拿出一小塊地種些完全陌生的品種。一九二三年，金陵大學承租鎮上交通要道旁十八畝地種棉花。秋季一到，棉鈴怒放，當地土棉相形見絀，引起農民注意。次年種了美棉的農民喜獲豐收。李潔齋又舉辦展覽，請棉農現身說法美棉的長處，輾轉間吸引更多人種美棉。[9]這些成功經驗為日後農業機關普遍採用。

本文擬分析租佃制度如何左右農民的行為，進而影響農業技術的轉移。過去一些研究發現某些納租方法的確窒礙新技術的推廣。例如東南大學在江浦縣推廣美種棉期間，發現當地習慣分成租制，如收穫增加一成，其中半成就要留給地主。農民權衡後，極不願意加添人手和增購肥料，其他品種的糧食亦遇到同樣難題。[10]又如安徽桐城縣，該處冬季作物無須繳租，故佃農栽種冬季作物如小麥等，特別精耕細作，因而禍及夏季作物的水源。蓋春季雨水多時，小麥尚未收穫，佃農非將田中之水排走不可。到種水稻時，雨水稀疏，池塘之水每不敷灌溉，致發生稻作生長不良現象。此類情形，地主明知其非，然亦無法限制。[11]當時盛行於華南地區的雙季稻，在推廣初期遇到不少阻滯。一方面佃農疑惑究竟額外的工作量會否帶來相應收穫，於是寧願選擇以往慣常的品種；另一方面地主又恐防雙季稻會消耗地力，極不

8　林慶森：〈首都附廓農業推廣事業見聞拾零〉，《農業推廣通訊》第8卷第12期（1947年12月），頁30。

9　劉家峰：〈基督教與近代農業科技傳播〉，《近代史研究》（2000年2期），頁199。

10　朱春元：〈江浦試行推廣美棉報告及將來進行之商榷〉，《農學》（1924年5月），頁32-37。

11　喬啟明、應廉耕：〈豫鄂皖贛四省之田租高度測驗〉，《農林新報》415號（1937年3月），頁199。

願意鼓勵佃農試種。[12]這些研究由於僅靠實地觀察,缺少數據參考,所以實際影響有多大則不得而知。

租佃問題源於土地私有制。上個世紀三〇年代初,陳翰笙與一批馬克斯主義信徒組織中國農村經濟研究會,其會員大多參與過中央研究院、農村復興委員會及各省大學的農村調查。他們總結農村主要的問題是土地分配不均,地主毫無顧忌榨取極高的地租,佃農收穫所剩無幾,到了青黃不接之時,又要借入高利貸。地主沒有將財富投資在農業生產上,而是積聚土地。越來越多農民典田賣地,然後又以高價佃田謀生。[13]

金陵大學農學院卜凱教授在一九三〇年出版第一部著作《中國農場經濟》,給西方世界譽為中國農業經濟權威。隨後卜凱延聘為國民政府顧問,為此他向當局建議一〇八項改進農業措施,包括土壤調查、培育新品種、造林等,全部屬於技術範疇。[14]在卜凱看來,租佃制度並非如社會輿論般殘酷。他指出,與當時普遍的投資回報率比較,地主並沒有榨取暴利式的地租。相反,租佃制度如像階梯作用一樣,它容許任何人獲得土地使用權,一旦累積足夠資金,就有機會進升成自耕農。[15]

當代學者 Ramon Myers 亦同意中國土地佔有制度並不阻礙農業生產的增長。勞動和土地生產率的低下,始終是由於農業技術的落

---

12 Francesca Bray, *The Rice Economies: Technology & Development in Asia Societies* (Berkeley: University of California Press, 1994), p.204.

13 《中國農村》月刊是中國農村經濟研究會的機關刊物,1934年於上海創刊,共發行32期。另可參閱Institute of Pacific Relations ed., *Agrarian China* (Illinois: The university of Chicago Press), 1938. 該書挑選研究會多篇文,完全反映該會的立場。

14 J. Lossing Buck, "The Meaning of Agricultural Improvement," *The China Critic* 4 (25 June 1931), pp. 608-609, 632-633.

15 J. Lossing Buck, *Farm Ownership and Tenancy in China* (Shanghai: National Christian Council, 1927), pp.13, 30.

後。中國需要一個農業革命，而只有現代技術才能開創這個革命。[16]

一九四五年，國民政府與美國政府合組「中美農業技術合作團」，共同實地考察中國農業狀況。合作團報告書一如以往國民政府的立場，相信應用最新科學方法，如改進作物、土壤、牲畜及農具等，大可增進農業生產。[17]至於租佃制度本身顯然並無可疵之處。佃農如有能力及願望購地自耕時，政府宜設法貸款；能力較遜者，只要確保主佃雙方收益公平分配，當佃農或者更為適當。[18]

第一節　抗戰前四川的農耕技術

中國近代以來，農業現代化一直走向土地節約型技術。換言之，即在有限的土地內，採用優良品種，再配合適當的耕作技術，達至增加農作物產量的目標。二十世紀初，中國農民還未普遍使用化學肥料，農具改變不大。所以增加生產以改良品種入手最為易。農民栽培改良品種，無須多用資金、肥料及勞工，在經濟上言，純為收益。農民得到這樣的實惠後，自然願意接受其他新法。

晚清朝廷學習西法，曾聘請日人或留日畢業生改良農業，但所用的全是日文材料，農場實習不過是播種、除草、施肥等普通工作，對

---

16 Ramon Myers, "Land Property Rights and Agriculture in Modern China" in Randolph Barker ed., *The Chinese Agricultural Economy* (Boulder: Westview Press, 1982), p.46.

17 中美農業技術合作團：《改進中國農業之途徑》（上海市：上海商務印書館，1948年），頁4。

18 《改進中國農業之途徑》，頁73-74。1948年，政府態度改變，認為「目前中國農村異常窮苦，無地及有地極少之農民甚多，使共匪有可乘之機，造成動盪不安之局面。」故決意在五年內借助美援調整土地分配，將全國地主不自耕的土地，透過購地、貸款等方法，移轉至耕者所有。參閱自中國農林水利地政等二十一學術團體：《中國農村復興計劃書》（南京市，1948年），頁1-4。

於中國農業問題甚少實地研究，更遑論改良。[19]要說中國農業技術走
上科學的道路，尤多得傳教士的協助。不過在抗戰前教會都將資源集
中在東部，西部省分較為忽視。教會工作分為兩部分，第一是開辦農
業院校，培育專業人材，創新技術：第二是在各地建立試驗場，培植
新品種，再向農民推廣優良品種。

初時，傳教士多從外地直接引進品種培植，例如美國長老會牧師
梅理士（Charles Mills），在十九世紀晚期引進維珍尼亞洲大種花生到
山東登州府，得到意想不到的成果，不久即散播到各地。同一時間，
倪維思博士（Dr. Nevius）引進美國蘋果、梨、葡萄和草莓到山東，
芝罘地區的水果和草莓逐漸聞名四方，產品遠銷其他城市。[20]

直接移植法並非靈丹妙藥。農業常有區域性特質，溫度、雨量、
土質、地勢、栽培習慣，均影響農作物的生長。外來品種縱使在原產
地盛行，其他地方不一定可以落地生根。一八九二年，中國開始引進
美種棉花，但事前未經馴化試驗，分發給農民後，又沒有措施妨止與
本土棉雜交。不久其優良特性漸漸退化，纖維粗短不齊，棉子色綠形
小，與中棉無異。所以早在民國初期，有識之士即著手展開科學育種
工作。這項工作最初由教會大學擔當，試驗地區固然有限。後來中央
農業實驗所接辦，才將育種工作擴展至全國。

一九〇七年第一位傳教士 George Groff 來到廣州嶺南學堂教授地
理、數學和英文。[21]Groff 畢業於賓夕凡尼亞州州立大學農科，他有感
中國農業與外間隔絕多年，阻礙技術交流，遂請求各地教會開辦農藝

---

19 《沈宗瀚晚年文錄》（臺北市：傳記文學出版社，1979年），頁85。

20 *The Chinese Recorder*, vol. 72, no. 3 (Mar 1941), p.149.

21 Randall Stross, *The Stubborn Earth: American Agriculturalists on Chinese Soil 1898-1937*. (Berkeley: University of California Press, 1986), p.93.

班,並且設立農事試驗場。[22]一九一二年,學堂將園藝納入正式課程,並且擁有自己的園圃。九年後,嶺南學堂擴充成大學,增設農學院。嶺南大學是華南絲業的研究重鎮。民國七年,美法兩國商人主動要請嶺南學堂改良華南蠶絲質量,在校園內興建三座大樓,專供教學與研究之用。當時學堂已利用顯微鏡篩選有病的蠶蛾和蠶卵,然後再分發給農戶。[23]

一九一〇年美國基督教會合併滙文、基督、益智三書院為金陵大學。一九一四年後開設農科,翌年增設林科,一九三〇年改組為農學院,課程以美國康乃爾大學為藍本,施行教學、研究、推廣三位一體的辦學模式。[24]農學院可謂得天獨厚,除了常年預算開支外,在抗戰前的二十餘年間,還得到華洋義賑會、洛克菲勒基金等機構捐助二百多萬美元。[25]民國十三年開始,康乃爾大學與金陵大學合作,先後派遣育種專家洛夫(Harry Love)、馬耶(Clyde Myers)、魏根(R. G. Wiggans)來華,專門研究華北糧食作物,中國農作物改良方法始確定統一標準。[26]後來東南大學、中山大學相繼仿效金陵大學,成立農學院,組成東部地區完備的研究隊伍。

民國以後,政府在各地紛紛設置農事試驗場。據實業部統計,一九二八年全國有七十一個試驗場,其中四川佔十六個。[27]不過試驗場

---

22 G. Groff, "Agricultural Education for China under Missionary Influence," *The Chinese Recorder*, vol. 47, no. 3(Mar 1919), pp. 159-160

23 Charles Corbett, Lingnan University: A Short History (New York: Trustees of Lingnan University, 1963), p.125.

24 章之汶:〈三十年來之金陵大學農學院〉,《中央日報》(成都版)(1943年1月25日)

25 南大百年實錄編輯組:《金陵大學史料選》(南京市:南京大學出版社,2002年),頁263;張憲文:《金陵大學史》(南京市:南京大學出版社,2002年),頁298。

26 《金陵大學史料選》,頁254。當時最通行的方法是純系育種法,有別於現代的純系雜交法。

27 中國第二歷史檔案:《中華民國史檔案資料匯編》,第一輯第一編財政經濟(七)(南京市:江蘇古籍出版社,1994年5月),頁394。

大多設備簡陋，工作清閑，少有科學研究。[28]一九二五年，美國威斯康新大學農學院長 R. L. Russell 應洛克菲勒基金世界教育會之邀，視察中國農業的研究狀況，評選哪些機構值得教育會資助。某日，Russell 走到北京效區農商部轄下的農事試驗場。那裡猶像一座花園，所有植物只供人觀賞；化學實驗室大門鎖上，內裡有數瓶化學藥品，普通的儀器，但都封了塵，顯然很久沒有做過實驗。[29]四川的情況更惡劣。除了劉湘二十一軍所成的地區較佳外，其他軍區，摧殘尤甚，即以二十一軍區二十八縣言之，試驗場面積平均二十八畝，最大也只有一百五十畝，經費每年平均千多元，最多不過萬餘元。這點資源，難望覓得出色人材，作精密的試驗。試驗場可做者，僅搜集品種農具，展覽陳列。[30]所以過往一直以來西方農業技術絕少直接傳給中國人，而先讓教會或教會學校的農場試驗，然後推廣給農民。一九一八年，美國農業部委派 O. F. Cook 和 John Griffing 來華，嘗試馴化引進中國已久的美種綿。來華前，Cook 將多包綿籽寄給美國駐華商務參事 Julean Arnold ，準備分發各地試種。Aronld 不相信農商部有能力勝任，只願與金陵大學合作，在二十六處產棉區觀察試驗。[31]

　　一九三一年前後，醫生發現華北某些地方因長期食用高粱，常患軟骨病；而且高粱耐旱力頗低。華洋義賑會於是打算改良華北的耐旱食糧作物。義賑會選定三種適合華北環境的新品種，先在美國試種，培植大量種子，之後送回中國試驗。義賑會沒有要請實業部合作，寧願將所有種子交給燕京大學的農場試種。[32]

28　《何廉回憶錄》（北京市：中國文史出版社，1988年2月），頁140。

29　*The Stubborn Earth*, p.146.

30　讓卿：〈現今四川基礎的農業設施〉，《四川農業月刊》第2卷第1號（1935年1月），頁1-2。

31　*The Stubborn Earth*, p.122.

32　"Experiment With Drough-Resisting Crops", *Chinese Economic Journal*, Vol. 9, no. 3(Sep 1931), pp.957-959.

　　反觀四川，當地的教會學校和試驗場就沒有東部地區一樣幸運。成都的華西協合大學雖早在一九〇九年成立，但要遲至一九三七年才增設農學系。不但農業，其他科學領域也無人踏足。R. E. Morse 在二三〇年代派駐華西協合大學行醫。他形容當地自然資源豐富，是科學家夢寐的天堂，可惜缺乏實驗室、圖書館和儀器，所有科學研究無法展開。[33]理學院的 Dickinson 教授在一九二二年曾引進一批加拿大乳牛，主要為附近教區提供牛奶，對當地農民得益不大。[34]協合大學也曾嘗試改進當地的糧食作物和經濟作物，但效果不佳，有些甚至失敗。例如在三〇年代初，當地曾引進幾種金陵大學培植的小麥，結果完全不適應環境。[35]另外協合大學曾引進美日兩國及中國各地的梨樹，嘗試與當地品種嫁接，可惜徒勞無功。其他品種的水果，如檸檬、柑橘等，在抗戰期間始得到重大改進。[36]

　　四川作物種類衆多，依據一九三三年度估計，稻米產量第一，甘薯第二，小麥第三，稻田面積且居各省第二位[37]。然而川省水稻畝產量卻較他省為低。

各省水稻畝產量單位（斤）

省名	秈稻	糯稻
湖南	410	355
湖北	343	271
貴州	346	314

33　*The Chinese Recorder*, vol. 63, no. 10(Oct 1932), pp.633-635.

34　Lewis C. Walmsley, *West China Union University* (New York: United Board for Christian Higher Education in Asia, 1974), p.115.

35　*The West China Missionary News,* vol.36, no.4(Apr 1934), p.28.

36　*The West China Missionary News*, vol. 44, no. 8-12(Dec 1942), p.152.

37　四川中心農事試驗場：《四川農業》第3卷第3期（1936年5月），頁3。

省名	秈稻	糯稻
四川	319	298

資料來源：《四川農業》（第3卷第3期，1936年5月，頁3）。

不僅如此，四川水稻外殼過厚，出米量少。[38]若以全川人口消費量計算，食米還不足一九〇多萬石。[39]所以湖南湖北食米，常運輸入川。

其實農家絕不吝惜購買良種，只不過缺乏常識，不懂得保持良種純一。郫縣的農家，常向成都牛市口購買麥種，經三、四年後，自覺麥種變劣，再行購買換掉。郫縣北面的崇寧，農家也經常老遠走到犀浦鎮買麥種。農民不清楚麥種變劣原因。嗣經川農所詳查後，知悉每一農家通常種植兩種以上小麥。自播種、收割、脫粒、曝曬以至運輸過程中，隨時交叉受粉，故數年後即退化不堪。一般農家留種的方法亦甚簡單，隨意留一部分收穫的麥種，很少在田間選穗，另行脫粒曝曬。[40]

中國農民眾多，而且分佈廣泛。東部地區的經驗說明，農耕知識要有效傳播，必須在中學階段開辦農業專門學校，授以實用的農業技術。[41]

華西協合大學 Harold Brown 在二〇年代曾調查成都平原的農民經濟狀況。他形容當地的農業教育直至二〇年代末依然受到忽視。即使有四分之三的學生來自農村，但沒有一所中學教習農藝。畢業學生對務農的家鄉一無所用。[42]一九二九年，當地的大學明白到政局長期

38　《四川農業》第1卷第6期（1934年6月），頁11。

39　《四川農業》第3卷第3期（1936年5月），頁3。

40　李先聞：〈四川小麥之調查試驗與研究〉，《川農所簡報》第4卷第9-10期（1942年10月），頁28。

41　*The West China Missionary News*, May, 1929, p. 24.

42　*The West China Missionary News*, May, 1929, p. 23

動盪令辦學遙遙無期，於是嘗試擔當領導角色。教師在空閒日子到處
講學，開辦暑期課程，希望在短時間內累積一批小學程度的學生，然
後訓練成專門人材，讓畢業生回鄉推廣新法或任小學教師。如此不斷
循環，自可媲美東部地區。可是成都兩所大學──國立四川大學和華
西協合大學還未有農學院，師資不足下，要在短期內實現理想並非容
易。另一方面大學沒有學位接收農業專門學校的畢業生，自然吸引不
到有志投身農業的青年。

第二節　抗日戰爭的契機

　　大學的農科課程始終作用有限，訓練人才尚可，要改良全國農業
未免力有不逮。一九三一年長江大水為災，農村經濟崩潰；繼以九一
八事變，東北四省先後淪陷，國民政府一面準備長期抗戰，一面輔助
農業生產，增加抗戰資源。實業部在一九三二年成立中央農業實驗所，
利用各大學農學院研究所得的方法，作全國性試驗，並開展推廣良種
工作。[43]其時四川還處於軍閥割據年代，民眾實際上與世隔絕。[44]

　　一九三五年，蔣介石借剿滅四川共軍之機，與劉湘達成協義，改
革四川行政，財政等舊制，讓國民政府的勢力伸延至邊陲地區。四川
隨即進入建設時期。十一月，沈宗瀚奉中農所之命，入川調查農業狀
況。他發覺當地作物種類雖多，但生產技術落後。同一作物，品種混
雜，成熟期參差不一，且風土氣候是否適宜，亦無試驗，以致質量粗
劣，產量低微。這些問題極待科學育種方法解決。[45]十二月，政府鑒

---

43 章之汶：〈我國過去農業改進工作之檢討〉，《中央日報》（成都版），1943年8月25日。

44 柯白：《四川軍閥與國民政府》（成都市：四川人民出版社，1985年12月），頁15。

45 沈宗瀚：〈改進四川農產之意見〉，《農報》第3卷第21期，轉引自《四川月報》第9
　　卷第3期（1936年9月），頁2-4。

於日人侵華日亟，戰爭勢難避免，為求糧食自給，遂擴大中央農業實驗所農藝系工作，成立全國稻麥改進所，由實驗所正副所長謝家聲、錢天鶴兼任。四川是後方重要糧倉，改進所未幾即派員赴蓉協助組識稻麥改進所，指導改進工作。[46]一方面馬上作區域性育種試驗，利用長江流域良種稻麥，引進成都平原試種，又在當地鑑別土種，選取優良品種擴大推廣。

一九三六年以來，四川先後成立家畜保育所、蠶絲改良場、稻麥改進所、第一林場、棉作試驗場、農林植物病蟲害防治所、園藝試驗場、甘蔗試驗場和林業試驗場，就各自範圍致力試驗與推廣。然機關之間不相協調，以致徒增行政經費而事業費反形窘迫，技術人員亦不足。[47]一九三八年，中央農業實驗所西遷四川榮昌，承經濟部之命，協助組織四川省農業改進，合併原有的農業機關，統籌全川農業改良推廣工作。川農所總所設於成都，內有食糧作物、工藝作物、畜牧獸醫、蠶絲、森林果木、病蟲防治、農業化學、墾殖工程、農業經濟等九組。中農所同時在成都設置工作站，派駐技術人員協助川農所，並提供補助經費。[48]

一九三七年抗日戰爭爆發，東部地區淪陷，農產破壞慘重。兩年間，糧食種植面積損失百分之三十二，減產百分之二十二。[49]但對於身處內陸，遠離炮火的四川農民而言，卻是絕佳的機會。中央政府遷都重慶後，大批難民相繼湧入內陸。軍糈民食、工業原料，都要仰賴後方提供，令農產品需求驟增。其次，東部嶄新的農業技術亦隨著科研專才輸入後方，加快農業改進的步伐。英國農業化學博士利查遜

---

46 《中華民國史檔案資料匯編》第1輯第1編，財政經濟（七），頁416。

47 謝家聲：〈三年來之農業改進〉，《農報》第5卷第25-27期（1940年9月），頁558。

48 《沈宗瀚晚年文錄》，頁96

49 陸仰淵、方慶秋：《民國社會經濟史》（北京市：中國經濟出版社，1992年），頁603。

（H. L. Richardson）在抗戰時期任中央農業實驗所顧問，期間走訪後方各省農村。戰後利查遜憶述四川農畜業之所以突飛猛進，全因東部地區的大學農學院和中央農業實驗所西遷所致。[50]

第三節　農民行為背後的主宰力量

　　國民政府儘管全力協助農民增加生產，但農民沒有完全按照政府意願行事。從作物面積的分配和畝產量觀察所得，農民非常重視小春耕作，而常忽略大春經營。要理解農民這種異向行為，必先從租佃制度處分析。四川佃戶納組方法中以穀租最為普遍，據一九三九年四川省農業改進所的調查，約有百分之六十五佃戶繳納穀租；其次為分租，佔百分之二十三，主要分佈在邊區縣分；錢租最少，只有百分之十二，多見於川省中部三臺、射洪、樂至和資陽等幾個產棉縣分。[51]成都平原水稻區的穀租制尤佔主導地位，平均達百分之九十一點六，錢租制只佔百分之三點二。

成都平原水稻區佃戶納租方法百分比

	彭縣	新都	新繁	成都	崇寧	郫縣	溫江	雙流	華陽	新津	平均
錢租	5.0	0	1.2	0	0	4.0	1.2	4.5	10.0	5.9	3.2
穀租	87.0	100.0	86.8	100.0	100.0	89.8	89.2	94.0	83.3	88.4	91.6
分租	8.0	0	2.0	0	0	6.2	9.6	1.5	6.7	5.7	5.2

資料來源：《四川省農情報告》（第5卷第10-12期，1943年2月，頁63）。

---

50 H. L. Richardson, "Szechwan During the War", *The Geographical Journal*, vol.106 no. 1/2 (Jul-Aug 1945), p.21

51 四川省農業改進所：《四川省農情報告》第5卷第10-12期（1943年2月），頁60。

　　一般佃農並不反對穀租制，這與四川省家家戶戶養豬有關。每屆九、十月秋收後不久，佃農準備繳租。當地習慣在過斗作實後，佃農拿穀舂米，穀糠留給佃戶作餵豬之用，白米交付米商或地主。[52]所以名義上雖稱穀租，實際繳付的是白米。

　　四川穀租制依例佃戶只納稻穀，冬季作物和其他農副產品歸佃戶所有，與江浙皖等省情況類似。但川省穀租租率，即佃農納穀額與水稻收穫比率，較長江下游各省為高。[53]例如浙江省通行穀租的縣分，租額一般佔收穫一半，江蘇省南部則佔三分一至一半。[54]據川農所一九三八調查所得，四川省水田租額上田每畝平均二點五七石，中田二點一四石，下田一點六七石，佃農大概需繳納七成所產稻穀完租。[55]成都平原因土地肥沃，收穫較豐，租額自然比川省其他地區為高。據陳太先估算所得，佃農需付出收穫的百分之七十八點七完租。所以當地習慣說「大春歸主，小春歸農」。

成都平原各縣租額率

	彭縣	新都	成都	郫縣	溫江	雙流	華陽	新津	平均
平均每畝產量(市石)	3.75	5.29	4.84	4.73	5.25	4.08	5.01	4.25	
平均每畝租額(市石)	2.90	4.32	3.83	3.50	4.25	3.46	3.76	3.32	
租率%	77.3	81.7	79.1	74.0	80.9	84.8	75.0	78.1	78.7

資料來源：陳太先：《成都平原租佃制度之研究》（頁32541）

---

52 四川省檔案館藏：《四川省農業改進所檔案》（以下稱川農所檔案），〈溫江縣佃農調查表〉案卷號1394；陳太先：《成都平原租佃制度之研究》，民國二〇年代中國大陸土地問題資料62（臺北市：成文出版社，1977年影印版），頁32559。

53 應廉耕：〈四川省之農佃問題〉，《經濟週訊》50期（1940年11月20日），頁407。

54 中國實業部：《中國經濟年鑑續編》（上海市：商務印書館，1935年），頁G121，G134。

55 中國農民銀行：《四川省經濟調查報告》第7號（臺北市：中國國民黨中央委員會黨史委員會，1976年影印本），頁17。

如果計算地租與田場作物總收入的比重，其實並不太高。例如溫江縣屬成都平原最富庶的地方，這個比重一般由五至六成，與中國流行的「主五佃五」的分成租制相差不遠。[56]

實物納租無異限制土地用途，最明顯的例子莫如川北川南的冬水田。當地部分水田因灌溉不便，水源全靠天雨，但四川雨量，秋季最多，夏季次之，冬季最少，春亦少雨。佃戶在秋收後，擔心來年春雨不及時，不願排水冬耕，寧可蓄水越冬，白白損失一季的收入。[57]川農所在一九三八年調查川南二十五縣糧食生產狀況，發現有百分之三十七的農戶不願增種冬作，其原因出於「防礙夏作」者竟然佔有百分之四十，而「缺少資本」者卻只有百分之二十四。[58]調查沒有說明百分之三十七的農戶裡有多少佃農和自耕農，但可以推斷佃農應佔絕大多數，蓋佃農受穀租羈絆，為求不欠租，冬作也得放棄。內江縣有些地主還迫令佃戶秋收後拋荒，休養地力。[59]成都平原水稻區灌溉便利，但在邊沿地區的雙流、華陽和彭縣一帶仍有些冬水田，其中以華陽縣的冬水田比例最多，平均約百分之二十。[60]所以中農所西遷重慶之初，便覺得土地利用殊不恰當，重慶梯田的土質明明不宜種水稻，反而栽種水果會有利可圖，但偏偏滿田皆稻，納租制度的影響力可見一斑。[61]

四川穀租制不獨限制土地用途，還削弱佃農的積極態度。就理論

56 《川農所檔案》，〈溫江縣農場經營調查表〉，案卷號572。

57 楊守仁：〈改善四川冬水田利用與提倡早晚間作稻制〉，《農報》第6卷第22-24期（1941年8月），頁485。

58 《四川省農情報告》第1卷第5期（1939年7月），頁157-158。

59 《四川省經濟調查報告》第7號，頁29。

60 葉懋、潘鴻聲：《華陽縣農村概況》（成都市：四川省農業改進所，1942年），頁33。

61 錢天鶴：〈中國農林事業改進之回顧及農業政策之展望〉，《西南實業通訊》第6卷第5期（1942年11月），頁37。

上言之，穀租對於佃農頗為有利，繳租時不受產品價格漲跌影響，在定額制下又可鼓勵佃農努力，增加生產，然事實上並不如是。中國農民銀行在一九四一年四月調查川北農村狀況，發覺穀租制度影響生產頗大。佃戶納租後，稻穀所剩無幾，全供食用與留種，每年只有小春收穫歸佃戶，一切日常現金開支，如買肥料、還債、支人工等，全賴小春收入。[62]所以佃農平時多努力小春耕作，而大春經營則敷衍了事，耕種時但求保持常年收成，從不望豐稔。況且佃農恐怕產量增加後，爭佃者多，而有退佃之慮，即使不退佃，亦憂心增加押租。調查其間適逢天氣亢旱，秧苗難下，穀租制的弊處更加顯現。當地只有少數地主及富農僱水車灌溉，普通農家均聽其自然，沒有著急改種玉米或甘薯等耐旱作物，因大春不收，地主損失比佃農慘痛得多。[63]金陵大學發覺成都平原的佃戶，並不熱衷水稻的改良品種，惟恐試用失敗，影響產量而無法繳租，遂不敢輕易嘗試。[64]其他機關的調查亦有類似的結論。[65]

　　上述的農民行為，僅為農業人員在各地所見所聞。如要充分證明租佃制度主宰農民行為，進而影響農業生產，必須援引更多的數據。

---

62 據金陵大學農學院調查，成都附近7縣（溫江、雙流、郫縣、新都、新繁、成都、華陽）有91%的佃戶在納租後兩個月內出售剩餘的稻穀，然後在春夏不接之時，反須高價購進糧食。見《農業推廣通訊》第3卷第4期（1941年4月），頁73。

63 潘鴻聲：〈川北當前農村問題之剖視〉，《農業推廣通訊》第3卷第8期（1941年8月），頁62-63。

64 孫祖蔭：〈戰時我國糧食增產問題與成都附近六縣一八九農家糧食增產效率之研究〉，《農業推廣通訊》第6卷第10期（1944年10月），頁43。

65 例如四川農業推廣所發現，佃戶不願增產大春的原因，常執拗增產後的利益如何處置，假使歸地主，那末佃戶白費資本，地主坐收其利。假使歸佃戶，地主認為有耗地力，影響來年大春。佃農為免麻煩，乾脆照以往習慣耕作。見《農業推廣通訊》第4卷第5期（1942年5月），頁92。農產促進委員會指出，四川大小春制度，使佃農的勞動資源分配失衡，阻礙農業生產。見《農業推廣通訊》第4卷第10期（1942年10月），頁18。

四川省建設廳自一九三八年起調查每縣作物面積和產量,編訂成《四川省農情報告》(後由川農所接辦)。其方法是聘請當地的自願人士,如教師、聯保主任、區長、農事試驗場服務的人,由川農所技士訓練成「糧情報告員」。報告員常維持一千多人,分佈於全省一三○餘縣,每月填寫調查表寄回建設廳。報告員憑觀察或詢問農戶統計出某區域的作物面積,然後再在一定範圍內(如一畝)估計單位產量,即可推算該地區的總產量。[66]下面兩節會利用《四川省農情報告》這兩項數據引證佃農的雙重行為:對於小春,佃農會跟隨市場價格步伐,分配面積栽種作物;並願意試種新品種,追求最大的利潤。相反,對於大春,佃農對價格反應遲緩,不願更改耕作方式,只求如期交租。

另外為求減小誤差,須找一處佃農與佃耕面積佔多數比例、耕作制度簡單的地區。成都平原水稻區正符合這個前提。

第四節 市場格價的吸引力

一般而言,某類農產品價格上升得比較快時,會刺激農民爭相種植。例如河北正定在一九○七至一九三七年間,棉花價格平均每年上升百分之三點九二,遠遠拋離其他作物。結果綿花面積逐漸增加,而小麥雜糧的面積逐漸減少。[67]

抗戰期間,成都平原的農作物價格普遍上升,但農民對價格的反應並不一致。小麥和油菜籽是成都平原主要的冬季作物,需求甚大,合共佔耕作面積五成半。油菜籽提煉出來的菜油,過去僅供佐餐調味,鄉村農民更用以點燈取亮。自中日戰事爆發後,潤滑油和汽油輸入斷絕。民生公司遂研究菜油代替汽油,一九三八年底試驗成功,每

---

66 《四川省農情報告》第1卷第1期(1938年5月),頁27-28。
67 《經濟統計》第11期(1938年9月),頁563。

四萬加侖菜油,可以提煉出一加侖汽油。[68]十二月民生公司來成都購菜油三千餘石,翌年五月,又到省垣收買,兩次收買開始推起油價。十一月,民生公司與中國植物油公司採購大量菜油,數量竟達一萬四千石。同時成都附近的菜油,大量流入西康省;此外城市人口疏散,鄉鎮燃燈油量亦增,油價持續上揚。從一九三八年每石菜油平均價格只有十七點六元,一九三九年已上升到三十二點三二元,一九四〇年上半年更飆至八十九點二二元。[69]

農村方面,因菜油格價高漲,連帶刺激起油菜價格。抗戰前夕,成都市每石油菜籽可以換到一點四五石小麥,一九四〇年六月,足已換到二點一三石小麥。[70]為配合急速需求,川農所選定新都附近三十二縣為推廣區,動員各縣農林實驗學校學員宣傳推行,又得到農本局答應貸款資助。一九三八年之後的兩年,油菜面積增加百分之二十六點七,小麥相對減少百分之三十三點四。見下表:

成都平原水稻區十縣冬季作物生產面積

單位:千畝

	1938年	1939年	1940年	1941年	1942年	1943年
油菜面積	725	878	927	650	544	594
比上年度增減%	-	+21.1%	+5.6%	−29.9%	−16.3%	+9.2%
小麥面積	671	587	464	647	875	671
比上年度增減%	-	−12.5%	−20.9%	+39.4%	+35.2%	−23.3%

資料來源:《四川省農情報告》(第1卷第6期,1938年8月,頁214;第2卷第3期,1939年3月,頁14-15;第3卷第3期,1940年3月,頁6-7;第4卷第3期,1941年3月,頁7;第5卷第1-3期,1942年3月,頁29;第6卷第1-3期,1943年3月,頁9)。

---

68 《經濟週訊》第12期(1940年1月31日),頁93。夏文華:〈擴大冬作中四川油菜推廣〉,《農業推廣通訊》第2卷第10期(1940年10月),頁35。

69 《經濟週訊》第46期(1940年10月23日),頁375。

70 《經濟週訊》第47期(1940年10月30日),頁388。

　　有推廣人員事後說，油菜田面積增加了，但其實他們沒有付出多少努力，也算不上金融機關的功勞。油菜下種前三個月，就有貸款消息，每畝最多貸得三元。農民於是組織產銷會登記申請，一大堆表格層層上遞，可是油菜已經長到一尺多高，貸款還沒有音訊。農民多種油菜，全因商人和豪紳高價搶購。[71]

　　成都一位官員公餘出城門在公路上徘徊，舉眼不見豆麥，只見菜子，感慨說：「農民只顧個人目前的利益，看到菜子價錢高，拚命種菜子，糧食都不種了。」[72]

　　一九四一年以後，情況有所改變。一九四〇年夏季亢旱，糧食歉收，全川秈稻只有十足年收成百分之五十點三，產額六〇七一八千市石，比上年減少百分之二十七。成都平原收成相對穩定，比上年只減少百分之七。[73]翌年初，農林部與全國糧食管理局為免糧食再遇短缺，擬定「全國糧食增產計劃大綱」，下令後方十五省根據省區實際情形，增加糧食產量。[74]四川省政府其後組織「四川省糧食增產委員會」，由建設廳長、教育廳長、水利局長、農業改進所長等部門首長，統籌規劃各縣糧食增產事宜。[75]糧食增產方法不外兩種：第一，增加栽種面積。由政府制定法令，派員督導農民厲行冬耕，減種非糧食作物，及擴大利用隙地荒地。第二，提高畝產量。由政府籌購優良種子，推廣稻麥良種，種植雙季稻，指導農民增施肥料，防治病蟲害。

　　成都附近各縣，田地大都一年兩穫，休閒地甚少，耕作集約程度極高，復種指數一般超過一九〇。[76]所以在這個區域，如要增加糧食

71 《農業推廣通訊》第2卷第2期（1940年2月），頁46-47。

72 《農業推廣通訊》第2卷第12期（1940年12月），頁52。

73 《四川省農情報告》第3卷第12期（1940年12月），頁1。

74 《農業推廣通訊》第3卷第4期（1941年4月），頁77-78。

75 《農業推廣通訊》第3卷第5期（1941年5月），頁74。

76 〈戰時我國糧食增產問題與成都附近六縣一八九農家糧食增產效率之研究〉，頁47。

生產，就只有勸導農戶減少非糧食作物面積，和提高單位面積產量兩個途徑。

一九四一和一九四二兩年，小麥面積明顯增加，油菜減少。政府措施看似奏效，但再觀察一九四三年的情況，便發覺政府命令只是一廂情願。一九四〇年四川省大春歉收後，全川的糧食供求緊張起來，成都市的糧食批發物價指數開始扶搖直上。

一九四〇年下半年成都市批發物價指數

	8月	9月	10月	11月6日	11月20日	11月27日	12月11日	12月18日	12月26日
小麥	333.3	373.6	657.8	677.8	733.3	844.4	1055.6	944.4	1000
油菜	474.7	513.0	589.6	628.9	628.0	766.3	728.0	728.0	728.0

資料來源：《經濟週訊》（第46-57期，1940年10月23日至1941年1月1日，頁377-511）。

備　　註：一九三七年上半年為基期，指數一百。

上表顯示一九四〇年八月和九月份，油菜的批發價格指數仍比小麥高，但升幅稍緩。十月開始，小麥的批發物價指數已超越油菜。此時正值小春下種之時，農戶見小麥有利可圖，即改變土地分配，多種小麥，小種油菜。所以油菜面積在一九四一年開始掉頭回落，且持續至下一年，減幅百分之四十一點三。相反小麥面積明顯增加，幅度達百分之八十八點六（見上表）。川農所對這個改變有以下描述：

> 油菜較二十九年減少百分之五點一（指四川全省），考其原因，是二十八年菜油價格激漲，農民見有利可圖，乃廣為種植，二十九年菜油價格漲勢轉疲，種植面積故又減少。[77]

---

77 《四川省農情報告》第4卷第1期（1941年1月），頁1。

本年（1941）作物面積減少，雖因二十九年秋季雨量充足，冬
水田增加而減少，但食糧作物顯有增加，而油菜面積則減少，
此因政府去年大春歉收後，積極倡導農民廣種食糧作物。同時
糧食價格自一九四〇年春季起，開始激漲。[78]

一九四二年，農戶繼續蜂湧種植小麥，產量大增。小春收割季節
以後，價格大幅下滑，反觀油菜仍然跟隨一般物價向上。見下圖。

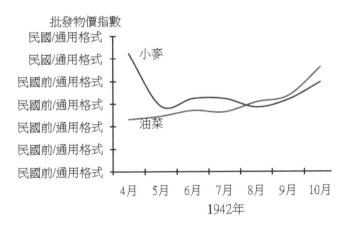

八月起，油菜物價指數趕過小麥。農戶見小麥利潤無多，不理會
政府的勸導，決定減少種植。[79]結果成都平原小麥面積比上年縮減百
分之二十三點三；相反油菜面積增百分之九點二。

從一九三八到一九四三年五年間，小麥與油菜的種植面積經常大
起大落，農戶追逐價格利潤顯而易見。然而農戶並非全無顧慮，在分
配小春耕地過程時，依然留有餘地，這種保守行為有些出於自覺，有
些是地主強迫的。

---

78 《四川省農情報告》第4卷第3期（1941年3月），頁1。
79 《四川省農情報告》第6卷第1-3期（1943年3月），頁1。

中國土壤中最缺乏為氮肥。成都平原的小春作物除油菜和小麥最外，還有一種叫「苕子」的豆科作物，其根部寄生的根瘤菌能吸取空氣中的氮分子，供給植物氮素養料。苕子每年九月白露前後播種，翌年三月春分開花季節，莖葉犁翻入土，與根一同腐化分解，立夏前灌水入田，再移植水稻秧苗。[80]

　　苕子既不可食用，又不能出售。農戶栽種苕子，是要確保來年水稻產量穩定，不致欠租。另一方面，農戶又不甘減少小春收入，所以為求兩者平衡，苕子的種植面積經常保持在兩成左右。[81]這種欠缺彈性的耕地分配，有時會招致農戶吃虧。一九三八年四川糧食豐收，成都市每市石米價平均十一點十五元，比上年下跌七角。[82]不過穀租制沒有令農戶改變耕地分配，以調節價格的波動。不料翌年又遇豐收，產量更比上年多八百餘萬石。[83]但其時勞動力不足，往常在收穫季節聘用的日工，工資上升百分之二十五。[84]即使平日農家雇用的長工，每因外面工資高，常向主家無理索求或藉故辭退。[85]有些地方的農戶甚至無力僱工收割，眼白白讓穀粒掉落田裡。[86]如果租佃制稍微靈活一點，地主願意收錢租或其他雜糧，農戶遇到這種情況，自會在頭一年豐收後，減少種水稻，避免損失；而前作苕子亦不必種得太多，騰

80 包望敏：〈溫江農業之調查〉，《溫江鄉村建設》（創刊號）（1938年11月），頁16-17。

81 菜子餅的功效與成本跟苕子相差無幾，本可互補不足，但菜子餅要用現錢購買，農戶始終不願多用。見陳華癸：〈水稻田的綠肥問題〉，《農報》第8卷第7-12期（1943年）

82 《四川省經濟調查報告》第5號，頁77。

83 董時進：〈抗戰以來四川之農業〉，《四川經濟季刊》第1卷第1期（1943年12月），頁49。

84 《四川省經濟調查報告》第6號，頁155。

85 《時事新報》，1940年7月4日。

86 《大公報》，1939年8月23日。

出的耕地可以用來種油菜，增加收入。

　　大麻的種植面積亦是一個例證，說明農戶不能毫無限制在小春賺取利潤。中國往時普遍用麻袋包裹貨物，抗戰前幾乎全賴印度輸入。抗戰期間，因外匯高漲，與海路封禁，使麻袋價格不斷飆升，有價無市時有所聞。[87]麻袋的原料，不外三類高纖維麻株：黃麻、苧麻和大麻。川省的苧麻多分佈於南部的榮昌，隆昌和瀘縣。黃麻有耐濕特性，質量堅韌，且每畝產量較高，但在川省只有零星農戶種植。榮昌縣雖有八成農戶種植黃麻，但每家栽培面積不過百分之〇點五至百分之二，目的僅為自家搓麻繩，市上沒有收買行商，故無正式買賣與市價。[88]

　　大麻又稱火麻，成都平原的溫江、雙流和郫縣一帶廣有種植。每屆六月至九月，各縣城鄉皆有麻市買賣，麻農親身擔麻赴市，經紀陪同販商揀選收購。售麻方式各地不同，溫江的農家大多直接出售麻皮，雙流等地則連稈賣出。抗戰頭三年，麻皮價格的升幅遠遠拋離其他農產品。一九四〇年八月，成都市麻皮的批發價與抗戰前夕相差十倍，油菜籽批發價在同期升四點七倍，小麥升三點三倍，白米僅僅升二點五倍。[89]然而大麻的種植面積沒有跟隨價格擴大。一九三八、一九三九兩年雙流縣保持在六三五三畝，一九四〇年減少六四三畝。[90]溫江縣麻田的面積亦在二點七萬畝上下徘徊，約佔耕作面積百分之九。[91]

87　余秀茂：〈川西大麻調查報告〉，《中農月刊》第2卷第3期（1941年3月），頁59。

88　沈宗瀚：〈改進黃麻的方針〉，《農報》第5卷第10-12期（1939年4月1日），頁145。

89　《經濟週訊》46期（1940年10月23日），頁377。

90　賴重民：〈雙流縣農林畜牧調查〉，《建設週訊》第9卷第1-4期，頁20、25；〈雙流縣29年度各種農作物調查報告〉，《建設週訊》第10卷第19-21期（1940年11月3日），頁40。

91　崔毓俊：〈四川省溫江縣土地分類之經濟調查〉，《四川經濟月刊》第10卷第4-5期（1938年11月），頁9；《四川省農情報告》第2卷第3期（1939年8月），頁14。

　　大麻與油菜同屬小春作物，為何大麻面積停滯不前，而油菜卻可以擴展自如？原來水稻既為四川省主要作物，農家為趕及種植水稻，選擇前作時，通常傾向成熟較早的作物，如油菜或大麥，尤其在川東水源不足的邱陵地區，益見明顯。苕子為水稻前作中最早收穫者，在春分翻犁苕藤後，便可引水灌泡，這時水流雖小，卻能從容耙田而及時播種。新繁縣清白河以北一帶壩田，常見有大片苕田，即為此因。收穫期略遲於苕子者為大麥，油菜與葫豆稍晚，一般在立夏附近，再過十餘日才到小麥。斯時距水稻插秧期不遠，工作緊迫，如小麥田過大，勢影響水稻耕作，所以小麥田不易大幅擴充。[92]大麻收割期更遲，約在小滿與芒種之間。溫江、郫縣和雙流一帶的麻田，如要連作水稻，秧苗滿齡後，須留在秧田，密集假植一次，俗稱「寄秧」，約二十日後，待本田整理好，方可移栽。農戶間有不行寄秧，僅延遲播種，後再移植，稻農稱為「馬秧」。無論哪種方法，水稻因移植期延遲，產量損失頗多。[93]一旦大春又遇旱魃，收成不佳，田租或交不出，故農戶自不會冒險多種大麻。況且地主為確保其收益起見，對於佃農種植何種作物，每每干涉過問。[94]可見大麻種植面積更加難以突破。抗戰初期，有廠家看準麻袋供應不足，將來亦需求甚殷，於是預訂製麻袋機，後來發覺西南諸省麻產不多，麻袋廠的地點沒有決定，最終也得放棄。[95]

　　水稻既為四川省的命脈，農戶選擇何種前作，皆以不干擾水稻生長為前提。農戶看似將整年的精力投放到水稻田裡，但矛盾的是，他們並不熱衷賺取最大的回報。四川向無栽培粳稻，民眾平常所吃的米

92　〈四川小麥之調查試驗與研究〉，頁18。

93　趙連芳：《川西平原之稻作》（成都市：農林部四川省推廣繁殖站，1942年），頁6-8。

94　〈戰時我國糧食增產問題與成都附近六縣一八九農家糧食增產效率之研究〉，頁43。

95　沈宗瀚：〈中國麻袋原料的生產〉，《大公報》，1939年8月22日。

飯全是秈稻。抗戰期間，秈稻面積保持平穩，即使在一九四〇年白米
價格飛漲以後，也吸引不到農戶多種。茲以溫江縣情況詳加說明：溫
江毗鄰省垣，所產白米絕大部分運往成都消費。秈稻歷年面積佔耕地
面積八成半以上，米價稍有漲落，對農戶收入關係尤大。

溫江縣農戶出售白米利潤與秈稻面積關係表

	1939年	1940年	1941年	1942年
每雙市石白米淨成本（元）	23.3	79.5	385.9	797.9
每雙市石白米價格（元）	21.3	118.2	504.4	824.9
盈利（元）	−2.0	38.7	118.5	27.0
與上年盈利比較 ％	-	+20.4	+206.2	−77.2
秈稻面積千畝	177	184	190	180
逐年面積增長率 ％	-	+3.9	+3.3	−5.3

資料來源：《四川省農情報告》（第2卷第5期，1939年5月，頁15；第3卷第9期，
　　　　　1940年9月，頁11-13；第4卷第9期，1941年9月，頁16；第5卷第7-9期，
　　　　　1942年1月，頁11。《四川省經濟調查報告》，第5號，頁75-76）。

備　　註：白米淨成本是生產總費用中減去副產物稻草與米糠之價值。中央研究院
　　　　　社會科學研究所有溫江縣歷年白米生產費用調查成果，載李先治：〈十
　　　　　年來成都市米價變動之研究〉，《四川經濟季刊》（第4卷第2-4期，1947年
　　　　　10月，頁29、34）。一九三九年每石稻穀中，稻草與谷糠價格二·〇二
　　　　　元，參考自〈溫江縣農家金融調查表〉，《川農所檔案》，案卷號567；一
　　　　　九四〇與一九四一年的價格分別是十三點〇二元及二二點〇七元，見
　　　　　《農業推廣通訊》，（第3卷第4期，1940年4月），頁70，（第3卷第9期
　　　　　1940年9月），頁67；一九四一年是四一·三元，引自〈華陽縣農場經營
　　　　　調查表〉當地價格，《川農所檔案》，案卷號1542。

上表顯示，一九四〇年農戶出售白米的利潤比上年多百分之二十點
四，但秈稻面積僅增加百分之三點九。一九四一年的利潤更加豐厚，
比上年上漲二倍，秈稻面積亦只微微擴大百分之三點三。這與小春情
況大相逕庭。秈稻面積雖廣，實際上還有增長空間。

糯稻為另一種大春作物，約佔耕地面積半成。農民種糯稻，一般用來釀酒熬糖，在過年過節時分供自家消費，很少充當正糧。某些地方固然用糯稻煮粥做糕點充饑，但對農民而言，並不划算，因糯稻產量一般較秈稻每畝少二十七市斤，賣價亦差不多。所以農民種糯稻從不計較利潤，純為習俗所沿。農林部看到糯稻面積尚有縮減餘地，於是在一九四一年推行「減糯改秈」緊急措施，嚴令後方鄉鎮保甲長督促農戶，限制種植糯稻不得超過稻田面積百分之一；並且規定糯稻市價不得超過秈稻，以鼓勵農戶多種秈稻。五六月間糧食增產委員會分赴各處抽查稻田，如農戶不接受勸導，由保甲長依法懲處。政府預計一年可以增加秈稻產量三八六萬擔。[96]

然而「減糯改秈」措施不得到農戶響應。措施頭一年糯稻面積縱有縮小，惟與政府目標甚遠。農林部在翌年重申政令，但總見不到成效。[97]

糯稻佔耕地面積百分比%

	1939年	1940年	1941年	1942年	1943年
溫江縣	6.0	6.0	4.1	7.3	-
四川省	4.5	3.9	3.7	3.9	3.8

資料來源：《四川省農情報告》（第2卷第5期，1939年5月，頁7；第3卷第9期，1940年9月，頁3；第4卷第9期，1941年9月，頁1、7；第5卷第7-9期，1942年1月，頁11；第10卷第7-9期，1947年9月，頁10）。

---

96 《農業推廣通訊》第3卷8期（1941年8月），頁73-74。
97 《農業推廣通訊》第4卷5期（1942年5月），頁61。

正如金陵大學農學院孫祖蔭所言,「大春歸主,小春歸農」的風俗已根深柢固,佃農深覺大春的辛勞全為地主,對增加水稻產量從不起勁。[98]

第五節　新品種的推廣及其成效

中國農業技術的研究,一向偏重良種的選育工作,人材尤多。抗日戰爭前,美棉的推廣,成效最顯著。又據歷年試驗結果,經改良的稻麥種已有早熟、豐產、桿硬、抗病害等優良性狀。或許這方面的工作正切合農民的需要。一九三三至一九三五年,南京神學院發起一次大規模的農村調查,全國十三個省七十三個鄉村教會造訪教區內的農村,了解農民生活狀況,協助教會日後訂定工作方向。調查發現村民在農事上最迫切要改善者,依次為種子、蟲害、耕稼工具、植物病害,家畜病害及農村副業。[99]如果觀察一下成都平原的農民,情況卻有些不同。

一九三五年國民政府勢力伸入川省後,最先嘗試改進當地的稻麥。一九四〇年,因川省糧食歉收,農林部更著意推廣稻麥良種。不過農民並不樂意接受新稻種;相反,對外來麥種保持開放態度,只要質量合適,便願意嘗試。

四川省麥作進工作,肇始於一九三六年建設廳與四川大學合組的稻麥試驗場,場址為成都外東白藥廠側茶葉試驗場。[100]當年開始向省內外徵集大量品種試驗。同時省政府又與全國稻麥改進所合作舉行區域試驗。其時根據調查結果,四川小麥品種不下四十餘種,因同名異

98　〈戰時我國糧食增產問題與成都附近六縣一八九農家糧食增產效率之研究〉,頁43。

99　Frank W. Price, *The Rural Church in China* (New York: Agricultural Mission, Inc., 1948), p.55.

100　〈四川小麥之調查試驗與研究〉,頁2。

種者有之，異種同名者亦有之，名稱混雜，鑑別需時。[101]成都平原的小麥不乏產量高的品種，如「華陽白花鬚」莖桿細白，宜於編織草帽，惟籽粒小而不勻，莖桿過於纖弱，容易倒伏。「成都光頭麥」分蘗力強，成熟早，宜與水稻輪作，幾遍及成都平原各縣，可惜與其他品種混雜種植，成熟早者，籽粒脫落，或為雀鳥啄食，而遲者收割時猶未完熟。所以那時並無本地良種可推廣，惟有一面檢定固有品種，去劣存優，一面引進外來品種。

　　一九三七年稻麥改進所決定推廣「金大二九〇五」小麥。該小麥為金陵大學農學院於一九二五年南京附近農地選出，莖堅韌、早熟，產量豐。「金大二九〇五」經歷七年的篩選純化、試驗，始在長江中下游推廣，旋即受南京、鎮江、蕪湖及臨淮關一帶農民歡迎。[102]一般來說，同一品種的小麥需要在某區域試驗至少三年，才可向農戶推廣。[103]「金大二九〇五」在一九三五年於成都初次試驗，第一年產量比土種「成都光頭麥」平均高百分之三十四，次年仍高出百分之十一；[104]第三年即忽忽在成都平原和川北三十六縣推廣二千多畝。不料在抽穗期間，成都平原遇上狂風暴雨，麥株倒伏泰半，幸而土種尚未抽穗，無礙收割，麥種被迫停止推廣。[105]原來成都平原耕地特別肥沃濕潤，麥桿長而柔嫩，平時若無其事，一遇風吹水浸，缺陷即現。這次挫敗並未影響「金大二九〇五」的推廣，也沒有加深成都平原農戶對外來品種的戒心。

---

101 孫光孫：〈四川改良小麥推廣之回顧與前瞻〉，《中農月刊》第6卷12期（1945年12月），頁20。

102 沈宗瀚：〈金大2905小麥之育成〉，《傳記文學》第28卷1期（1976年1月），頁54-55。

103 沈麗英：〈三年來麥作雜糧系工作概況〉，《農報》第6卷7-9期（1942年3月），頁207。

104 孫光遠：〈五年來四川推廣「2905」小麥經過及展望〉，《農業推廣通訊》第5卷第1期（1943年1月），頁70。

105 同上註。

「金大二九〇五」小麥沒有在成都平原落戶，反而找到川北綿陽一帶適應生長；到一九四三年，川北種植面積已有五十五萬畝，甚得農民歡迎。[106]

繼「金大二九〇五」後，在一九四〇年另一款麥種──「中農二十八」開始向成都平原的農戶推廣。該種小麥原產義大利，一九三三年中央農業實驗所引進南京試驗場繁植。翌年麥種將熟，忽刮大風雨，田中大多麥種折斷，惟「中農二十八」不倒，於是進入高級試驗階段。[107]

一九三六年「中農二十八」轉入成都等長江流域試驗。七七事變爆發，南京、蕪湖一帶相繼淪陷，僅成都繼續試驗。一九三八年四川省農業改進所接辦川省農事，為求謹慎起見，不致重蹈「金大二九〇五」覆轍，再試驗兩年。成都歷年試驗結果顯示「中農二十八」，無論在產量、堅靭程度、抗病能力都較「金大二九〇五」優勝。推廣以來漸漸為農家接受。其後愈多外來品種試驗完成，陸續推廣試種。源產自澳洲的「川福麥」在抗戰後期甚至取代「成都光頭麥」土種地位，最為農家廣植的麥種。[108]若再看小麥畝產量的變化，就更加清楚新品種的接受程度。從一九三九至一九四五年間小麥畝產量足足提高百分之五十，平均每年增加百分之八點三。見下表。

---

106 〈四川改良小麥推廣之回顧與前瞻〉，頁30。

107 沈麗英：〈中農28小麥之改良經過〉，《農報》第5卷第7-9期（1940年3月），頁88。

108 四川省農業改進所稻麥改良場：〈抗戰期間四川省食糧作物改進之回顧與前瞻〉，《農報》，11卷10-18期（1946年6月10日），頁34。

成都平原水稻區十縣小麥畝產量　　　　　單位：石／畝

	1939年	1940年	1941年	1942年	1945年
小麥畝產量	1.2	1.49	1.73	1.79	1.8

資料來源：《四川省農情報告》（第2卷第3期，1939年3月，頁14-15；第2卷第4期，1939年4月，頁34；第3卷第3期，1940年3月，頁6-7；第3卷第6期，1940年6月，頁6-7；第4卷第3期，1941年3月，頁7；第4卷第4期，1941年4月，頁6；第5卷第1-3期，1942年3月，頁29；第5卷第4-6期，1942年6月，頁18；第8卷第2期，1945年2月，頁10；第8卷第5期，1945年5月，頁10-11）。

備　　註：畝產量是由十縣總產量除以總面積而得出。

　　反觀水稻的推廣就困難得多。成都平原的稻種最少有二百餘種，其中二十餘種較為重要。[109]一般農民覺得增加百分之十的產量，不以為奇，只要充分施肥，或有機會超過此數。推廣人員估計，至少要增加百分之三十，才會吸引農戶轉用新品種。[110]不過當時還沒有高產量的雜交水稻面世，所以農業機關有意改變水稻的栽培制度。一九三六年，全國稻麥改進所與四川省稻麥改進所合作，在成都總場及各地分場試驗雙季稻。所謂雙季稻，是在稻田裡，先種一季早稻（成熟期100日以內），然後再種一季晚稻（成熟期115至120日）。四川試驗的雙季稻制度，稱為間作稻，即早稻生長期間在株間下栽晚稻。雙季稻在福建、浙江、江西、湖南等省已流行多時，但在四川省卻是新鮮事。第一，四川向來只種中稻（成熟期100至115日），沒種早稻與晚稻。第二，四川耕作制度習慣一年兩穫，從未嘗試一年三穫。

　　一九四〇年試驗基礎奠定，成都試種的效果頗佳，早晚稻合計一

109　《川西平原之稻作》，頁31。

110　孫光遠：〈四川省優良稻種之推廣及展望〉，《農業推廣通訊》第7卷第3期（1943年3月），頁15。

畝田收七百多斤，差不多等於兩畝中稻的產量。[111]政府迫不及待向農民推廣，但這股熱潮不久即銷聲匿跡。推廣人員發現雙季稻與成都平原的耕作制度相衝突，農民不肯放棄舊有習慣。[112]因晚稻在寒露前後收穫，之後再要曬藏稻草、冬作整地，前後費時二十餘日，距小麥播種期和油菜移栽期太過接近，工作緊迫，人工難求。小春既為佃農主要收入來源，哪會輕易冒險一試。即使佃戶勉強栽種，額外的收益如何分配，頓成難題，瀘縣的情況即為一例。

川南稻田滿佈冬水田，每年僅僅利用三至四個月，其餘時間任由蓄水休閒。如果種雙季稻，延長冬水田利用時間兩個月，每畝田至少可以增收二百斤以上稻穀。[113]而且川南雨水不穩，若遇春旱，早稻栽不成，還有晚稻補上，若盛夏乾旱，影響晚稻產量，但早稻已收，不致顆粒無穫，所以收成比一季中稻穩定得多。

川農所認為雙季稻在川南較有希望推廣，於是在一九四〇年起在瀘縣作重點宣傳，先在埃山和石洞鎮六家農戶示範二十畝。[114]初時大多數農民都不相信，就是有，也都用垮田去試，因為怕收不到，交不上租。[115]後來農戶見有利可圖，於是就踴躍接受，有地主更要求佃戶改種雙季稻，否則要退佃。[116]因為佃農收入增加，地主每每要求加租，佃農覺得「多花工本，多打穀子」，額外收益，應歸自己。主佃糾紛隨之而起，佃戶索性不多花本錢栽雙季稻。[117]一九四五年，瀘縣

111 楊開渠：〈老農雙季稻成功談〉，《現代農民》第1卷第3期（1939年12月10日），頁7。

112 柯象寅、湯玉庚：〈西南各省稻作兩熟栽培制度試驗研究〉，《農報》第12卷第6期（1947年12月），頁14。

113 李建業：〈四川的兩季谷〉，《農報》第13卷第2期（1948年4月），頁16。

114 同上註，頁19。

115 鄭寶泉：〈增產運動在川南〉，《農業推廣通訊》第5卷第1期（1943年1月），頁62。

116 同上註，頁63。

117 〈四川的兩季谷〉，頁19。

秈稻畝產量為三五六斤，比一九四一年剛推廣時的三〇八斤增加百分之十五點六。而瀘縣歷來雙季稻的試驗，產量均較一季中熟多百分之四十五以上。[118]這個數字或者可從另一角度看：這五年來，只有三成的農戶轉種雙季稻。成績可謂未如理想。

上述事例說明，佃戶既進取又保守。他們洞悉市場價格，追逐利潤；又願意試種新品種，增加產量。但再仔細觀察，佃農並非完全跟隨供求關係分配農作物面積。由於佃農必須納穀租，他們選擇小春作物和種植面積時，必先考慮有否阻礙來年稻米的收成。這種欠缺彈性的制度，一旦遇上夏作歉收，佃農便要向市場高價回購稻米，再還給地主。此外，佃農對大小春投入的程度亦有分別。抗戰期間四川的農業技術固然進步不少，新引進的稻麥良種，產量質量都較土種為優。不過農民只願意改種外來麥種，對於高產量的稻種則拒絕種植，即使接受，亦不肯花工本，未有發揮稻種應有的產能。

---

118 《四川省農情報告》第4卷第9期（1941年9月），頁16；第4卷第12期（1941年12月），頁11；第5卷第7-9期（1942年9月），頁11；第5卷第10-12期（1942年12月），頁11；第8卷第9期（1945年9月），頁10；第8卷第12期（1945年12月），頁10。

外資企業撤離中國之再審視（1949-1952）

——以上海外資公用事業公司為個案

江玉翠[*]

香港浸會大學歷史系

一 背景：上海的外資公用事業公司——英資上海煤氣公司之發展源流

在討論公用事業公司於一九四九至一九五二年間發生的事情以前，先簡單了解一下這些公用事業的背景。以下就以上海煤氣公司為例，說明上海外資公用事業公司的沿流。

隨著城市的發展，少不了是發展公用事業以支持城市人口的需要。自一八四三年，上海開闢了英租界後，人口一直增加尤其是外商，租界是外僑其中一個在遠東地區的主要聚居地，隨後租界範圍一直擴展。十九世紀末和二十世紀初之際，上海人口急劇增加。人口增多於是地產發展，繼而對公用事業有需求。英國政府認為，上海是世界上最有潛力的市場之一，經濟進一步發展，公用事業也隨之而發展。隨著租界越來越繁榮，公用事業公司在租界陸續成立。例如，一

八八二年上海電力公司（Shanghai Power Co.）成立，一八八三年，英租界自來水公司（Shanghai Water Works Co.）開始供應自來水。公用事業公司在上海工部局（Shanghai Municipal Council）控制下由外商私人營運，公用事業公司發行證券之前要得到工部局批准，工部局也會派人檢查公用事業公司賬戶。租界給予公用事業公司專營權，收取一定的專營金。公用事業公司也在工部局的專營權下，得到可觀的利潤，例如在工部局一九二〇年代之前的越界築路中得以擴展權益。這些公用事業，是租界的重要資產，不僅是財政收入，還是外國在上海擴大控制權的工具。外商水電煤公司的實際權力集中於董事會，而董事會則聽命於租界，因此上海公用事業的發展，成為租界擴張政治權利的工具。[1]雖然外商公用事業在上海租界獲利甚豐，但與此同時這些公用事業公司同時也為上海的城市現代化作出了很大貢獻。

　　上海煤氣公司，原名大英自來火房，由一群英國商人成立。十九世紀末，上海經濟發展，人口急劇增加，居住在上海租界的英國商人對租界政治經濟條件和發展前景有信心，於是借鑒英國利用煤氣照明的經驗，倡議在上海生產和供應煤氣。[2]上海煤氣公司由一批英國和美國的商人發起的，他們分別為 C.J. 金（C.J. King）、奈伊（C.D. Nye）、米基（M.C. Michie）等。[3]由公共租界工部局尋覓適合建造煤

1　Hong Kong Public Records Office, HKRS111-4-44, "Certificate of Incorporation of the Shanghai Gas Company Limited," *The Shanghai Gas Co., Ltd.*

2　FO371/5348, "Memorandum on British Interests in China and our Competitors," 18 November 1920.

3　C.J. 金（C.J. King）是英國商人，他是Chapman, King & Co.的合伙人，也是英資公司公和祥碼頭公司（Shanghai&Hongkew Wharf Co. Ltd.）的董事長。奈伊（C.D. Nye）則是來自美國進出口公司Bull, Nye & Company。有碼頭營運經驗的他們發現，營運煤氣公司需要水道運送煤炭。最後，將大英自來火房的工廠建在附近蘇州河邊，另設有船塢、辦公室、工作人員住宿設施等。1866年，Chapman, King & Co.關閉，1873年，C.J. 金辭任董事局主席。大英自來火房於是由英國商人霍格（Edward

氣廠的土地，董事會考慮到原煤和其他原材料的運輸方便，需要水路運輸和船舶靠岸的條件，選中面臨水面較寬的蘇州河以南建造煤氣廠，並在蘇州河邊建設一個小型碼頭，建煤倉及碳化爐房屋等。大英自來火房主要提供公共租界及法租界煤氣燈及家庭煮食用煤氣。一八六四年，大英自來火房的煤氣廠建成，一八六五年，大英自來火房正式向用戶供應煤氣，又在南京路裝了十盞路燈。到一九○○年，大英自來火房改組，在香港登記為無限責任公司，企業名稱由大英上海自來火房變更為英商上海煤氣股份有限公司。二十世紀二○年代和三○年代之交，英籍法塞迪猶太商人也大量投資上海公共事業公司，例如沙遜家族（Sassoon）在一九三○年代開始投資中國通用公共汽車有限公司（China General Omnibus Co.）和上海電氣建設公司（Shanghai Electric Construction Co., Ltd）。一九二○年代末，另一著名英籍猶太商人嘉道理家族（Kadoorie）則大量投資上海煤氣公司。[4]外資公用事業在十九世紀末及二十世紀初的上海發展了近乎大半個世紀，上海煤氣公司乃上海租界其中一家重要英資公司，一直供氣支持外商在租界的商業活動，維持租界的運作。

　　第二次世界大戰後，國民政府先接收了日本在戰時掠奪的財產，但國民政府希望統制上海的公用事業，所以經過長時間的談判，上海煤氣公司在國民政府手中取回資產。一九四六至一九四九年間，上海罷工不斷，這對上海的公用事業公司的營運影響很大。加上，中國貨幣不穩定。而且上海的西商股票市場眾業公所戰爭期間一九四三年關

Jenner Hogg, 1938-1920）領導，並於1895年被任命為主席。霍格是上海大地主之一，他也是上海著名的地產公司上海業廣地產公司的創始人之一。資料來源：〈慶祝公和洋碼頭經理服務五十週年〉，《申報》，1924年11月20日，14版。"Shanghai Gas Company," *The North China Herald and Supreme Court & Consular Gazzette*, 26 April 1873, 359.

4　張仲禮、陳曾年：《沙遜集團在舊中國》（上海市：上海人民出版社，1985年10月）。

閉，到戰後不復重開。因以上種種因素，當戰後各上海的公司接收產業後，很多外資公司決定把公司總部、公司註冊和部分資產轉移到香港，資產以港幣結算，並於一九四八年前後在香港的股票市場上市。雖然，上海煤氣公司把一些流動資產撤離中國，把總部移到香港並在香港上市，但其實在上海的廠房在一九四九年後仍然營運，一直到一九五二年。在這段時間這些外資公司的營運過程是如何？遇到什麼困難？而最終撤離的終極因素是什麼？能否以純粹是政治原因概括外資撤離的所有因素？以下將會作初步探討，以期填補這幾年外資公司在中國經營情況的歷史空白。

二　上海煤氣公司與中華人民共和國政府關係良好

雖然租界於一九四三年已取消，而於戰後與外資公司洽談的國民政府於一九四九年又業已遷臺，新中國成立，政治環境已完全轉變，但其實一九四九年後仍然有外資公司在上海運作，就如上海煤氣公司。翻查檔案，一九四九年後中國的公用事業局與英資公用事業其實保持良好的關係，甚至關係比以前和國民政府的關係更好，英資公司也因與新中國官員維持良好關係得以維持固定的煤氣收費率。這時，英國外交部及英資公司的管理層更對新中國政權態度十分正面抱有希望。[5]一九四九年剛解放之時，上海煤氣公司把來往客戶一萬八千餘戶的繳款委託給中國銀行和交通銀行各辦事處代理。上海煤氣公司派出代表中國人程漢明與中國銀行談判，委託談判十分順利。[6]另外，根據

5　FO371/92258, "Reports and Situation of Foreign-Owned Public Utility Companies in Shanghai (1951), Amendments to a Report," written on the 13 September 1949.

6　〈半月見聞：為公用事業服務，代收帳款又多上海煤氣公司一家〉，《新語》第14卷第12期（1949年），頁14。

當時英國外交部檔案載，文件甚至形容當時外商公司的工人生活較在
國民政府統治時期生活更愉快。記載提及在中華人民共和國政府的工
人政策下，工人獲得適當工資維持生活所需，合理的工資得以維持生
活有助避免工資糾紛發生。此外，一九五〇年四月新中國政府成立的
諮詢委員會（Labour-Management Consultative Conference）加強了工
人與上海煤氣公司的管理層溝通，改善上海煤氣公司的工人與公司的
管理層的關係並加強合作。[7]另外，一九四九年，公用事業局（Public
Utilities Bureau）任命一些中國聯絡人員（Chinese liaison officer）到
包括英資、法資等的公用事業公司，關注外資公用事業公司的事務，
如公共服務、支出、行政和勞工問題等，合作也算順利。[8]

上海煤氣公司董事會也認為，新中國政府對外資公用事業的態度
比之前國民政府遠較寬容。例如，上海煤氣公司的經理出席公司成立
的工會就職典禮時，曾受到了工會的各種禮遇。另外，有法資公司管
理層成員訪問了中華人民共和國政府高層討論關於工人、財政及新落
成的泵水站問題時，覺得新政府的中國官員表現友善和體貼的態度。
雖然如此，上海煤氣公司董事局也不敢確定中華人民共和國政府是否
會接管煤氣公司。[9]但當時上海煤氣公司董事會成員都認為，以當時
新中國政府的友好態度，四至五年甚至十年內不可能接管上海的外資

7　FO371/92258, "Reports and Situation of Foreign-Owned Public Utility Companies in Shanghai (1951), Engineer in Chief's Report for the Year Ended," 31 December 1950. Catherine R. Schenk, *Hong Kong as an International Financial Centre: Emergence and Development 1945-65* (New York: Routledge, 2001), 27-28.

8　FO371/92258, "Reports and Situation of Foreign-Owned Public Utility Companies in Shanghai, Engineer in Chief's Report for the Year Ended," 31 December 1950.

9　FO371/92258, "Reports and Situation of Foreign-Owned Public Utility Companies in Shanghai (1951),Memorandum on the Shanghai Public Utility Companies from Consul General Shanghai," 6 January 1951.

公司。[10]另一方面，英國外交部雖然一直相信在上海的外資公用事業公司最終會被接管，但他們認為以當時形勢來看，新中國政府不會立即採取接收行動，原因是因為擔心國民黨反攻，所以必須保持城市的運作。另一方面，新中國政府允許外資公用事業公司繼續經營，其中也因為外資公司使用的高技術有助提高生產效率。[11]

　　既然，上海煤氣公司對新中國政府評價正面，而新中國政府又需要依靠外資技術提高生產效率，那麼為什麼後來在短短三年後中華人民共和國政府「接管」上海煤氣公司呢？上海煤氣公司如何在和平氣氛下答應放棄上海的廠房物資及中國市場呢？

三　一九四九至一九五二年上海煤氣公司遇到的困難

　　其實，在一九四九至一九五二年間，上海煤氣公司在上海遇到很大的經營困難。主要是由於中國的經濟社會環境在此時期的大變動而造成。

（一）貨幣轉換：一九四九年後上海外資公司面臨虧損

　　先略述一下幣制轉換的背景。一九四〇年代末至一九五〇年代初短短數年之間，中國的貨幣竟轉了兩次——從法幣轉金圓券，從金圓券轉人民票，當中又推出一種標準實物單位。一九四八年八月，國民政府取消法幣，把幣制改為金圓券，可是金圓券發行後迅速貶值。另

---

10 FO371/92258, "Reports and Situation of Foreign-Owned Public Utility Companies in Shanghai (1951), Confidential the Shanghai Gas Company, Limited," 3 May 1951.

11 FO371/92258, "Reports and Situation of Foreign-Owned Public Utility Companies in Shanghai (1951), Memorandum on the Shanghai Public Utility Companies from Consul General Shanghai," 6 January 1951.

一方面，一九四八年十二月，新中國成立前，為促進解放領區的貿易交流，華北人民政府同意以中國人民銀行的鈔票「人民票」（英文為Jen Min Piao，簡稱 JMP）為華北、華東及西北的貨幣。但是，自一九四九年五月開始，人民票迅速貶值。到一九四九年六月中旬人民政府希望通過推出一種「標準實物單位」（Parity Deposit Units，簡寫PDU）來穩定貨幣價值。PDU 具有固定價值，並以當時的大米、蔬菜和油等必須品的市場價格為依據，存款和提取以實物折合貨幣付。[12] PDU 的推出主要目的是減少流通貨幣數量，以穩定基本商品的價格，從而增加市場的信心。另外，由於，PDU 的推出吸收大量流通貨幣，因而大大減少了閒置資金而造成的通貨膨脹。的確，當時推出 PDU 減輕了人民因通貨膨脹而帶來對生活的影響。一九四九年十一月，PDU 的發行總值達到最高峰四億人民票。到一九五二年，PDU 才停止運作。[13]

一九四九年頭十個月，上海煤氣公司不包括折舊虧損約¥1,000,000,000人民票。一九四九年，上海煤氣公司損益表（Profit and Loss Account）顯示損失為港幣$1,271,077.01元。一九五〇年的損益表虧損了$1,722,808.47港元（但事實上海煤氣公司的財務狀況比其他英資公用事業公司算較為良好）。[14]

上海煤氣公司遭遇虧損，其中一個原因是由貨幣轉換而造成。一九四九年七月，中國人民銀行上海辦事處批准上海公用事業公司借貸。[15]一九四九年末，上海煤氣公司從中國人民銀行收到短期借款相

---

12 "Shanghai Conditions," *South China Morning Post*, 27 June 1950, 11.

13 "The Work of the People's Bank," *The China Weekly Review*, 25 March 1950, 57.

14 FO371/92258, "Reports and situation of foreign-owned public utility companies in Shanghai (1951), Memorandum on the Shanghai Public Utility Companies from Consul General Shanghai," 6 January 1951.

15 "Business Foot-Notes," *The China Weekly Review*, 23 July 1949, 171.

當於¥5,191,680,000人民票的 PDU（約合當時£70,000英鎊）。[16]但到了一九五〇年，中國人民銀行強制上海煤氣公司將 PDU 貸款轉為人民票，轉換的差價導致上海煤氣公司共有¥2,414,305,685人民票的損失。[17]

（二）中國社會轉變：煤氣銷售量下降

此外，自新中國成立以後，煤氣的利潤一直在下降。這是由於中國的社會環境轉變影響了煤氣的銷售。根據上海煤氣公司總工程師報告指出，一九五〇年的煤氣銷售下降情況十分嚴重。煤氣銷售從一九四九年全年的10,309,005單位下降至一九五〇年的6,770,702單位。換句話說，即一九四九年，平均每月銷售為859,084單位，一九五〇年平均只有564,225單位，兩年相比銷售下降了百分之三十四點三二。其中，銷售額從一九五〇年二月的707,039單位，突然下滑至三月份的523,589單位，銷售額一直處於很低的水平，直到一九五〇年七月才略有增加。煤氣銷售下降原因有二：一是一九五〇年二十六日，上海被轟炸，以致市面停頓，用煤氣量減少。[18]但更重要原因是，租界解散，不少外國人已離開上海。而中國工人階級大多數仍然喜歡燒柴或燒煤磚做飯，因為這些燃料比煤氣便宜得多。以往使用煤氣主要是上海租界內的外國人，但自從租界結束以來，上海的外國人口一直在減少。[19]雖然，煤氣在工業上的需求略有增加，但仍然不多。當時，

---

16 FO371/92258, "Report for the Year Ended 31st December 1950," 31 December 1950.

17 FO371/92258, "Reports and Situation of Foreign-Owned Public Utility Companies in Shanghai (1951), Confidential Memorandum by Mr. Gatsby," 3 May 1951.

18 FO371/92258, "Reports and Situation of Foreign-Owned Public Utility Companies in Shanghai (1951), Annual General Meeting," 19 September 1951.

19 FO371/92258, "Reports and Situation of Foreign-Owned Public Utility Companies in Shanghai (1951), Confidential the Shanghai Gas Company, Limited," 3 May 1951.

家用煤氣銷售額佔上海煤氣公司的總銷售額的百分之七十八點四七，工業銷售額佔百分之二十一點五三。由於社會轉變，上海煤氣公司處於銷售量銳減的困境。[20]

銷售減低的另一原因乃上海「二六」轟炸事件。一九五〇年二月六日，中華人民共和國和中華民國政府在上海進行了爭奪戰，激烈的空戰史稱「二六轟炸」。中華民國空軍對上海電力公司（Shanghai Power Company）轟炸尤為強烈，他們希望透過轟炸電力公司令上海陷於停電。由於上海電力公司一向在上海煤氣公司買煤氣來維持發電，這一轟炸影響了上海煤氣公司的煤氣銷售。公司的業務到同年六月份才恢復。上海煤氣公司於是進一步降低了煤氣的價格，並使其具有更具競爭力的燃料。從一九五〇年六月二十一日起，價格從¥9,930人民票減到每單位¥3,970人民票。由於銷售不佳及減價關係，造成了即時的財務損失。但由於一九四九年以來積累庫存焦油副產品銷售收入略有增加，這才對公司收入才略有幫補。[21]

在中國當時的這種社會環境下，上海煤氣公司無法為股東賺取利潤，同時上海煤氣公司的現金越來越少。一九五〇年上半年，上海煤氣公司獲得利潤¥1,174,000,000人民票，公司必須支付¥500,000,000人民票的所得稅。可是，上海煤氣公司現金不多，需要動用折舊基金

---

20 FO371/92258, "Reports and Situation of Foreign-Owned Public Utility Companies in Shanghai (1951), Memorandum on the Shanghai Public Utility Companies from Consul General Shanghai, 6 January 1951. Annual General Meeting," 19 September 1951.

21 FO371/63396, "China, File No 433, Discrimination against the Shanghai Gas Company Limited, Memorandum: Report on interviews with the general managers of the six foreign owned Shanghai Public Utility Companies," 1 and 2 December 1949. FO371/92258, "Engineer in Chief's Report for the Year Ended," 31 December 1950; "Reports and situation of foreign-owned public utility companies in Shanghai (1951), Memorandum on the Shanghai Public Utility Companies from Consul General Shanghai, 6 January 1951, Report for the Year Ended 31 December 1950," 19 September 1951.

（Depreciation Fund）來解決部分稅金。[22]另一方面，除了財政困難外，上海煤氣公司也遭遇外匯儲備上的麻煩。上海煤氣公司希望進行大型修理工廠計劃，然而所需材料需要從英國購買，可是新中國政府無辦法提供英鎊外匯，所以，上海煤氣公司不得不自行搜羅英鎊外匯。[23]到一九五一年，上海煤氣公司的壞賬總額達到¥350,000,000人民票元。在當時條件下，股息前景嚴峻，也沒有可用現金進行派息，上海煤氣公司唯有希望股東保持耐性。[24]

（三）股市不景氣：上海煤氣公司財務困難

同時，上海煤氣公司的虧損和財務狀況困難，不止因為受國內的經濟狀況及社會轉變影響，也跟一九五〇年代初股票市場不景氣有關。[25]其實早於一九四六至一九四九年之間，由於當時上海西商股票市場已關閉不復重開，不少上海西商把公司移到香港股票市場上市。那段時期，上海煤氣公司投資戶口的存款投資在香港的股票市場上。[26]然而，自一九五〇年六月底韓戰爆發，全球股市受到影響，包括英、美、荷、日股市暴跌，股除飛機、重工業、橡膠外，全部慘跌，當時報章形容，市況之慘烈比二次大戰攻入法國時下跌得更厲害。香港也不例外，股市陷入不景氣。主要股票如匯豐急瀉，股市一直一片

---

22 FO371/92258, "Reports and Situation of Foreign-Owned Public Utility Companies in Shanghai, Engineer in Chief's Report for the Year Ended," 31 December 1950.

23 FO371/63396, "China, File No 433, Discrimination Against the Shanghai Gas Company Limited, Letter from R.W. Urquhart to Mr. Hutch," 13 December 1949.

24 FO371/92258, "Reports and Situation of Foreign-Owned Public Utility Companies in Shanghai (1951), Confidential the Shanghai Gas Company, Limited," 3 May 1951.

25 馮邦彥：《香港金融與貨幣制度》香港：三聯書店（香港）有限公司，2016年2月，頁109。

26 SEK-6-014 D0316, *Shanghai Gas Co., Stock Book*.

死寂。[27]股票市場的表現直接影響了上海煤氣公司在投資戶口的賬面數字，也影響了公司在股票投資方面的收入。而由於上海煤氣公司在上海的煤氣銷售已經低落，本來可以靠投資維持收入，而香港股市的下挫令上海煤氣公司雪上加霜。直到一九五三年，韓戰停火，一九五四年越南停戰，香港股票市場才轉為旺盛，政局較穩定，東南亞資金流入香港，另一方面，香港開展工業化發展，一九五五年的股市成交額才創出了新高。[28]

四　新中政府徵用上海煤氣公司

一九五〇年韓戰爆發，美國對中國實行禁運和凍結中國在美資金，一九五一年中國徵用了美資在中國的企業。上海的兩家美資公用事業公司，上海電力公司（Shanghai Power Company）和上海電話公司（Shanghai Telephone Company）率先遭上海的中國人民革命軍事委員會（Shanghai Military Commission）凍結資產及直接控制。[29]到一九五二年，英資企業也遭到徵用。一九五二年年底，在上海的英國和法國公用事業公司被中華人民共和國政府徵用，例如上海煤氣公司、上海電車公司（Shanghai Electric Construction Co. Ltd）、上海自來水公司（Shanghai Water Works Co.）以及英商房地產物業。英國政府同意英

27　〈南朝鮮侵犯戰發動後英美荷日股市暴跌〉，《大公報》，1950年6月28日，頁5。〈紐約股票下跌較希魔攻法時尤甚〉，《華僑日報》，1950年6月28日，頁7。〈本港股市繼續趨淡匯豐急瀉廿五元〉，《華僑日報》，1950年6月28日，頁7。〈局勢動汦商場待變〉，1950年7月6日，《華僑日報》，頁7。

28　區慕彰、羅文華：《中國銀行業發展史：由晚清至當下》（香港：香港城市大學，2011年7月），頁142。馮邦彥：《香港金融與貨幣制度》香港：三聯書店（香港）有限公司，2016年2月，頁109。

29　FO371/92258, "Reports and Situation of Foreign-Owned Public Utility Companies in Shanghai (1951), Amendments to a Report."

資公用事業公司被徵用，條件是得到中國政府的合適補償。[30]

　　一九五二年十二月，上海煤氣公司將上海的所有資產轉交給中華人民共和國政府。駐上海的上海煤氣公司董事約翰・賈士比（John Gadsby）代表公司移交了庫存、廠房及生產工具。[31]上海煤氣公司形容談判進行得順利平和。上海煤氣公司被要求準備一份所有物資的清單。上海煤氣公司的工程師前往楊樹浦廠房對機械設備進行最後視察檢查。物資清單包括所有土地、建築物、機器、廠房、基本設備、煤氣管道和運輸車輛。[32]大都是一些廠房和生產煤氣用的器具，當中很多因之前的戰事而損壞待修的，如下表。

英商上海煤氣股份有限公司移交清冊（1952 年 12 月 5 日）

項目及數量	情況說明
建築物	建於（年）
1. 西藏路總辦事處一所	1905
西藏路工會及職工宿舍一所	1905
西藏路鍋爐門等房屋二所	1905
西藏路車間等房屋二所	1934
2. 西藏路工場一所	1924
西藏路整壓室一所	1928
西藏路壓縮器室一所	1928

---

30 SEK-6B-002, A0514, *Letters to John Gadsby of Sir Elly Kadoorie& Sons Ltd. regarding the Shanghai Gas Co., Ltd. (No original title), Statutory Declaration by John Gudsby.*

31 〈英商上海煤氣公司又被共方徵用〉，《華僑日報》，1952年12月11日，頁2。

32 SEK-6B-002, A0514, "Requisitioning of the Shanghai Gas Company Limited by the Shanghai Military Control Commission by T. Spikins," *Letters to John Gadsby of Sir Elly Kadoorie& Sons Ltd. regarding the Shanghai Gas Co., Ltd. (No original title)*, 31 December, 1952.

項目及數量	情況說明
西藏路鐵匠間一所	1928
西藏路汽車間一所	1923
西藏路零星房屋四所	1934
3. 蘇州南路汽車間一所	1935
4. 楊樹浦路辦公室及化驗室一所	1933
楊樹浦路工場一所	1933
楊樹浦路排送機室一所	1933
楊樹浦路鍋爐室一所	1933
楊樹浦路壓縮機室一所	1933
楊樹浦路乾煤氣室一所	1933
楊樹浦路水煤氣室一所	1934
楊樹浦路爐窰室一所	1934
楊樹浦路柏油廠房一所	1934
楊樹浦路鐵匠間一所	1933
楊樹浦路製苯室一所	1935
楊樹浦路煤棧一所	1933
楊樹浦路焦煤倉一所（包括焦煤篩一套）	1933
楊樹浦路連續性蒸鍋廠房一所	1933
楊樹浦路食堂等零星房屋四所	1933
楊樹浦路棧房一所	1946
楊樹浦路露天機房一所	1948
楊樹浦路工場宿舍等零星房屋八所	建於1949-1952年間
機械設備	
楊樹浦	

項目及數量	情況說明
1. 垂直爐窰三十門,運焦設備一套及其他	建於1933年,內14明磚料已廢
附件	
2. 原煤處理機械設備一套	建於1933年
3. 水煤氣機二套,冷凝器二具,貯氣池一座及其附件	水煤氣機於1934年,以舊料改製而成,內冷凝器二具已漏
4. 排送機三具	分別於1920、1931(舊貨)及1934年備置
5. 冷凝器三具	二具建於1933年,一具建於1940年
6. 濕式潔器二組七具	部分建於1910年,新的部分建於1933年,內利佛西洗滌器一只已廢,旋轉洗滌器在修理中
7. 電除柏油器一套	
8. 脫硫器二座	分別建於1910以前及1933年
9. 製苯及精煉設備一套	建於1936年
10. 乾煤氣設備一套	冷卻部分已壞,旋轉部分內部已壞,此物停開已久
11. 計量表四只	二只置於1933年,尚有孔式流量表,一只已經損壞,BM 表一只裝於歐陽路
12. 貯氣池二具及避震器三具	分別建於1934、1938年
13. 煤氣壓縮機四具	分別於1921及1933年建成
14. 鍋爐三只	建於1933年左右,內柏油爐三具已壞至不可用
15. 各式蒸餾五只,儲槽二十五只及柏油蒸餾其他設備	使用程度連續蒸鍋已失去正常工作能力

項目及數量	情況說明
16. 油煤氣設備一套	解放以來從未使用，即在以前亦少使用
17. 煤氣發電機一具	建於1933年
18. 自流井設備，黃浦水清流設備及水塔	建於1934年
19. 整壓器一具	
西藏路：	
1. 貯氣池二具	分別建於1907及1934年
2. 壓縮機二只及附件	建於1933年
整壓器二十具	
管線及用戶設備	
1. 高壓管	
2. 總管	
3. 支管供用戶17538戶之用	
4. 火表及零件	
5. 煤氣用具	
車輪	
1. 轎車二十三輛	有半數以上車輛早已超過正常使用年齡
2. 卡車五輛	有小汽車十三輛為1946年式，大部分在當年購置亦已打足折舊
3. 機器腳踏車一輛	

資料來源：SEK-6B-002 A0514 Letters to John Gadsby of Sir Elly Kadoorie& Sons Ltd. regarding the Shanghai Gas Co., Ltd. (No original title), 5 December, 1952.

經過一系列關於庫存移交會議，軍控專員代表（Military Control Commissioner）（這名代表譯音 D.K. Zung，未能找到其進一步資料，資料顯示他曾經為公用事業局的燃氣部門主管，也曾受聘於上海煤氣公司）於一九五二年十一月二十日正式宣佈了對上海煤氣公司徵用通知。[33]上海煤氣公司希望使用「徵用」一詞而不是「接管」，因為他們希望日後外資物業有機會歸還業主，並希望和中國政府討論賠償。[34]

由於「徵用」的行動事出比較突然，新中國政府要求上海煤氣公司解決公司所有相關仍未支付的款項。由於外籍員工的遣散費負擔沉重，上海煤氣公司於一九五三年度出現累計赤字達$3,037,851.43港元。[35]當所有外籍員工離開上海到達香港時，上海煤氣公司向他們支付了一筆款項，總額為$84,116,305港幣。[36]另外，由於公司在上海的所有資產已經被中華人民共和國政府接管，上海煤氣公司在中國人民銀行於一九五三年一月一日到期的透支¥38,000,000人民票沒能力償還。[37]

---

33 同上。

34 SEK-6B-002, A0514, "Letter from John Gadsby to Acting Consul-General," *Letters to John Gadsby of Sir Elly Kadoorie& Sons Ltd. regarding the Shanghai Gas Co., Ltd. (No original title),* 10 January 1953.

35 〈上海煤氣公司虧損三百餘萬因上海產業全部被徵用〉，《華僑日報》，1953年12月20日，頁2。

36 SEK-6B-002, A0514, *"Letter from Horace Kadoorie to John Gadsby," Letters to John Gadsby of Sir Elly Kadoorie& Sons Ltd. regarding the Shanghai Gas Co., Ltd. (No original title),* 20 January 1953.

37 SEK-6B-002, A0514,"Letter from the Business Department of the People's Bank of China Shanghai Branch to the Shanghai Gas Company," *Letters to John Gadsby of Sir Elly Kadoorie& Sons Ltd. regarding the Shanghai Gas Co., Ltd. (No original title),* 27 November 1952. SEK-6B-002, A0514, "Letter from John Gadsby to the Bureau of Public Utilities Shanghai Municipal Government," *Letters to John Gadsby of Sir Elly Kadoorie& Sons Ltd. regarding the Shanghai Gas Co., Ltd. (No original title),* 28 November, 1952.

　　由於失去了上海的廠房及所有生產工具，上海煤氣公司面臨轉型
的挑戰。因此自此之後，上海煤氣公司不再經營煤氣生產，公司只剩
餘了在香港的辦公室，以在香港的資產（主要為股票投資）轉型為在
香港的一家投資公司，在香港繼續營運及定期派發股息。[38]一九五九
至一九六〇年，香港股票上升急劇，上海煤氣公司賣出很多股票，以
致公司於一九五九年的收入大為上升。[39]一九六〇年，上海煤氣公司
在香港減低資本和發還股票回饋股東，每股送股東港幣四元。[40]於是
公司資本下降。[41]一九七六年，由於銀行減息，上海煤氣公司在香港
的存款也投入了股市，但其時公司派息的能力已經很低了。[42]當上海
煤氣公司獲英國外交及聯邦事務部（British Foreign & Commonwealth
Office）通知，要得到中國政府的賠償是沒有可能的事，一九七六年
上海煤氣公司重組，到一九七八年賣盤。[43]

38　HKE-03-001, E0508, "Directors' Report 1976," *The Shanghai Gas Co., Ltd. Statement of Account & Directors' Report,* 23 March 1976. HKE-03-001, E0508, "The Shanghai Gas Company, Ltd., Note of Return of Capital," *The Shanghai Gas Co., Ltd. Statement of Account & Directors' Report,* 21 August 1959.

39　〈上海煤氣公司出售大部資產，發還股本二百餘萬元〉，《香港工商日報》，1960年4月14日，第2張第1頁。

40　Shanghai Gas Co. Capital reduction, *The China Mail,* 4 February 1960, p.10.

41　HKE-03-001, E0508, *The Shanghai Gas Co., Ltd. Statement of Account & Directors' Report*, The Shanghai Gas Company, Special Resolution, 23 October 1959. 〈上海煤氣股份，每股擬還四元，股市每值一元二毫半〉，《華僑日報》，1959年9月7日，第2張第1頁。

42　〈十七個月來第一次調整，銀行存款利率全面調低，活期與各種定期利息一律降低半厘，六月底銀行存款總額增至近四百億〉，《大公報》，1976年7月31日，第10版。

43　HKE-03-001, E0508, *The Shanghai Gas Co., Ltd. Statement of Account & Directors' Report*, The Shanghai Gas Company, Limited, Directors' Report, 1975.

五　總結：最後撤退的經濟考慮

　　上海是長江下游的一個重要口岸，自十九世紀下半葉以來，上海租界一直是外資於中國投資的重要據點。由於租界發展，公用事業公司如上海煤氣公司成為租界中重要的外商利益。然而，一九四三年上海租界取消，二次大戰後，由於國民政府的經濟統制措施及貨幣貶值，造成了上海的外資戰後的第一輪撤退，時為一九四六至一九四八年間，而另一輪撤退就是在一九五二年。[44]

　　一九五二年的撤退背後反映什麼？當然，一九五二年韓戰是新中國政府徵用外資的一個原因，然而我們可視韓戰是徵用的其中一個誘因、導火線。從上文所見，一九四九至一九五二年之間，英商公司覺得新中國政府對外商友善，相比國民政府時代新中國政府和外商間有更良好的溝通。而上海煤氣公司和新中國政府的一直維持友好合作關係，到一九五二年韓戰才中斷。然而，徵用之所以發生，除了政治因素外，還有經濟和社會因素需要討論。

　　雖然一九五二年的徵用外商不是自願，但他們深知不能一直在上海繼續營運，外商也能估計終有一天中國政府會徵用他們在中國的所有資產，只是遲早的問題，他們只是沒有想過徵用行動來得如此急而已，他們只是以為可以在上海多維持一點時間。所以，其實外商也早就有需要撤走的心理準備。而從徵用過程中，我們看到外商在有可能獲得賠償的條件下和平移交所有廠房物品，並能夠在和平的情況下進行了最後檢查，沒有什麼反抗的情況。這種和平氣氛下撤離，也某程度上反映了，撤離的背景不一定只是政治壓力，而是外商也認為他們

---

44 有學者認為外資第一輪撤退是在二次大戰之前1939至1941年，但由於本文的個案上海煤氣公司並沒有在戰前撤退，所以本文不討論戰前的撤退情況。張仲禮、陳曾年：《沙遜集團在舊中國》（上海市：上海人民出版社，1985年10月）。

的營運策略需要轉變。

另一方面，從檔案所見，外商對一九四九年以後的中國市場其實意興闌珊。中國經濟狀況欠佳，貨幣貶值、中國社會經濟轉變，中國已不是一個理想的市場，這些都令在上海的外商感到公司有轉型的必要。就算外資公司繼續在中國營運，也未必能敵得過社會經濟的轉變。加上香港股市失利，令本身已經達到虧損程度的上海煤氣公司雪上加霜，不得不改變公司策略甚至進行公司重組。加上戰爭過後，上海煤氣公司有不少的廠房設備也受到破壞而未能恢復。當然，外資企業其實在第一輪撤退中已撤走了一些財產。所以，在這種中國社會經濟背景下，加上政治因素，撤退也更順理成章了。故外資於一九五二年的最後撤退的背景有多種，除了政治因素是重點、是導火線外，我們也需要考慮當時中國的經濟狀況和社會變動的背景，不能簡單純粹只就政治因素概括一切關於撤退來龍去脈的討論。

最後，本文必須鳴謝香港社會發展回顧項目檔案及香港歷史檔案館，提供了關於上海煤氣公司的珍貴檔案資料，再加上英國外交部檔案和當時的報章資料，令我們得以對一九四九至一九五二年間上海公用事業的營運情況和撤退背景有更深入的了解和再認識。

參考資料

英國外交部檔案

FO371/5348, FO371/63396, FO371/92258

Hong Kong Heritage Project

HKE-03-001 E0508, *The Shanghai Gas Co., Ltd. Statement of Account & Directors' Report.*

SEK-6-014 D0316, *Shanghai Gas Co., Stock Book.*

SEK-6B-002 A0514, *Letters to John Gadsby of Sir Elly Kadoorie& Sons Ltd. regarding the Shanghai Gas Co., Ltd. (No original title).*

香港社會發展回顧項目

Hong Kong Public Records Office, HKRS111-4-44, *The Shanghai Gas Co., Ltd.*

報紙

South China Morning Post

The China Mail

The China Weekly Review

The North China Herald

《大公報》

《新語》

《申報》

《華僑日報》

《香港工商日報》

書籍

區慕彰、羅文華　《中國銀行業發展史：由晚清至當下》　香港：香
　　港城市大學　2011年7月

張仲禮、陳曾年　《沙遜集團在舊中國》　上海市：上海人民出版社
　　1985年10月

馮邦彥　《香港金融與貨幣制度》　香港：三聯書店（香港）有限公
　　司　2016年2月

戰後香港華資銀行業的發展（1945-1997）

周子峰
香港樹仁大學歷史系

一　戰前華資銀行的湧現

　　一八六〇年以降，西方銀行資本逐步滲入中國政經體制內，控制沿海的經濟命脈。其中以英資銀行地位最為重要。開埠初年香港已是外資銀行的集中地，香港的銀行業務亦為外資銀行所壟斷，華商的金融活動主要依賴傳統的錢莊與銀號進行。早期香港的外資銀行歧視華人，華商亦鮮有與外資銀行有業務往來，給予以華人為主要服務對象的華資銀行極大的生存空間。與外資銀行相比，香港的華資銀行發展較遲。馮邦彥認為第一家在港開業的華資銀行是香港中華匯理銀行。該行創立於一八九一年，董事會成員共七人，其中華人有三人，具有華洋合資的性質，惟該行於一九一一年結業。一九一二年，美國華僑陸蓬山集資組織廣東銀行，其他華商紛紛傚效，形成華資銀行的興盛時期。

　　一九一八年，和發成船務公司東主李冠春、李子方兄弟和德信銀號東主簡東浦等華商，集資創辦東亞銀行。東亞銀行的投資者多係南

北行、金山行、華資銀號東主，通過各股東的人脈，東亞銀行先後在上海（1920）、西貢（1921）、廣州（1922）等城市建立分行。上海分行更於一九二〇年加入上海銀行公會，一九二四年成為當地發鈔銀行。省港大罷工後，逐漸發展成為本港最具實力的華資銀行。

　　戰前華資銀行業發展有以下四個特點：

1. 大部分華資銀行都是由華僑投資創辦，如廣東銀行（1912）、香港工商銀行（1915）、香港華商銀行（1917）。

2. 不斷向海內外拓展業務，發展分行網絡，集中發展僑匯、匯兌、保管等業務，與外資銀行爭奪僑匯和匯兌市場。

3. 業務發展迅速，但資本與規模跟外資銀行相比，仍有大段距離。當時嘉華、金華實業、康年等銀行，僅有資本數十萬元，與匯豐銀行等外資銀行的規模差距極大（匯豐的法定資本額為5,000萬元）。

4. 銀行之間的競爭相當激烈，港府奉行自由不干預政策，對銀行缺乏適當監管，華資銀行因從事投機炒賣或過度放款，擠提倒閉的事件時有所聞。如一九二四年，華商銀行因從事外匯炒賣虧損而倒閉，觸發擠提事件。一九二五年省港大罷工爆發，港府下令限制提款，迫使部分銀行出現擠提而結業。

　　一九三〇年代中國內地經濟動盪，一九三三年美國放棄金本位制度，一九三五年國民政府實行「廢兩改元」，將白銀收歸國有，期間外匯漲落迅速，其中不少在香港從事外匯、金銀炒賣的銀號迅速發展起來。以恒生銀行為例，一九三三年三月，林炳炎、何善衡、梁植偉和盛春霖合資創辦恒生銀號，經營黃金買賣、匯兌、找換業務。同年伍宜孫亦於香港文咸東街三十七號創辦永隆銀號，業務主要為經營找換、匯兌、存款、代客買賣證券、黃金及國家公債。部分銀號因參與

投機活動而突然倒閉，影響經濟民生。有見及此，港府亦有意立法管
制銀號的活動。一九三五年初，港府成立了特別小組，專門研究對接
受存款的銀號的管制。翌年三月，小組主席曹善允去函華民政務司史
密夫（N. L. Smith），提出：「本小組認為，無論政府實施任何儲蓄銀
行管法例，皆不可將之引用於中國傳統銀號、一般商店或典當店
舖」。有關管制銀號的討論遂被擱置[1]。

二 華資銀行業的發展

　　一九六二年英倫銀行專家湯健士（H. J. Tomkins）發表報告，認
為戰後銀行業急速發展，主要有四個因素：第一是本港人口從一九五
〇年代的二百四十萬人增至一九六〇年代的三百二十萬人；其二是選
用銀行服務的香港市民日漸增多。本港銀行儲蓄戶口的存款金額從一
九五七年的超過五十億元，增加到一九六二年的七十多億元，各銀行
為爭取存款，遂在港島、九龍及新界紛紛競相開設分行，此尤以新
徙置區及工業區為然。第三是鄰近地區有大量資金流來香港且在繼續
流入。此種資金，一般都認為主要來自華僑，因彼等認為香港乃較其
居留國為安全及有利的資金避難所之故。最後是由於流行之樂觀傾向
及按揭態度，香港各銀行早已採取餃寬的放款政策，以對工業及房地
產業融資[2]。

　　可是湯健士的觀點未必能完全解釋當時華資銀行興起的原因。事
實上，二戰後至一九五〇年間，內地流入香港的大宗資金，主要由大

1　Gillian Chambers, *Hang Seng: The Evergrowing Bank* (Hong Kong: Hang Seng Bank
　　Limited, 1991), p.15。

2　H .J. Tomkins, *Report on the Hong Kong Banking System and Recommendations of the
　　Banking Ordinance, 1948* (Hong Kong: Government Printer, 1962), p. 1.

銀行（如匯豐、渣打、東亞等銀行）所壟斷，小銀行或銀號，主要依靠買賣黃金和外匯起家。據伍步剛的回憶，當時從上海南下的資本家，大多數跟大銀行往來，小銀行基本上無法爭取到這些大客戶，「不過卻可以做一些外匯生意，因為在 Dollar Area （美元區）之內沒有外匯管制，可以在自由市場開拓商機」[3]。

　　一九四五年香港重光後，華資及外資銀行陸續復業。從一九四六年起，大戰期間積壓下來的僑匯以香港作為轉遞的總樞紐；加上由於國共內戰及內地出現惡性通貨膨脹，以及東南亞部分地區出現政局動盪和排華風潮，使這些地區的資金大量流入香港，據估計，一九四七至一九五〇年流入本地的資金，加上無形的貿易順差，相當於國民所得的百分之四十八，導致本地金銀炒賣、證券及地產市場的空前興旺。國共內戰時期，國民黨政府所發行的法幣和金圓券崩潰，黃金投機買賣風氣熾勢，本地不少銀號透過買賣黃金與美鈔取得豐厚利潤。由於香港黃金的主要來源地是澳門，因此不少經營黃金買賣的香港銀號，都或多或少具有澳門背景或關係，恒生銀號即為其中一個經營黃金的本地大戶。一九四一年香港淪陷後，恒生銀號遷往澳門以永華銀號名義繼續營業。因戰亂時期人們喜歡貯藏黃金用作保值，永華的業務亦以黃金買賣為主。從此何善衡及其他恒生領導人與澳門的金銀業建立了友好聯繫。戰後港澳之間黃金走私活動異常猖獗。由於恒生與金商關係良好，經營的黃金與美匯生意獲利甚豐。當時市場上的黃金交易，以恒生馬首是瞻，何善衡更曾於一九四六至一九四九年間擔任香港金銀業貿易場主席[4]。永隆銀號亦是戰後黃金買賣的活躍分子。

3　李培德：〈香港華資銀行口述歷史訪問──永隆銀行〉，《史林》（增刊）2007年6月，頁183。

4　關士光：《七十年來家園：一個老香港的回憶》（多倫多：多大・約大聯合亞太研究所，1999年），頁99-101。據霍英東的憶述，1950年代「澳門主要有兩大生意，一是

永隆銀行的創辦人伍宜孫自傳謂：一九四六年「是時以從銀行押匯在外國購入黃金，先在金銀業貿易場拋出期貨，待黃金運到後交現，大有利圖，所以當時永利戶口（永隆銀號內部一個專門從事投機買賣的專門戶口）亦以此為主要經營」[5]。

此外，港府的金融政策亦為華資銀號的業務擴張提供了空間。二戰時期及其後港府所實行外匯管制，將銀行劃分為「授權銀行」（主要為英資與外資銀行）與「非授權銀行」（主要為華資銀行），也給予被劃為「非授權銀行」相當的贏利空間。「非授權銀行」的外匯經營侷限於「表列地區」（即英鎊區）以外的貨幣，因「非授權銀行」買賣美元時，匯率由自由市場決定，香港商人從美國進口貨物，所需外匯主要來自非官價市場。他們若透過「授權銀行」作入口押匯，需要將在自由市場購得之美元，照官價售給「授權銀行」。貨到時，「授權銀行」才再將美元依官價售回入口商來支付貨幣，這樣入口商的貨物成本，增加了「授權銀行」的買賣差價。若他們與「非授權銀行」交易，可把香港、中國、臺灣或澳門產品運銷美國所得的美元貨款（離岸價格），不用按官價匯率向「授權銀行」結匯，可以保持這筆美元，等到自由市場匯率對他們有利時賣給「非授權銀行」。由於在非官價市場買賣外匯甚為有利可圖，「非授權銀行」多數不願升格為「授權銀行」[6]。戰後恆生等銀號，即藉此吸納華商客戶而發展起來。

戰後本地銀行數量急速增長，不少自稱為銀行的機構，其實只是

黃金買賣，由羅保、何賢、何添、鍾子光、梁昌等人控制。那時澳門的黃金走私很嚴重，在美國，黃金一盎司約一百多港元，但在香港卻炒到幾百元一盎司。香港是禁止公開炒金的，於是大量黃金湧進澳門，再由澳門走私到香港，故澳門每年的黃金買賣有幾千萬的生意」，見霍英東口述，冷夏執筆：《時局的生意：霍英東自述》（南京市：鳳凰出版社，2013年5月），頁77。

5 伍宜孫：《我的回憶》（香港：編者自印，1989年），頁32-33。

6 關士光：《七十年來家國》，頁104-105。

一些獨資或合伙的公司，專門從事投機活動，促使港英政府決定對銀行業進行管制。一九四八年一月港府頒佈〈銀行業條例〉，規定金融機構必須持有政府發出的銀行牌照，才能使用「銀行」名稱並經營業務。可是該法例內容異常寬鬆，只簡單地規定銀行須每年繳交牌照費五千元，並呈交年度資產負債表即可，卻無其他條文監管銀行運作。

一九四九年中華人民共和國成立以後，政府加強外滙管制，加上朝鮮戰爭禁運的影響，造成銀錢業的衰落。隨着製造業與地產業的興盛，外資銀行及華資銀行紛紛調整經營方針，增加對製造業及房地產業的貸款，並開拓向一般市民服務的零售銀行業務。據報導，一九五五年本地大銀號的業務已經逐漸轉移到股票、地產、物業按揭等生意上。估計它們轉去這方面的資金約有百分之七十至八十。中小型銀號則生意淡薄，甚至虧本。約自一九五七年以後，本地錢莊和銀檔，絕大部分已經停業。金銀貿易場的行員亦已由兩百餘家銳減到一百多家，其中有百分之四十以上停止營業。在此情況下，部分資金比較雄厚的大戶，紛紛轉移業務重點至銀行業。恒生銀號、廣安銀號、永隆銀號的轉型即為顯例[7]。站在經營者的角度而言，由於〈銀行業條例〉異常寬鬆，將「銀號」易名為銀行，可給予客戶一種實力穩固的感覺，有利進一步吸收存款。事實上，一九五〇年代不少銀號雖然名為銀號，但其業務實際上已漸具銀行的雛型。以永隆銀號為例，該行為外匯市場的活躍分子，於一九五〇年參加了票據交換，開始擴大存款業務的經營，不再侷限於收受儲蓄及定期存款。一九五二年更開辦押匯業務，並於一九五三年起成為紐西蘭國民保險公司的香港及澳門總代理，經營範圍已與一般銀行相差無幾[8]。一九五六年註冊為股份

7　經濟導報社編：《香港商業手冊》（香港：編者自印，1960年），頁7-10。

8　李慶餘編：《永隆七十五載香江情緣》（香港：永隆銀行有限公司，2009年），頁24。

有限公司，一九六〇年改稱銀行，並先後增設荔枝角道分行
（1960）、青山道分行（1963）、新蒲崗及北角分行（1964）[9]。

三 華資銀行的經營特點

戰後初期華資銀行的營運，有下列五個特點：

（一）以親族主義作為組織原則

戰後初期的華資銀行，沿襲了過去華資企業的特點，在企業組織
結構上，非常重視親族主義。創業者以家長的身分，壟斷企業的決策
權。伍宜孫在其自傳中提及在他創辦永隆銀號前，其族叔伍季明曾叮
囑他兩件事：（一）勤儉為立身立業之本；（二）事權要集中於一己，
切忌一國三公，「抬棺材都要自己一人」，伍氏視之為「金科玉律，至
理名言」[10]。華資銀行在用人方面往往注重親屬關係，員工往往被劃
分為「自己人」和「外人」兩大類別。正如曾經服務恒生銀行多年的
關士光在其回憶錄中指出：「恒生創辦人出身舊式家庭，重視由親及
疏的中國倫理思想。因此在招請夥記時往往先照顧自己的親戚朋友，
或親戚朋友的子弟。這樣做可能是他們認為自己人較為可靠的緣
故。」[11]

（二）用人強調經驗主義

一般華資銀行在聘用高級職員時，多數不拘學歷，只要求僱員擁
有銀行或銀號工作經驗，較少直接聘用大學生，這種情況到了大約一

9　伍宜孫：《我的回憶》（香港：編者自印，1989年），頁39-40。

10　伍宜孫：《我的回憶》，頁27-28。

11　關士光：《七十年來家園：一個老香港的回憶》，頁97。

九八〇年代始告出現轉變。恆生銀行在聘用職員時,因創辦人如何善衡、梁植偉等人,多未有接受過正規教育,只念過幾年私塾,依靠社會經驗開創事業,故此恒生早期聘用職員時,並不重視學歷,強調「做到老學到老,邊做邊學,邊學邊做」,規定投考練習生的資格只須中學畢業或同等程度12。

(三)重視人脈與同鄉關係

在現代企業競爭激烈的形勢下,「同行如敵國」實屬普遍現象,但在一九五〇年代,華資銀行經營者之間彼此關係良好。不少華資銀行的創辦者,早年均依靠澳門與金銀業貿易場的關係廣結人脈,尋找拓展自身事業的機會[13]。伍宜孫之子伍步高回憶說:早年永隆銀行與恒生銀行的經營者「大家是好朋友關係,交換市場消息,或者商議應付某些困難。」伍步剛說:「我父親與恒生創辦人何善衡、永亨創辦人馮堯敬很投契團結,各人同區居往,晨運步行往返淡水灣及南灣,又或者一起去『飲早茶』,在這些場合正好用作交換訊息和彼此的看法。」[14]廖創興銀行的創辦人廖寶珊則原籍廣東潮陽,一九四一年移居香港,經營糧油布匹生意,並炒賣黃金致富。廖創興銀行的高級職員大多為潮州人,該行的主要客戶亦為潮籍商人。

(四)注重服務效率與質素

在營業方針上,華資銀行普遍非常注重服務效率與質素,此亦為資本狹少的華資銀行能與外資銀行競爭的主要憑藉。出身於練習生的

---

12 關士光:《七十年來家園:一個老香港的回憶》,頁97。

13 久末亮一:〈香港華人資本の人脈網と企業發展〉,東洋英和女學院大學大學院2000年度修士學位論文,頁19-25。

14 李培德:〈香港華資銀行口述歷史訪問〉,頁183。

前恒生銀行行政總裁的何德徵回憶說：「那時，一般人都覺得大銀行高不可攀，而銀行方面亦無意作出改善。就以服務方面而言，工作效率緩慢，職員對顧客的苦候漠不關心，有時候顧客坐在大堂讀完數份報紙，還未得到要提取的數千元」。恒生銀行則會主動鼓勵顧客使用銀行設施。每當顧客踏入銀行，便會得到職員熱切的招待。此外，員工更會為顧客代填表格，引介到適當之櫃檯[15]。

（五）以開拓分行作為擴展業務手段

在一九五〇年代末期至一九六五年間，各華資銀行相率以開拓分行作為擴展業務手段，大多數分行鋪位均為自置物業。其中尤以一九六〇至一九六一年為華資銀行開設分行的高峰期。一九六〇年一月至一九六一年三月間，恒生銀行開設九龍及旺角二間分行；廖創興銀行先後在銅鑼灣、九龍城、深水埗開設三間分行；遠東銀行在元朗、油麻地、上水、大埔開設四間分行；廣東信託商業銀行更開設六間分行[16]。

四　一九六一年的銀行擠提風潮與一九六四年《銀行業條例》的修訂

香港銀行信用自一九五四年起即不斷膨脹，並於一九六〇年達到最高峰。以香港外滙銀行的貸款及透支款來說，一九五四年年底時為五點一億港元，但一九六〇年年底已增至十七點二億港元，增加達二點四倍。而同時期銀行存款則由十點六四億元增至二十六點八三億元，只增加一點五倍，而銀行貸款和透支款佔存款的百分率也由百分

15　Gillian Chambers, *Hang Seng: The Evergrowing Bank*, p.33。
16　《香港經濟年鑑1961》，頁54-58。

之四十七增至百分之六十四。香港銀行信用的膨脹,首先是由於近年
銀行紛紛開設分行,爭吸存款,使用提高存款利息、舉辦小額儲蓄存
款等辦法以獲得存款。存款增加了,各銀行便擴大貸放業務。另一
方面,股市和房地產投機之風熾熱。這固然與一些外來游資滲入有
關,但也由於貸放利息不高,有人便以股票和物業抵押以獲得投機款
項[17]。地產業發展興盛,吸引了不少華資銀行積極參與。其中尤以廖
創興銀行最為進取。該銀行創辦人廖寶珊於一九四八年在上環永樂街
設立廖創興銀行,透過銀行吸納香港及海外潮汕籍人士的存款,在西
環大舉收購貨倉物業,重建為住宅出售,獲得豐厚利潤。廖氏亦成為
西環有名的大地產商[18]。

　　一九五〇年代末期至一九六〇年代初期,由於香港各銀行為了吸
收存款,彼此間展開惡性的利率戰。一九六四年七月,香港外匯銀行
公會擬定了利率協議,要求所有銀行共同遵守。協議把在香港開業的
銀行分為外資銀行(包括總行在外國的銀行、匯豐及渣打兩間發鈔銀
行)和本地銀行(包括總行在內地的銀行及本地的華資銀行)。外資
銀行的存息利率稱為基本利率,本地銀行按規模大小分為 A1、A2、
A3、A4四級,存款利率按級別根據基本利率遞增。但此利率協議未
能令所有銀行都感到滿意,部分本地銀行認為它們的利率過低,無法
與大銀行競爭。由於協議沒有限制十二個月以上的存款利率,不少銀
行利用此漏洞,以更高利率吸收為期一年及以上的存款[19]。各銀行為
爭取業務,不惜以提高存款利率和降低貸款利率的手段來吸引客戶,
導致支出利息成本上漲,誘使銀行把貸款投向風險高但收益大的股票
及地產投資項目上,也種下一九六〇年代銀行危機的伏筆。

17　《香港經濟年鑑1962》,頁285。

18　馮邦彥:《香港地產業百年》香港:三聯書店(香港)有限公司,2001年8月,頁93。

19　關士光:《七十年來家國》,頁107-108。

　　一九六一年初九龍巴士公司和怡和洋行的股票上市，使本地銀行的流動資產出現緊張。一九六一年六月，廖創興銀行出現擠提風潮。此次廖創興銀行擠免事件影響相當廣泛，據該銀行一九六〇年的資產負債表內所列，截至一九六〇年十二月底，該銀行各項存款共達一〇八九九萬元。由於該行對小額存戶給予較高利息，故該行的以小額存戶佔極大比重。此次擠提風潮來得特別緊張，主要原因也是該銀行多數為小額存款所致。該銀行資金因約有百分之七十五至百分之八十投放到房地產貸款及投資上，缺乏足夠的流動資金應付風潮。擠兌風潮發生後，港府當局飭令有關方面迅速處理，渣打銀行及上海滙豐銀行於六月十六日發表聲明，表示支持廖創興銀行，消息傳出後，擠兌情形才漸告平息[20]。

　　風潮發生後，不少人對銀行業現況提出批評。一九六一年六月下旬，前香港滙豐銀行董事長兼總經理端納發表公開談話，謂港府為維持經濟安定，顧全大眾利益起見，應通過立法手續，訂定法例建立「銀行稽核制度」，對本地現有註冊大小銀行進行稽核。一九六一年七月，立法局非官守議員鄧・律敦治提出建議，請政府就本港現行銀行條例進行檢討，以便建立最低限額流動準備金的制度，及劃一銀行經營有關業務的標準。七月上旬財政司郭伯偉在立法局會議上發言，稱港府此項問題將提交根據銀行條例而成立的銀行諮詢委員會加以研究。

　　隨後港府邀請英倫銀行專家湯健士（H. J. Tomkins）來港研究銀行業所面臨的問題，並作出改善監管制度的建議。報告對當時的銀行制度作出如下的批評：

1. 香港的銀行太多，形成爭取存款和爭生存之奮鬥演變成「割喉」式的競爭。

---

20 《香港經濟年鑑1962》，頁284。

2. 若干銀行投放於房地產市場或證券市場之投放太多。在某些情況下，已有銀行本身及其存戶之利益，與銀行股東之利益混淆不清之趨勢，銀行財產及其股東之財產亦不能保持正常之劃分。

3. 銀行營業與貿易活動相混合，銀行存款之安全實在不應與某貿易機構之命運發生直接聯繫。

按照湯健士的建議，港府修訂《銀行業條例》，並下令於一九六四年十二月實施。新法例除了要求銀行維持最低百分二十五的流動比率外，規定銀行的最低資本額；限制銀行對個別人士、商號及董事的借貸；收緊核數及賬目發表的限制；要求銀行按月及按季呈交財政報告予財政司審核。為了執行新例，港府成立了銀行監理處，委任銀行監理專員，專責處理銀行發牌及監管事宜。

五　一九六五年華資銀行的擠提風潮

新修訂的《銀行業條例》執行之初，本港再度發生銀行擠提風潮。一九六五年初，明德銀號因擠提而宣佈破產，風潮蔓延到廣東信託銀行、恒生銀行、廣安銀行、道亨銀行、永隆銀行等華資銀行。港府一改過去讓華資企業自生自滅的作法，空運大批英倫銀行發行的英鎊紙幣來港應急，又下令本港各銀行的存款者，每一個存戶每天最多只能提取一百元港元紙幣。港督戴麟趾並在電臺發表廣播，呼籲各界人士與銀行合作度過難關，宣佈暫撥政府的準備金供銀行使用[21]。可是仍然未能遏止恒生銀行的擠提風潮，至四月上旬，恒生失去二億存款，單在四月五日一天，恒生已失去八千萬存款，面臨無法償還債務的危機，最後恒生銀行與滙豐銀行達成協議，出售百分之五十一股權

21　《香港經濟年鑑1965》，頁409-410。

予後者，始能度過難關[22]。

　　一九六五年的銀行危機，對華資銀行的長遠發展不啻為一重大打擊。匯豐銀行為本次危機中的最大贏家，亦從此奠定了匯豐銀行在本地銀行零售的壟斷優勢。次年二月二十四日，財政司郭伯偉在立法局會議上發表預算演詞，認為此次危機的起因有二：一為信用貸款擴充過急及其所引起的經濟緊張與壓力；二為在物業方面的過分投資及對股票的過分投機。此外，東南亞的政治形勢、英鎊的困難和英國徵收入口附加稅等，自然也在一九六四年底至一九六五年初之間，帶來若干程度的經濟不安[23]。一九六五年銀行危機後，港府停發銀行牌照，結果外資銀行要進入香港市場，只有通過入股或者兼併本地銀行；另一方面，實力不足的本地銀行在港府鼓勵下，也歡迎外資加入。結果令不少本地銀行被外資銀行控制或兼併。

六　華資銀行發展的停滯不前

　　一九八三至一九八六年間，香港先後有七間華資銀行發生問題，港府一反過去不干預的慣例，積極參與挽救這些銀行，使餘下來未依附外資或外援的華資銀行，在競爭環境日益劇烈的香港市場上，更形勢孤力弱[24]。此時匯豐銀行亦改變營業方針，致力爭取與華資企業的貸款業務。六七暴動時期，英資財團及富戶擔心中國政府用武力收回香港，賤價拋售本地物業，李嘉誠、郭得勝、李兆基、王德輝等華資

---

22 Gillian Chambers, *Hang Seng: The Evergrowing Bank*, pp.69-70。

23 《香港經濟年鑑1966》，頁308。

24 該七間發生問題的銀行包括恒隆銀行（1983）、海外信託銀行（1985）、香港工商銀行（1985）、康年銀行（1986）、嘉華銀行（1986）、永安銀行（1986）、友聯銀行（1986）。見饒美蛟、劉可復：〈香港華資銀行的經營與競爭策略〉，《香港與亞太區華人銀行業》，頁45-46。

地產商低價吸納優質地皮物業，奠定了他們日後在地產市場的霸權地位。一九七〇年代末，由於本地華資財團盈利豐厚，加上英資財團多採取保守策略，中英就香港前途談判期間，無心拓展在港投資。匯豐銀行為爭取盈利，轉而支持華資財團進行併購戰。一九七九年九月，李嘉誠得到匯豐的支持，鯨吞英資和記黃埔公司，後來李氏重新發展黃埔的物業及地皮，奠定了李氏地產王國的基礎。次年船王包玉剛亦因取得匯豐貸款的承諾，擊敗怡和公司，取得九龍倉的控制權，其後又吞併會德豐公司。華資銀行從此亦喪失與其他華資地產財團合作的良機。

此外，一九六〇年代末全球銀行業的發展逐漸邁向科技化。出身程式員的滙豐銀行前主席施德論（John Stickland）指出網上銀行業務，以及在一九六七至一九六九年間在儲蓄帳戶存摺上使用的「黑光核對簽名」帶來的變革尤為顯著。儲蓄帳戶系統聯網讓客戶可以在他們開戶銀行的任何一間分行辦理業務。銀行亦可以透過電腦向僱主提供「自動轉帳發薪」服務，又廣泛設立自動櫃員機，對吸納新存戶貢獻至大[25]。李國寶指出一九七〇年代，信用卡的使用日漸普及，服務範圍亦大大擴展至無擔保貸款，給銀行業打開新局面[26]。除東亞銀行外，其他華資銀行因作風保守，未能及時開拓信用卡業務，如永隆銀行於一九九五年才開辦信用卡業務，失去拓闊新客戶來源的大好時機。

另一方面，中資銀行在香港大展拳腳，也限制華資銀行在香港的發展空間。一九八〇年代以後，由於內地實施改革開放政策，中資銀行一改過去保守的作風，大力擴張電子交易服務和借貸業務，使華資銀行在本地銀行業務的競爭上逐漸處於下風。一九八三年，香港中國

---

25 香港銀行學會：《香港銀行學會50周年紀念特刊》（香港：編者自印，2013年），頁45-47。

26 同上，頁56。

銀行將港澳地區十三間成員銀行及附屬公司共十四間機構合組成為
「港澳中銀（集團）有限公司」。及至一九九二年底，中銀集團的資
產總值達五千三百億元，佔本地銀行體系資產總值的百分之九‧二及
存款總額的百分之二十三。一九九四年中國銀行正式成為匯豐及渣打
銀行以外的第三間發鈔銀行。從此華資銀行正式喪失重奪本地市場牛
耳的機會，只有選擇發展海外市場或靜待被中資或外資收購之機會。

雙重轉型的困境

──新民主主義社會提前終結再探討

焦建華[*]

廈門大學經濟學院

　　近年來，中國一些學者與前政府高官主張「回到新民主主義」，[1]中國學術界也出現新民主主義「熱」。新民主主義社會是毛澤東等設想的民主革命勝利後建立的一個新的社會形態，政治上是共產黨領導、團結各民主黨派的人民民主專政，經濟上是資本主義等私營經濟與國營經濟共同發展的社會，是向社會主義過渡的前夜，它將經歷至少十到十五年。[2]不過，隨著一九五三年六月「過渡時期總路線」的提出，中國提前進入過渡時期，實際存在僅四年的新民主主義社會便告終結。對於提前終結的原因，國內學界深入探討國內、國際等原

---

[*] 焦建華，福建省廈門大學經濟學院教授，jhjiao@xmu.edu.cn.

[1] 杜潤生（姚監複整理）：〈當代中國與新民主主義結構〉，《炎黃春秋》（北京）2008年第2期；杜導正：〈新民主主義的回歸與發展〉，《炎黃春秋》（北京）2009年第4期；張木生：〈改革要回到新民主主義〉，《領導者》（北京）2011年第10期。

[2] 在中華人民共和國建立前夕和建立之初，中國共產黨主要領導人多次表示，在新民主主義革命勝利之後，不可能馬上進行社會主義革命，而要先經過新民主主義的過渡階段，這個過渡階段是「一個相當長的時期」（毛澤東），「也許全國勝利後還要15年」，「少則10年、多則15年」（劉少奇）。分別參見毛澤東：《毛澤東選集》（第4卷）（北京市：人民出版社，1991年1月），頁1431；中共中央文獻研究室編：《劉少奇論新中國經濟建設》（北京市：中央文獻出版社，1993年10月），頁7、209。

因，得出很多富有價值的觀點和看法。總體而言，中外學者更多從共產主義運動本身來探討新民主主義社會，而未置於自一八四〇年鴉片戰爭以來近代中國的整體發展考察，從而影響了對新民主主義社會更深層的認識。海外學者，如莫里斯・邁斯納提及「毛時代的中國共產黨嘗試把現代化的需要與社會主義目標融合在一起」；[3]李民騏從資本主義世界體系角度探討了中國在世界體系地位的維持、生產力發展和全面轉型的三重挑戰。[4]他們已經超越了單純從共產主義運動角度關注毛澤東時期的中國，但並未展開論述，因而並未認識到新民主主義社會提前終結的深層動因及其理論意義。筆者無意於討論中國當前改革是否應回到新民主主義，而主要試圖從中國現代化[5]與共產主義運動的雙重轉型視角來考察新民主主義社會及其提前終結的原因，以期有助於加深近代中國轉型、新民主主義社會和社會主義建設的研究。

一　近代中國轉型中的新定位：對新民主主義社會的認識

新民主主義社會是中共領導的民主革命和社會主義建設中的重要一環，學界對其定位已有很多討論，本文不再贅述。但是，僅從共產主義運動本身並不足以完全彰顯新民主主義社會的定位，也無法更客觀評價其歷史地位。年鑒學派認為，要從歷史的長時段中來考察歷

3　（美）莫里斯・邁斯納著，杜蒲譯：《毛澤東的中國及其後：中華人民共和國史》（香港：香港中文大學出版社，1999年），英文第三版序言，頁9。

4　Minqi Li, *The Rise of China and the Demise of the Capitalist World Economy*, London: Pluto Press, 2008.

5　現代化理論強調社會的整體發展與轉型，本文用此詞偏重整體發展與進程之意，而不涉其終極目標。

史，將歷史作為整體考察，才能從根本上把握歷史的總體。[6]因此，我們必須從較長歷史時段來考察新民主主義社會才能更準確，其歷史定位才會更清晰。

馬克思認為，生產力是人類社會發展的最終決定力量，「物質生活的生產方式制約著整個社會生活、政治生活和精神生活的過程」，而生產關係必須與生產力相適應，「人們在自己生活的社會生產中發生一定的、必然的、不以他們的意志為轉移的關係，即同他們的物質生產力的一定發展階段相適合的生產關係」，「社會的物質生產力發展到一定階段，便同它們一直在其中運動的現存生產關係或財產關係（這只是生產關係的法律用語）發生矛盾。於是這些關係便由生產力的發展形式變成生產力的桎梏。那時社會革命的時代就到來了。隨著經濟基礎的變更，全部龐大的上層建築也或慢或快地發生變革」。[7]因此，若從鴉片戰爭以來中國現代化歷程來考察，近代中國現代化轉型的主要任務是發展生產力，由落後的手工生產方式向現代的機器大生產過渡，由傳統農耕社會向現代工業社會過渡，並建立以此相適應的生產關係和上層建築。由是觀之，新民主主義社會不僅僅是中共領導的民主革命，即共產主義運動勝利後的產物，也是鴉片戰爭以來近代中國現代化發展的一個歷史階段和重要成果，不僅承擔著中共的革命使命和目標，而且也承擔著中國現代化的歷史使命和任務。

自世界資本主義以降，各國無不面臨從傳統農業社會向現代工業社會的過渡與轉型，即現代化，建立適應現代工業發展的政治、經濟與社會制度。這種轉型不是某一具體方面的變化，而是整體性、全方

6　（法）費爾南・布羅代爾：《資本主義論叢》（北京市：中央編譯出版社，1997年3月）。

7　中央編譯局編譯：《馬克思恩格斯選集》第2卷（北京市：人民出版社，1995年6月），頁32-33。

位的轉型，涵蓋政治、經濟、社會制度等各方面在內的總體更新，近代中國也不例外。中國是一個有數千年文明的古國，政治、經濟和社會發展延續未輟，歷史積澱罕有地豐富，形成了一套與西方世界截然不同的獨特文明體系。但是，它在近代時被迫簽訂眾多不平等條約，淪為一個半殖民地、半封建社會，近代中國的轉型因而極其屈辱、被動與艱難，走向現代化的過程高度曲折與複雜，充滿各種困難。此種環境，註定近代中國轉型必然是逐步擺脫屈辱與不平等地位的過程，必然是要建立一個主權獨立、經濟發達和社會進步的國家。新民主主義社會延續了這個歷史潮流，毛澤東對革命勝利後的社會設想，即新民主主義社會理論，涵蓋政治、經濟與文化等內容，正吻合這個歷史趨勢，而且中國新民主主義的革命是世界無產階級社會主義革命的一部分，「中國革命的終極的前途，不是資本主義的，而是社會主義和共產主義的」。[8]中國共產黨堅信，壟斷資本主義是腐朽的、垂死的資本主義，社會主義最終必然勝利，中共的歷史使命就是建立社會主義國家，最終實現共產主義。因此，中國現代化與中共的社會主義革命的目標又存在一定區別。

(一) 政治轉型：從傳統官僚帝國政體向集權的現代民主政體轉型

近代中國轉型的任務之一是建立新的、主權獨立的政治共同體，建立一個具有現代取向的高效有力的中央政府，這是從傳統社會向現代社會轉型早期的普遍法則。亨廷頓認為：「在一個官僚政體中，權力已經集中，而這一政體最重要的問題是如何通過官僚機構來推行現代化的改革。在封建制或其他權力分散的政體中，革新政策的先決條

---

8 毛澤東：《中國革命和中國共產黨》，1939年12月，中文馬列主義文庫，https://www.marxists.org/chinese/maozedong/marxist.org-chinese-mao-193912.htm.

件是必須集權。」[9]傳統中國是典型的官僚帝國政體,由於傳統政體遲遲不願做出轉型的決定性舉措,中國必須按集權——分權——集權(現代)的周期發展,實現權力與資源從傳統社會向現代社會的過渡,歷經晚清、北洋政府、南京國民政府,最終走向全能主義政治,但結果還是失敗。[10]因此,「中國現代化面臨的首要問題不是經濟發展,而是共和體制下的國家重建」,「首先必須建立一個獨立統一的現代國家」。[11]因此,新民主主義革命勝利後,新民主主義社會承繼了這個歷史潮流,必須要建立一個集權的現代政府,構建一整套現代政府運轉與管理體系,從而動員民眾。

值得指出的是,政黨是現代政治中不可或缺的一環,政治轉型必須建立符合現代政治運轉規律的政黨制度。具體而言,中共雖然奪取全國政權,初步建立適應轉型的現代政府架構,但這遠遠不夠。中國共產黨作為革命新社會建設的領導者,必須實現適應現代政治運作的轉型,即從奪取政權為首要目的的革命性政黨向維護現有體制為要旨的執政黨轉型。

(二)經濟轉型:從半殖民地半封建的二元經濟向工業發達的社會主義經濟轉型

鴉片戰爭以來,中國被迫全面向外部世界開放,經濟也被納入世界資本主義體系,[12]形成半殖民地、半封建經濟為主體的近代經濟形

9　(美)亨廷頓:《變革社會中的政治秩序》(北京市:華夏出版社,1988年10月),頁152。

10　許紀霖、陳達凱主編:《中國現代化史(第一卷)(1800-1949)》(上海市:學林出版社,2006年10月),頁8-13。

11　羅榮渠:《現代化新論》(北京市:北京大學出版社,1993年6月),頁110、241。

12　Minqi Li, *The Rise of China and the Demise of the Capitalist World Economy*, London: Pluto Press, 2008.

態。不過，在西方列強直接侵略和間接示範效應下，沿海城市出現近代經濟要素，逐漸形成二元經濟格局，即以工業化為主要特徵的城市現代經濟與種植業為主體的鄉村傳統經濟。隨著日漸了解外部世界，先進志士逐漸意識到工業化是中國富國強兵的必由之路，工業化是近代中國經濟發展的潮流，工業化也成為不同時期政府的主動或被動選擇。[13]作為轉型中的一環，新民主主義社會必然也承載著巨大的經濟任務：發展生產力，改造傳統農業，擺脫落後經濟局面；全面推進工業化，實現依附性的二元經濟向主權獨立、工業發達的新經濟結構轉型，使中國成為一個工業發達、國強民富的現代國家。中共領導層也意識到這一點，毛澤東於一九四四年八月致博古的一封信中指出，「民主革命的中心目的就是從侵略者、地主、買辦手下解放農民，建立近代工業社會」，「新民主主義社會的基礎是機器，不是手工」，「由農業基礎到工業基礎，正是我們革命的任務」。[14]一九四八年七月新華社旗幟鮮明地指出：「要達到社會主義，實現社會主義的工業和農業，必須經過新民主主義經濟一個時期的發展，在新民主主義社會中大量地發展公私近代化工業。」[15]新民主主義社會又是中共奪取政權後建立的一個社會形態，中共是以共產主義為奮鬥目標的政黨，新民主主義革命「雖然一方面是替資本主義掃清道路，但在另一方面又是

---

13 以工立國還是以農立國，近代中國進行數次論戰，尤其是20世紀20、30年代，絕大多數學界和企業界均傾向於以工立國，即工業化是中國的必然選擇，但農業也不可偏頗。其體討論可以參見周憲文編：《新農本主義批判》（南京市：國民出版社，1945年）。

14 毛澤東：《毛澤東書信選集》（北京市：中央文獻出版社，2003年11月），頁214-215。

15 中國人民解放軍政治學院黨史教研室編：《中共黨史參考資料：第三次國內革命戰爭時期》（第11冊）（北京市：中國人民解放軍政治學院黨史教研室，1979年10月），頁165-168。

替社會主義創造前提」，[16]中共在新民主主義社會必然要為實現社會主義改造奠定基礎和創造條件，逐步引導國民經濟走向社會主義之路，這一點毋庸置疑。

因此，經濟轉型具有明顯的雙重性，既要改造二元經濟，實現工業化，實現國強民富，這是中國現代化轉型的內在使命；又要走向社會主義公有制經濟，這是中共作為執政黨的歷史使命和目標。

（三）社會轉型：從宗法社會為主體的二元社會結構向現代多元社會結構轉型

近代中國社會一直動盪不定，階級不斷裂變與改組，社會結構始終處於不斷變動之中。鴉片戰爭後，根植於小農經濟基礎之上、延續兩千多年之久、高度一體化的農業宗法社會結構趨於解體，而與其相對應的新的工業社會結構逐漸形成，傳統社會佔主導的地主與農民的社會結構趨於多元，部分官僚、地主和商人轉化為資產階級，破產農民和城鎮貧民則轉化為產業工人，逐漸出現知識分子、工商和軍人三大新興精英階層。總體而言，近代中國沿海與內地的空間二元格局、城市與農村二元結構日益凸顯，沿海與城市現代性凸顯，內地與農村保留傳統。因此，近代中國社會轉型面臨艱巨的歷史任務，要逐步消除沿海與內地的社會發展差距，逐漸消除城市與農村的二元社會結構，要從封建專制社會轉向具有現代民主法治社會，從農業宗法制社會轉向現代工商業社會，從地主──農民二元對立的傳統社會轉向民主與平等的現代多元社會，這是鴉片戰爭以來中國現代化的使命與必由之路。儘管這些任務不是一個時期所能解決的，但新民主主義社會適逢其後，自然承載了實現近代中國社會轉型的部分歷史使命。

---

16 毛澤東：《中國革命和中國共產黨》，1939年12月，中文馬列主義文庫，https://www.marxists.org/chinese/maozedong/marxist.org-chinese-mao-193912.htm.

　　然而，在以往任何一個社會，工人、農民階級都處於社會底層與邊緣。但是，中共領導的新民主主義革命勝利後，工人和農民的政治與社會地位顛覆性改變，工人階級成為領導階級，農民階級是同盟階級，如何提高與鞏固工人與農民的社會地位，建立一個沒有剝削與壓迫、人人平等的現代社會，這是中共的歷史使命，也是新民主主義社會迫在眉睫的難題之一。

　　從整體發展視角看，新民主主義社會除從中共領導的民主革命和共產主義運動定位外，還要從近代中國轉型歷程中來定位。二種定位並不矛盾，只是不同角度和層次而已，而且二者經常交織在一起。同時，在中國現代化轉型中，政治、經濟與社會轉型的地位和作用又有所不同，政治轉型，尤其是控制國家政權、領導國家發展方向的政黨轉型最重要，直接決定和影響國家和社會的發展方向，決定經濟發展形式。經濟轉型是新社會建立面臨的主要問題，新民主主義經濟形態也是新社會性質的最集中體現，它的放棄順理成章也被看作新民主主義社會的放棄。經濟轉型直接牽涉各階層利益，也直接影響了社會結構轉型。

　　總體而言，新民主主義社會集現代化與社會主義化雙重轉型的任務與目標於一身。中共領導的新民主主義革命任務之一是推翻帝國主義、封建主義和官僚資本主義三座大山，由於封建主義和官僚資本主義並非傳統的殘留，而是由帝國主義維持下來甚至新建的，因此革命的對象是現實存在的資本主義。然而，在革命勝利之後建立的新民主主義社會裡，現代化的任務並未完成，而又新增社會主義革命的任務。不論主觀還是客觀上，中共都不能照搬西方化的現代化模式（modernization model）實現轉型，即既不能複製現存的資本主義模式，也不能複製歷史上英國工業革命似的古典資本主義模式，但又必須借助資產階級（民族資產階級），「跨越資本主義階段」，發展社

會生產力，實現新民主主義社會的全面發展，為社會主義革命奠定基礎。

二　新民主主義社會提前終結的直接原因：實踐困境

新民主主義革命勝利後，中共雖然取得不少成績，但如何在資本主義國家的打壓下推進一個落後大國的現代化建設，如何從半殖民地半封建社會向社會主義社會轉型，這是中共迫在眉睫的全新挑戰與待解難題。

（一）政治轉型探索的困境

打敗國民黨政府、奪取全國政權後，中國共產黨聯合其他民主黨派，團結一切團結的力量，共同組建以共產黨為主體、多黨參與的人民民主專政的聯合政府，並制定具有憲法性質的「共同綱領」，從制度上確立聯合政府。聯合政府既具有無產階級專政特徵，體現中共的使命和追求，又體現和尊重其他民主黨派的意志，是當時一切進步力量的大聯合。因此，聯合政府的成立標誌著集權的現代政體基本確立，也表明近代中國政治轉型取得早期成果，這是近一個世紀以來中國人第一次建立起一個具有較為合理的政治制度、安全可靠值得信賴的政府，這本身就是一個重要的成就，而且也是一項獨一無二的成就。[17]聯合政府的建立為全力動員各種資源、全面推進現代化建設奠定了堅實基礎。

與此同時，中共角色巨變，先前是以奪取政權為目標的革命型政黨，現已是執政黨，中共必須轉型。毛澤東作為中共最高領導人，最

17　（美）莫里斯・邁斯納著，杜蒲、李玉玲譯：《毛澤東的中國及其後：中華人民共和國史》（成都市：四川人民出版社，1989年），頁31。

早、更敏銳地察覺到共產黨職能轉變。在同黃炎培談話中，毛澤東提出要依靠「民主」新路，跳出「其興也勃焉，其亡也忽焉」的歷史規律，讓人民監督政府，使政府不敢懈怠。[18]新中國成立前夕，他提出要「進京趕考」，強調堅持「兩個務必」，要求全黨經受住執政的考驗，提高管理國家和領導經濟工作的水平，始終保持同人民群眾的血肉聯繫。七屆二中全會上，毛澤東對共產黨員提出要求，要求黨的工作重點由農村轉向城市，共產黨員要謙虛謹慎，不驕不躁，不僅要善於打碎一個舊世界，而且要善於建設一個新世界。《論人民民主專政》一文進一步提出：中共執政是對人民內部實行民主，對反對派實行專政；黨的執政任務，就是使中國「穩步地由農業國進到工業國，由新民主主義社會進到社會主義社會和共產主義社會」。[19]這些都說明，毛澤東已意識到，中共要轉型，政黨職能必須轉變。但是，如何轉型，包括毛澤東在內的主要領導人均沒有明確的方向或目標。更重要的是，一元化領導制度一定程度上限制了中共的轉型與探索。

中共採取高度集權式的列寧式建黨原則和方針，一九四二年九月明確提出「一元化領導」，規定黨領導其他一切組織，如軍隊、政府與人民團體，並形成了高度集權的一元化領導體制：各級政府最高權力歸於各級黨委，黨委最高權力歸於書記，中央權力最後歸於最高領導人一人之手。成為執政黨後，為適應經濟建設和社會發展需要，中共必須轉換領導方式，權力要走向分散，決策要走向民主，以刺激各方面積極性，保證決策的科學性。但是，一元化領導體制並未根本改變，小權有所分散，大權集中反而加強。一九五三年，全國開展反分散主義和地方主義鬥爭，毛澤東提出「大權獨攬，小權分散，黨委決

18 逄先知、金沖及主編：《毛澤東傳（1949-1976）》（北京市：中央文獻出版社，2003年12月），頁16。

19 毛澤東：《毛澤東選集》第4卷（北京市：人民出版社，1991年6月，頁1475-1476。

定，各方去辦。辦也有決，不離原則。工作檢察，黨委有責」原則，加強中央大權。綜合而言，一元化領導體制有其必要性與合理性，對黨的事業成功乃至最後奪取全國革命勝利都具有重要意義，但其弊端也顯而易見：黨內監督與民主制度嚴重缺乏，民主的價值往往在於發揮全黨積極性和鞏固黨的紀律，黨內民主更偏重於領導自身素質和自我約束，而缺乏相應的監督機制，降低了共產黨自身的糾錯能力，有極大政治隱患，「黨的一元化領導，往往因此而變成了個人領導」。[20]一旦掌權者個人專斷作風嚴重，不能有效地自我約束，必將對政治、經濟和社會造成毀滅性的破壞，後來的事實充分證明了這一點。另外，權力歸黨委，雖可強化黨的領導，保證國家走社會主義道路。但是，現代化建設必然要動員群眾參加，發揮群眾力量，而一元化的領導缺乏監督機制，如何動員群眾？如何處理黨委與群眾關係？如何防止黨委變成特權階層、確保其真正為人民服務？這些難題均急需解決。建設新民主主義社會是一項全新事業，面臨各種全新挑戰，需要集中各方面的智慧和力量，群策群力，解決發展中的難題，但是黨內體制並不能完全保證決策的民主性與科學性，毛澤東「最明顯的失敗是，曾為眾多人滿懷希望地稱頌的中國『社會主義過渡』，卻沒有為創造設想的新社會所需要的基本民主政治前提進行努力」。[21]

（二）經濟轉型探索的困境

一九四九至一九五二年三年經濟恢復時期，我國經濟結構發生深刻變化，徹底破除帝國主義、官僚資本主義和封建主義生產關係，逐步建立社會主義國營經濟領導下的私人資本主義經濟、合作社經濟、

---

20 鄧小平：《鄧小平文選》第2卷（北京市：人民出版社，1994年10月），頁329。

21 （美）莫里斯・邁斯納著，杜蒲譯：《毛澤東的中國及其後：中華人民共和國史》（香港：香港中文大學出版社，1999年），第三版序言，頁9。

國家資本主義經濟和個體經濟多種經濟成分並存的新民主主義經濟。
但是,快速推進工業化已提上日程,中共必須選擇轉型方向,以解決
農村和城市經濟發展難題。

1 農村經濟發展方向分歧

一九五三年時,全國約百分之九十的農業人口完成土改,佔農村
人口百分之九十以上的貧雇農和中農佔有耕地達百分之九十以上。[22]
土改極大解放農業生產力,刺激了農民生產積極性,主要農產品產量
大多已達到或超過解放前歷史最高水平,如糧食為解放前最高產量的
一點○九倍、棉花為一點五四倍等。[23]農村經濟已擺脫對封建地主經
濟的依附,農民生活水平迅速提高,中農化趨勢日益明顯。[24]另外一
個突出變化是,個體農民普遍開展生產互助。一九五二年,全國有互
助組八○三萬個,參加的農戶為四千五百萬戶,佔全國農戶總數百分
之四十。[25]

隨著農民經濟和政治地位提升,農村出現兩極分化趨勢,農民中
農化是主流,但仍有部分農民生產和生活均面臨很大困難,東北和山
西等老解放區農民因此出現兩種趨勢:一種要求走自主發展道路,發
展個體經濟,在農村人口佔大多數的中農中,一些具有獨立經營能力
和擴大再生產能力者不願走互助組道路,他們「對組織起來感到苦
惱」,不願意被編在互助組,認為「參加換工組不如單幹雇工發財

---

22 國家統計局編:《偉大的十年》(北京市:人民出版社,1959年9月),頁29。

23 國家統計局編:《光輝的三十五年》(北京市:中國統計出版社,1984年),頁53-60。

24 董輔礽主編:《中華人民共和國經濟史》(上)(北京市:經濟科學出版社,1999年9月),頁139-140。

25 董輔礽主編:《中華人民共和國經濟史》(上)(北京市:經濟科學出版社,1999年9月),頁142。

快」，「想單幹，想雇工」，「想當富農」，[26]而且有些地區「單幹」經營中出現貧富分化；一種要求勞動互助，發展合作社經濟，他們或因勞力缺乏，或因缺乏生產工具，「迫切要求組織起來」，「能增加收入，維持生活」。[27]而且，更值得注意的是，山西部分農村地區重現出現了兩極分化，出現了新富農，有些翻身農民重新淪為貧、雇農。[28]實際上，黨內對農民的單幹傾向存在不同看法：劉少奇等主張不能把新民主主義同社會主義階段混為一談，要尊重農民自主選擇生產方式的權利，允許農民自主發展；毛澤東、高崗等主張更深入和全面推進農村合作化，發展農業生產合作社。[29]高崗提出農村經濟發展「方向」的路線問題，甚至動用政府掌握的經濟、技術資源製造出符合互助組「勝過單幹」這一政治信念的經濟現象。薄一波指出，高崗獎勵互助合作的政策是「歧視單幹」，而更為「實質」的是「主張土改後立即起步向社會主義過渡，無須有一個新民主主義階段」。[30]簡言之，農村經濟發展已走到一個十字路口：是組織起來將互助組提高一步走向社會主義，還是允許單幹。若放任單幹，農村分化可能不斷加大，最終必將走向資本主義；而且，農民單幹後，生產效率提高，農民在增產之後更傾向於大幅度增加消費，這必然導致可用於工業化投資（尤其是國家主導的非盈利投資）的經濟剩餘減少、而非增加，此後才會傾

26　中共中央東北局農村工作部編：《東北農村調查彙集1953年》（長春市：東北人民出版社，1954年），頁39。

27　中共中央東北局農村工作部編：《東北農村調查彙集1950-1952年》（長春市：東北人民出版社，1954年），頁183。

28　馬社香：〈山西試辦全國首批農業合作社的前前後後——陶魯笳訪談錄〉，《黨的文獻》（北京）2008年第5期。

29　關於農村經濟發展道路分歧，參見薄一波：《若干重大決策與事件的回顧》（北京市：中共中央黨校出版社，1991年5月）。

30　薄一波：《若干重大決策與事件的回顧》（上卷）（北京市：中共中央黨校出版社，1991年5月），頁196-197。

向於增加盈利導向的資本積累,這是世界範圍的土改經驗。農業積累的減少將延緩即將到來的工業化速度。凡此種種,都直接關係到農村經濟轉型道路的選擇,直接關係新民主主義社會的存在問題。

2 城市經濟發展方向分歧

通過大規模的沒收外國資本和官僚資本,中共在城市初步建立起國營經濟,並強化國營經濟和合作社經濟,強化了國家對經濟的控制能力,使經濟發展逐漸走上政府控制的軌道。一九五二年年底,國營經濟已確立起國民經濟的領導地位,通過民主改革、打破舊制度、改革企業領導機構、建立民主管理等,國營企業工人地位大幅度提高。在利用、限制、改造政策指導下,民族資本經濟也得到恢復,並有一定發展。與一九四九年相比,一九五二年資本主義工業總產值增長百分之五十四,私營商業的零售額增加約百分之二十。[31]此外,經過一九五二年「三反」、「五反」運動,資本主義工廠健全了工會組織,建立了強有力的監督,資本主義經濟內部發生了深刻變化,其半殖民地、半封建特性得到一定程度改變。但是,剝削仍在一定範圍內廣泛存在,如何看待資本主義經濟的地位,如何處理國營經濟與資本主義經濟的關係,黨內存在分歧。

一九四九年五月,劉少奇發表「天津講話」,從發展生產的角度肯定了資本主義經濟的合理性和必要性,認為資本主義經濟不是太多,而是太少,未來很長時間內都是必要的。[32]「天津講話」取得良好社會經濟成效,也得到毛澤東等多數中央領導肯定,但一些內容爭

---

31 董輔礽主編:《中華人民共和國經濟史》(上)(北京市:經濟科學出版社,1999年9月),頁70。

32 劉少奇:《劉少奇天津講話》(北京市:中國人民大學中共黨史系資料室,1980年)。

議也很大，甚至一向寬厚的朱德都提出修正意見。[33]但是，這些批評僅涉及表述和提法，而無關實質問題，即如何看待和處理資本主義經濟，這表明當時黨內對資本主義經濟並沒有完整的處理辦法，這才是「天津講話」爭議癥結所在。如何看待資本主義經濟，實質就是中共對私有制經濟的看法，這是衡量中共是否堅持新民主主義社會論的試金石，也是新政府急需解決的難題。

　　從更深層次而言，工業化提上日程，這是經濟轉型實踐困境的總根源，不管是農村，還是城市經濟困境均可溯及至此。一旦涉及工業化，就面臨資本和技術積累問題，中國當時主要面臨的是這個難題。由於蘇聯的存在，中國暫未涉及更大範圍的社會主義建設與世界資本主義體系關係問題。由於中國經濟落後、資源有限、資本短缺和技術落後，中共必須考慮如何集中有限資源快速推進工業化，這就要求將農村和城市經濟資源都集中到工業化目標。而且，當時惟一參照模式是優先重工業化的史達林模式，蘇聯經驗已令人信服地證明，可以運用社會主義國家政權的力量在落後國家實現工業化。[34]但是，史達林模式將更加劇資源緊張和資本短缺局面。然而，若允許農民自主發展個體經濟，允許城市資本主義經濟自由發展，它們勢必要以利潤為目標，有限資源要素可能被大量「浪費」，而不是投入重工業，一九五二年「五反」運動正好「證明」資本家的劣根性：證明資本主義經濟自由發展只會追逐利潤。這顯然與快速推進工業化的目標相悖，二者的衝突不可避免。因此，農村與城市經濟發展道路需要及時抉擇，以滿足即將到來的工業化需要。另外，經濟轉型道路的選擇必須考慮蘇

33 薄一波：《若干重大決策與事件的回顧》（北京市：中共中央黨校出版社，1991年5月），頁55。

34 （美）莫里斯・邁斯納著，杜蒲譯：《毛澤東的中國及其後：中華人民共和國史》（香港：香港中文大學出版社，1999年），頁101。

聯態度。工業化面臨資本、技術和人才短缺，在冷戰年代，中國幾乎不可能從資本主義國家得到任何援助，只能期待來自社會主義國家的援助，尤其是社會主義「老大哥」蘇聯的經濟技術援助對中國工業化計劃至關重要。[35]同時，經濟模式的選擇也有中國對自身國家安全的考慮，政治上「一邊倒」（社會主義陣營）以對抗美國的壓力，政治上的聯繫促使中國加大仿效蘇聯經濟發展模式的力度。

（三）社會轉型探索的困境

在中共努力下，社會結構實現巨變。農村消滅了地主階級，初步建立以中農為主體的社會結構；城市通過沒收、「五反」運動等，消滅了大資產階級和買辦勢力，促進資本主義工商業改組和改革，建立以工人階級為主導、各階級和平共處的新社會。

社會轉型必然帶來各階層利益格局的調整與變化，如何調整各階層利益，成為新政府的難題之一。工人、農民階級一般都處於社會底層與邊緣，但在新民主主義革命過程中，「中國人民參與政治的格式起了數千年以來第一次的根本變化，農民及貧苦大眾下層階級都變成了政治生活中的重要角色」。[36]革命勝利後，工人和農民的政治與社會地位顛覆性改變，眾多下層民眾上升為國家幹部，工人階級是國家領導階級，農民階級成為同盟階級，中共最高領導層的決策必須考慮他們所需。新社會的主要矛盾和主要任務是什麼，如何處理各階層之間的關係，尤其是如何處理工人與農民的社會地位成為一個迫在眉睫的難題。

---

35 （美）莫里斯・邁斯納著，杜蒲譯：《毛澤東的中國及其後：中華人民共和國史》（香港：香港中文大學出版社，1999年），頁103。

36 鄒讜：《二十世紀中國政治：從宏觀歷史與微觀行動的角度看》（香港：牛津大學出版社，1994年5月），頁4。

農民問題相對簡單，「地主階級對社會毫無用處，在經濟上沒有價值，在社會和政治上又令人生厭」，[37]通過土改直接消滅地主階級即可。工人與資本家兩個對立階級間的關係複雜得多，「資本家具備新政權需要和利用的經濟和技術才能」，[38]不管從社會穩定，還是經濟發展，新政府必須團結與聯合資產階級，這是劉少奇「天津講話」的宗旨所在。但是，只要資本主義經濟發展，必然存在管理上的等級制度，存在一定範圍的剝削，資產階級與工人階級的對立將繼續存在。新政府必須滿足工人要求參與企業管理、增加工資、減少剝削的要求，當時已出現工人普遍濫用這種權力。就企業正常經營與管理而言，要發展生產，勞工必須被置於更嚴格的紀律，而不能隨便怠工或罷工，因此新政府也必須滿足資本家的合理要求。兩種政策在一定程度上是自相矛盾的，[39]「天津講話」並沒有徹底解決這個問題。因此勞、資關係已成為社會轉型的雷區，如何處理與資產階級的關係考驗新政府的智慧，也直接影響了中國社會轉型。

三　新民主主義社會提前終結的根本原因：理論困境

雖然面臨政治、經濟與社會轉型的實踐困境，但有正確的思想與理論指導，實現順利轉型問題應該不大。但是，從當時歷史條件而言，新民主主義社會建設的思想理論來源主要是兩部分：一是中共的新民主主義社會理論；一是經典馬列主義，以及蘇聯建設社會主義理

37　（美）莫里斯・邁斯納著，杜蒲譯：《毛澤東的中國及其後：中華人民共和國史》（香港：香港中文大學出版社，1999年），頁87。

38　（美）莫里斯・邁斯納著，杜蒲譯：《毛澤東的中國及其後：中華人民共和國史》（香港：香港中文大學出版社，1999年），頁87。

39　（以色列）謝艾倫：《被監押的帝國主義：英法在華企業的命運》（北京市：中國社會科學出版社，2004年5月），頁148。

論，尤其是史達林的思想。但是，這些思想理論指導都不足以解決中國轉型中的難題。

（一）新民主主義社會理論缺陷

從一定程度上說，新民主主義社會理論是中共應對全面轉型的綱領檔。但是，新民主主義理論畢竟只是一種探索，作為多重轉型的綱領存在諸多不足。我們強調指出的是新民主主義社會定位不清，以及革命性突出，建設性有所欠缺。

新民主主義社會是中國從半殖民地、半封建社會過渡到社會主義社會的中間形態，是過渡社會形態，這一點黨內有共識。但是，新民主主義社會究竟屬於何種社會性質，黨內並沒有共識。在社會主義與資本主義之間搖擺，[40]而且與主流的五種社會形態理論相悖。定位不清，導致對社會主要矛盾、中心任務和過渡時間都難有準確認知。當然，我們事後可以認為，這是共產主義運動中的富於創造性的理論創新。但就當時情況而言，它並不符合馬列主義經典理論。共產黨作為執政黨，主要任務是建設社會主義，而不是一個性質不甚明瞭的新民主主義社會，這本身就決定新民主主義社會地位尷尬。因此，新民主主義社會性質需要明確的理論界定與闡述，尤其要與馬列主義理論對

---

40 張聞天1942年提出「新民主主義就是新式資本主義」論斷，這是關於新民主主義社會性質一種新見解。毛澤東也有類似看法，1944年3月在《關於陝甘寧邊區的文化教育問題》講話中說新民主主義社會是人民大眾的，是新資本主義，既不是老資本主義，也不是社會主義。1948年9月，毛澤東直接批評新民主主義是新資本主義的觀點，認為「我們的社會經濟的名字還是叫『新民主主義經濟』好」，是「社會主義經濟領導之下的經濟體系」，這實際上還是未明確界定。1953年時把新民主主義看成資本主義同義語，把新民主主義到社會主義的過渡時期稱之為「由資本主義到社會主義的過渡時期」。參見毛澤東：《毛澤東文集》第3卷（北京市：人民出版社，1996年），頁110；毛澤東：《毛澤東文集》第5卷（北京市：人民出版社，1996年8月），頁139-141。

接，解釋其正當性和合法性。

同時，新民主主義社會理論革命性突出。于光遠指出，新民主主義理論分為新民主主義革命理論和新民主主義社會理論兩部分。[41]這無疑是正確的。但是，二者關係要慎重對待。新民主主義社會理論提出於新民主主義革命後期，是關於奪取政權後的建設新社會的理論構想，「新民主主義社會本身就是新民主主義革命的產物」。[42]因此，從一定程度而言，新民主主義社會理論是革命理論的邏輯衍生物，雖具有一定的獨立性、系統性和科學性，但整個理論還是革命思維主導下的產物，是革命鬥爭視角下的產物，革命性較建設性更突出。[43]新社會畢竟與革命年代不同，尤其是社會主要矛盾的變化，以前是階級鬥爭為主，主要任務是殘酷的政治和軍事鬥爭，而新社會則主要是人民內部矛盾，主要任務在於經濟與社會轉型與發展。中共成為執政黨後，工作重點顯然要轉移，不再是革命和階級鬥爭問題，而是經濟和社會建設，因而需要的是建設性理論，而不是革命性理論，新民主主義社會理論立足點決定了它的現實指導性有所欠缺。

（二）馬列主義理論的缺失

就中共建設新社會的另一個理論和實踐經驗則是馬克思、恩格斯關於東方落後國家實現社會形態跨越式發展的理論構想，列寧建設社會主義理論，以及史達林的實踐經驗，這些理論與經驗或多或少存在一些罅漏，無法對新民主主義社會實踐提供充分的理論指導和經驗借

---

41 于光遠：《從「新民主主義社會論」到「社會主義初級階段論」》（北京市：人民出版社，1996年3月），頁2。

42 于光遠：《從「新民主主義社會論」到「社會主義初級階段論」》（北京市：人民出版社，1996年3月），頁27。

43 焦建華、黃霜：〈政治考慮優先於生產力：新中國成立前毛澤東新民主主義經濟思想研究〉，《中國經濟史論叢》（北京）2014年第1期。

鑒，這也是新民主主義社會提前終結的深層次理論原因。

　　首先，執政黨理論缺失。共產黨如何實現由革命性政黨向執政黨轉型，共產黨的最根本指導理論——馬克思列寧主義，尤其是列寧建黨思想並沒有提供好的解決方案，僅僅做出一些探索，有些還不一定正確。列寧討論工會問題時提出了「黨專政」思想，無產階級專政「不是由包括全體產業工人的組織來實現」，「可以說黨是把無產階級的先鋒隊吸收到自己隊伍中來，而這個先鋒隊就實現著無產階級專政」，[44]「工人階級專政是由布爾什維克黨實現的」，[45]即通過共產黨專政來實現無產階級專政，「不通過共產黨就不可能實現無產階級專政」。[46]「黨專政」則通過黨政合一和黨管幹部實現，「我們是執政黨，所以我們不能不把蘇維埃的『上層』和黨的『上層』融成一體，現在是這樣，將來也是這樣。我們的黨是執政黨，黨的代表大會所通過的決議，對於整個共和國是必須遵守的」。[47]「我們共和國的任何一個國家機關沒有黨中央的指示，都不得決定任何一個重大的政治問題或組織問題」。[48]據此，黨政合一是必然，國家政權機關幹部要由黨來選拔、分配和任命，體現和實現黨的意志，政權機關從而隸屬於黨，國家政權機關成為同級黨的領導機關的執行機關和附庸。列寧晚年時提出黨政分離，「必須十分明確地劃分黨（及其中央）和蘇維埃政權的職責；提高蘇維埃工作人員和蘇維埃機關的責任心和獨立負責精神，黨的任務則是對所有國家機關的工作進行總的領導，而不是像目前那樣進行過分頻繁的、不正常的、往往是瑣碎的干預」。[49]另外，列

---

44 列寧：《列寧選集》第4卷（北京市：人民出版社，1995年6月），頁369。

45 列寧：《列寧全集》第29卷（北京市：人民出版社，1985年），頁513。

46 列寧：《列寧全集》第32卷（北京市：人民出版社，1985年），頁188。

47 列寧：《列寧全集》第41卷（北京市：人民出版社，1986年），頁11。

48 列寧：《列寧選集》第4卷（北京市：人民出版社，1995年6月），頁157。

49 列寧：《列寧全集》第43卷（北京市：人民出版社，1987年），頁64。

寧還提出無產階級專政三階段過渡思想,先經過「由無產階級的先鋒隊實現」,然後「包括整個無產階級的組織來實現」兩個發展階段,最後過渡到「全體居民都參加管理」,[50]這已指明執政黨的發展方向。但是,由於列寧早逝,探索中斷,繼任的史達林建立和全面強化黨政合一、以黨代政的高度集權政治體制,並成為當時建設社會主義的範式,這也是新民主主義時期中共轉型的唯一理論參考和經驗借鑒。

其次,經濟建設理論不足。一方面,馬克思主義東方社會理論在傳播和運用中逐漸變形或曲解。馬克思、恩格斯論述俄國跨越資本主義「卡夫丁峽谷」走新式社會發展道路可能性時附加有前提條件:俄國只能跨越資本主義的政治制度,而資本主義高度社會化的生產力則不能跨越,俄國必須吸收和借鑒西方資本主義國家發達的工業生產力和一切文明成果作為社會形態轉變的前提條件,並特別強調物質基礎(生產力)條件。但是,該理論被傳播和運用時,尤其是馬克思主義俄國化和馬克思主義中國化時出現一些重要缺失,物質基礎或生產力前提條件逐漸被忽略,階級力量對比和階級鬥爭被凸顯,一味強調政治力量對比和階級鬥爭奪權就能夠實現落後國家由民主革命不間斷地向社會主義革命轉變。在此理論指導下,毛澤東不夠重視中國生產力極為落後的客觀實際,把新民主主義社會與列寧所說的「從資本主義到社會主義的過渡時期的社會」兩類不同性質社會混為一談,重提無產階級同資產階級矛盾是中國社會主要矛盾,把消滅資本主義、資產階級的社會主義革命迅速提上日程。[51]

另一方面,從馬克思到史達林,都認為社會主義制度基本特徵是單一公有制和計劃經濟。恩格斯在一八四七年指出:「大工業造成一

---

50 列寧:《列寧全集》第36卷(北京市:人民出版社,1985年),頁154-155,

51 吳茜:《試析馬克思主義東方社會理論對新民主主義社會論歷史命運的影響》,《探索》(北京)2008年第5期。

種絕對必須的局面，那就是建立一個全新的社會組織，在這個新的社會組織裡，工業生產將不是由相互競爭的廠主來領導，而是由整個社會按照確定的計劃和社會全體成員的需要來領導。」[52]列寧曾推行新經濟政策，但只看作一種戰略性退卻，[53]而不是生產力落後條件下的必然選擇，因而並未形成關於落後國家建設社會主義的理論體系，而史達林乾脆全面推行農業集體化，城市推行重工業化，建立起高度集權、以單一公有制和行政命令為特徵的計劃經濟體制，並將其作為建設社會主義的唯一模式。

最後，社會階層理論缺失。馬克思主義用階級理論來解釋整個社會結構，根據社會成員在生產關係體系中地位不同來劃分階級，以是否佔有生產資料作為階級劃分的根本標準。因此，馬克思主義社會階層理論根基於階級矛盾是社會主要矛盾，偏重探究社會不平等根源，指出無產階級革命方向，因而理論的革命性極強。但是，工業社會興起後，利益格局日益多元化，社會階層日益多元化與複雜化，馬克思的二元（單維度）社會階層理論受到極大衝擊。更重要的是，共產黨奪取全國政權，生產資料實現公有，階級剝削和壓迫已不存在或不佔主流。那麼，社會的主要矛盾是什麼，社會階層如何區分，如何處理不同階層之間的關係，尤其是關於社會主要矛盾的判斷，直接決定新政府的工作重點，馬克思主義並未提供現存的解決方案或思路，「共產黨的政治權力與革命勝利後的無產階級和農民階級的這兩大社會階級之間的關係，也是相當含混的」，[54]這恰恰是中國社會轉型必須解決的理論難題。

---

52 恩格斯：《共產主義原理》，《馬克思恩格斯全集》第4卷（北京市：人民出版社，1958年），頁364。

53 列寧：《列寧全集》第43卷（北京市：人民出版社，1987年），頁296。

54 （美）莫里斯‧邁斯納著，杜蒲、李玉玲譯：《毛澤東的中國及其後：中華人民共和國史》（成都市：四川人民出版社，1989年），頁40。

四　結論

　　綜上所述，新民主主義社會雖然由中共建立，但其歷史任務具有雙重性：一方面，是近代以來中國現代化進程的繼續，承載中國現代化的所有任務，具有中國現代化的一般及普遍特徵；另一方面，又具有中共使命的特殊性，承載奠定實現社會主義社會的一般基礎，以及實現社會主義革命的使命。這是普遍性與特殊性的關係，本質上並無衝突與矛盾，但就當時歷史條件和中共認知，二者衝突不少。對中共而言，新民主主義社會涉及如何加快資本積累，更快地推進工業化，儘快轉變落後的社會生產狀況，深層問題則是落後國家如何建設社會主義，這個問題迄今仍未解決，遑論當時的中共？當時中國共產黨的治國思想、理論和實踐借鑒均存在明顯缺陷。新民主主義社會理論本身就存在缺陷，而共產黨的最高理論源泉——馬列主義僅提供一些初步設想，而且有些還在實踐中已曲解、變形和放棄，很難指導複雜的社會建設實踐，而當時惟一參照模式只有瑕疵明顯的史達林模式。若黨內有民主、科學的決策制度，新民主主義社會中的難題可能會平緩解決，繼續推動新民主主義社會的建設與實驗，但一元化領導體制一定程度上妨礙了正確決策。[55]凡此種種，都使中共提前終結新民主主義社會的試驗，迅速向社會主義過渡。不過，即使新民主主義社會得以延續，這也僅保證了繼續社會實驗的機會，既快速發展生產力、又保證社會主義性質仍是兩難，社會主義建設必須是政治、經濟和社會等各方面的全方位建設，否則社會主義可能永遠只是幻像。

---

55 毛澤東不是通過民主討論、表決立法，而是通過權謀和黨內政治鬥爭手段，迫使劉少奇放棄堅持新民主主義綱領的想法，同意提前向社會主義過渡。姚力文、劉建平：〈新民主主義的命運和劉少奇的失敗〉，《炎黃春秋》（北京）2009年第2期。

史學研究叢書·歷史文化叢刊 0602014

經濟史家宋敘五教授紀念論文集

主　　編　　楊永漢、張偉保、趙善軒
責任編輯　　楊家瑜
特約校稿　　林秋芬

發 行 人　　陳滿銘
總 經 理　　梁錦興
總 編 輯　　陳滿銘
副總編輯　　張晏瑞
編 輯 所　　萬卷樓圖書股份有限公司
排　　版　　林曉敏
印　　刷　　森藍印刷事業有限公司
封面設計　　斐類設計工作室

發　　行　　萬卷樓圖書股份有限公司
　　　臺北市羅斯福路二段 41 號 6 樓之 3
　　　電話 (02)23216565
　　　傳真 (02)23218698
　　　電郵 SERVICE@WANJUAN.COM.TW
香港經銷　　香港聯合書刊物流有限公司
　　　電話 (852)21502100
　　　傳真 (852)23560735

ISBN 978-986-478-206-2

2018 年 8 月初版一刷

定價：新臺幣 540 元

如何購買本書：

1. 劃撥購書，請透過以下郵政劃撥帳號：
　　帳號：15624015
　　戶名：萬卷樓圖書股份有限公司
2. 轉帳購書，請透過以下帳戶
　　合作金庫銀行 古亭分行
　　戶名：萬卷樓圖書股份有限公司
　　帳號：0877717092596
3. 網路購書，請透過萬卷樓網站
　　網址 WWW.WANJUAN.COM.TW

大量購書，請直接聯繫我們，將有專人為您服務。客服：(02)23216565 分機 610

如有缺頁、破損或裝訂錯誤，請寄回更換

國家圖書館出版品預行編目資料

經濟史家宋敘五教授紀念論文集 / 楊永漢, 張偉保, 趙善軒主編. -- 初版. -- 臺北市 ：萬卷樓, 2018.08
　　面 ；　　公分. -- (史學研究叢書. 歷史文化叢刊)
ISBN 978-986-478-206-2(平裝)
1.史學　2.文集
607　　　　　　　　　　　107014607